GONÇALO
JUNIOR

EU
NÃO
SOU
LIXO

A TRÁGICA VIDA DO CANTOR EVALDO BRAGA

Noir

GONÇALO JUNIOR

EU NÃO SOU LIXO

A TRÁGICA VIDA DO CANTOR EVALDO BRAGA

EU NÃO SOU LIXO
A TRÁGICA VIDA DO CANTOR EVALDO BRAGA

GONÇALO JUNIOR

Capa e projeto gráfico: André Hernandez
Revisão: Sérgio Martorelli e René Ferri
Foto da capa: Tobias
(contracapa do disco *O Ídolo Negro* – Gravadora Polydor / Phonogram)
Produção Gráfica: Israel Carvalho
Impressão e acabamento: Leograf Gráfica Editora

Editora Noir
São Paulo – Brasil

contato@editoranoir.com.br
editoranoir.com.br

© 2017 Editora Noir – Todos os direitos reservados
Permitida a reprodução parcial de texto ou de imagem,
desde que citados os nomes da obra e do autor.

N1

Dados Internacionais de Catalogação na Fonte (CIP)
Bibliotecária: Maria Isabel Schiavon Kinasz, CRB9 / 626

B813
Silva Junior, Gonçalo
Eu não sou lixo: a trágica vida do cantor Evaldo Braga / Gonçalo Silva Junior - 1.ed. – São Paulo: Editora Noir, 2017.
306p.: il.; 21cm (Coleção MP do B, v.1)

ISBN 978-85-93675-00-3

1. Braga, Evaldo, 1947 – 1973. 2. Cantores – Brasil – Biografia. 3. Compositores – Brasil. 4. Música popular - Brasil. I. Título.

CDD 927.8 (22.ed)
CDU 92:78

1ª impressão: outono de 2017

A vida passando por mim
Preciso esquecer
Assim como estou é inútil
Que vou fazer?
Já nem sei mais quem sou
Nem para onde eu vou
Saudade, saudade, saudade
Foi que restou
Saudade, saudade, saudade
Foi que restou
Lembro-me ainda as rosas
Que ofertei para você
Jurando amor eterno
Sem saber
Que o amanhã fosse o começo
Do meu fim

A Vida Passando Por Mim (Evaldo Braga)

~ • ~

Tudo fizeram para me derrotar
Não conseguiram ao menos lembrar
Que sem parente e sem um amor
Minha sorte vou chorar
Eu já não faço questão de viver
Sem teu amor posso apenas sofrer
Pois se você não voltar, meu amor
Eu prefiro morrer

Tudo fizeram pra me derrotar (Evaldo Braga)

Para meus amigos
Dilson Ramos
José Lupércio Santos
Kátia Simoni
Maria do Socorro Lima
Mônica Lisboa
Sayonara Marinho
e
Suylan Midlej

Para meu professor Bosco Seabra,
que me ensinou a voar.

Prólogo

O PERNA DE PAU CONTRA O PATO ROUCO

A última semana de janeiro de 1973 foi decisiva para o futuro do jogador Dario, o Dadá Maravilha, até então o falastrão, porém eficiente, centroavante do Clube Atlético Mineiro de Belo Horizonte. Aos 26 anos, fora apelidado de "artilheiro filósofo" por alguns veículos de imprensa e locutores de rádio. A justificativa: raras as entrevistas em que ele não soltava alguma frase de efeito, no improviso, apesar da pouca instrução escolar, para entusiasmo dos jornalistas. Nesses momentos, às vezes Dadá deixava a modéstia de lado. "Gol é vida. Eu faço gols. Logo, eu sou a vida", disse ele ao jornalista Ney Bianchi, em perfil para a revista *Manchete* publicado em 3 de fevereiro de 1973.

Dario, no entanto, não tinha maiores intimidades com a bola e chutava de bico ou de canela, sem a habilidade que se espera de um centroavante convencional, do tipo matador. Mas quando o juiz apitava o final da partida, quase sempre ele tinha cumprido seu papel e enfiado pelo menos uma bola na rede do adversário. Sua regra era a mais simples possível: gol é gol. Portanto, não importava como tinha sido feito. Até de mão valia, se o juiz não visse. Mesmo assim, o jogador era adorado por uns e odiado por outros.

Na semana anterior, Dadá tinha sido comprado pela respeitável soma de 2 milhões de cruzeiros novos pelo Flamengo, do Rio. Não faltou quem considerasse aquela negociação uma loucura desmedida da direção do time mais amado do Brasil. Na verdade, a ideia foi do técnico Yustrich, o mesmo que o tinha revelado três anos antes, no Atlético. A pergunta que até os torcedores do Flamengo faziam era: até quando a sorte o ajudaria? Só isso explicava sua fama de perna de pau, que causava risos nos torcedores adversários e constrangimento aos fanáticos pelo Atlético.

A birra contra ele se estendia para fora do estádio e virava até questão ideológica, ou mesmo política. Principalmente por quem se posicionava contra a Ditadura Militar, que governava o país com mão de ferro naquele momento. Havia motivos aparentes para isso. Conta-se que sua convocação para a Copa do Mundo do México, quase três anos antes, em março de 1970, teria sido uma imposição do presidente-ditador Emílio Garrastazu Médici. O fato se tornou o estopim para a demissão do técnico João Saldanha, notório militante do Partido Comunista Brasileiro, às vésperas da Copa. Depois, não restaria dúvidas de que o poderoso general havia mesmo puxado o tapete do técnico.

Saldanha tinha razões de sobra para não incluir Dario no seu time de "feras". O centroavante do Atlético Mineiro desafiava a lógica esportiva. Tinha cara de bobão e apanhava mais da bola do que batia nela, no bom sentido. Não tinha desenvoltura em campo e suas pernas e coxas magrelas e tortas pareciam não acompanhar os movimentos necessários para o drible desconcertante ou o lançamento preciso. Faltava-lhe naturalidade, tão próprio aos craques. Na seleção, o meia-armador Gérson o apelidou de Pluto, o cachorro de Mickey Mouse, por achá-lo parecido com o personagem desajeitado de Walt Disney. Não podia haver chacota maior. E Dario não ligava.

Ou fingia que não se importava. A bola, dizia, sempre vinha atrás dele para gritar "me chuta dentro do gol!". Mesmo assim, "Dario é a maior vocação para o gol que conheci nesses tempos de Pelé", escreveu Bianchi. Fazia o que o próprio jogador chamava de gol "feijão com arroz". Sabia se posicionar na área e tinha pontaria impressionante, além de sorte. Muita sorte. Para o jornalista de *Manchete*, "seu estilo é não ter estilo e me espanta o fato de alcançar velocidades incríveis, rumo às áreas inimigas. E, ainda assim, corre feio, os pés chapeando o chão, do calcanhar ao dedão do pé, os braços embalançando grotescamente, quase descoordenados. Dario não é plástico em nada que faz, mas seus gols são sempre eletrizantes".

Por isso, havia no ar o questionamento se o Flamengo, com torcida tão exigente, teria feito bom negócio. "Dario não perdoa, marca!" era uma de suas frases favoritas, em referência ao mocinho dos filmes de faroeste, Django, que dizia algo parecido. Dadá falava assim para não deixar dúvidas quanto à sua autoconfiança impressionante. Bianchi apostava nele em seu novo clube e não duvidava que logo se tornaria ídolo com mais rapidez que Paulo César Caju, Doval ou Zanata – e naquele mesmo momento, um garoto franzino de 17 anos era preparado para ser o maior jogador de todos os tempos do clube: Zico.

O jornalista escreveu: "Acredito que, no Maracanã, seus gols nascerão mais depressa que a grama do estádio, como sempre aconteceu no Mineirão". Dario, disse *Manchete*, conhecia bem suas limitações. Tinha consciência desde os tempos de menino, quando passou anos internado no Instituto Profissional XV de Novembro, chamado também de Escola XV, ligado ao Serviço de Assistência ao Menor (SAM) do Ministério da Justiça e Negócios Interiores, que se destinava a recolher menores abandonados pelos pais, pobres ou que tinham cometido algum tipo de infração penal ou mesmo crime grave – assaltos e assassinatos.

No Flamengo, Dadá receberia a impressionante soma de 240 mil cruzeiros por mês, dinheiro suficiente para comprar cinco Opalas zero quilômetro. A vida, ao que parecia, finalmente seria boa para ele, que viera de uma família pobre e fora criado em internatos. E pensar que quatro anos antes, em 1968, fora vendido pelo pequeno time do Campo Grande, na periferia do Rio, para o Atlético Mineiro, por 94 mil cruzeiros, quando seu salário era de 420 cruzeiros e ele só fazia a feira do mês quando recebia o "bicho" – como se chamava a gratificação, na gíria do futebol, recebida depois de alguma vitória.

Aos jornalistas, Dario dizia que sempre fora pobre ao extremo e que, nessa condição, encontrou a humildade que o acompanhava até aquela esperada estreia no Flamengo, marcada para a primeira semana de março, quando começaria a Taça Guanabara, nome do primeiro turno do Campeonato Carioca.

"Na pobreza, porém, também aprendeu a lutar infatigavelmente pela sobrevivência", escreveu Bianchi. O artilheiro fez questão de dizer que somente naquele instante ia finalmente começar a ganhar dinheiro e viver dignamente.

Sua disposição, portanto, parecia maior que nunca ao ir para o Flamengo – que tinha, então, a maior torcida do Brasil, graças ao fato das rádios cariocas terem alcance nacional e só transmitirem jogos de times do Rio. Tanta responsabilidade parecia não o intimidar. Mas havia certo pesar quando falava do começo no clube de Belo Horizonte. Por algum tempo, ninguém entendia quem tinha contratado um "grosso" daqueles, como se falava na capital mineira. Começou no banco de reservas e nunca entrava durante os jogos. Ninguém queria saber dele, contou.

Tanto que os diretores fugiam sempre que Dario se aproximava, porque sabiam que ia pedir um vale adiantado. Parecia não entender o que estava acontecendo, por que o desprezavam. "Esperou, como um *vietcongue*, a sua vez", recordou *Manchete*. Até que organizaram um jogo amistoso do Atlético contra a poderosa e temida seleção da União Soviética, no dia 2 de março de 1969. O país inteiro falou durante dias sobre a partida. No confronto anterior, em 3 de fevereiro de 1966, os soviéticos tinham goleado a equipe brasileira, em Belo Horizonte, por humilhantes 6 a 1.

A maior potência comunista do mundo contra um time brasileiro era algo para se observar – e comentar. Todas as atenções se voltaram para Belo Horizonte. Na prática, seria mais um confronto entre o capitalismo contra o comunismo, o mesmo embate que ameaçava a sobrevivência da humanidade, por causa das provocações constantes de uma guerra atômica. Era preciso vencer e manter a força da ideologia ocidental – e da Ditadura Militar, imposta por um golpe em 1964, e tão empenhada em dizimar movimentos de esquerda que pegavam em armas contra o regime.

O que Dario não esperava, mas torcia com todas as forças, aconteceu: entrar naquele esperado jogo. E não só isso: arrebentar com soviéticos. O técnico com apelido russo que o colocou em campo, Yustrich, o mesmo que João Saldanha tinha ameaçado com revólver, por ter criticado sua seleção em 1969. já dirigia o Flamengo na época. Na verdade, seu nome de batismo era Dorival Knippel e ele tinha nascido em Corumbá, Mato Grosso do Sul, em 28 de setembro de 1917. Chamado de "Homão", começou no futebol como um bom e respeitado goleiro. Ao fim da carreira, continuou como técnico e carregou a fama de ser turrão e autoritário – o que era desde os tempos de jogador. O apelido surgiu por causa de sua semelhança física com o lendário goleiro Juan Elias Yustrich, do Boca Juniors da Argentina.

Uma frase veio à cabeça de Dario quando o técnico fez sinal para que se preparasse. Enquanto aquecia, dizia para si mesmo: "É agora!" Uma gigantesca vaia, porém, desceu dos céus assim que ele botou o pé em campo. A situação, no entanto, foi outra quando saiu, após o apito final do juiz. O estádio inteiro o aplaudiu de pé e gritou seu nome. O Atlético vencera os mal-encarados soviéticos – e o comunismo, por tabela – com dois golaços seus. O placar final foi 2 a 1. O resultado certamente teria sido outro sem o futuro "matador" Dadá Maravilha. Cercado pelos jornalistas, que queriam saber o que achou das vaias na hora que entrou, ele abriu um largo sorriso e disse: "Os cães ladram, Dario passa...". Nascia a maior de todas as lendas do futebol: a do perna de pau que deu certo. Desse momento em diante, sua ascensão foi meteórica.

Ninguém se importava mais no Atlético quando ele chutava mais o chão que a bola e arrancava tufos de grama ou matava a pelota com a canela. Valia a bola na rede. E raros eram os jogos em que isso não acontecia. Dizia-se que de um em cada dois gols, na verdade, a bola batia nele e entrava, meio sem querer, por acidente. Riam de sua cara. Mas não era nada disso. Dario tinha o mérito de saber estar no lugar e na hora certa. "Um gol vale um gol, seja de letra ou de canela", rebatia. Sua valentia em campo fez nascer da torcida o apelido que adorava: "Dadá Peito de Aço". Com o tempo, impôs até um estilo. Ele adorava matar a bola no peito ainda no ar – mais tarde, criou a máxima de que era o único jogar no mundo a "parar no ar", igual a beija-flor e helicóptero.

E não parou de criar frases que seriam repetidas por décadas. Certa vez, após ajudar o Atlético a golear o Corinthians por 4 a 1, no Pacaembu, um repórter lhe perguntou se teve dificuldade para marcar os dois gols. A resposta saiu na lata: "Não. Aliás, nunca me importo com a problemática, só com a solucionática". Toda essa desconfiança vinha de antes de ele virar jogador profissional, claro. Quando vivia no internato e fugia para cometer roubos e assaltos à mão armada, Dario disse ter descoberto o gosto pelo futebol somente aos 17 anos e passou a jogar bola o tempo todo. "E não aprendia", diziam os companheiros.

Ninguém compreendia de onde vinha tamanha disposição e autoconfiança. Às vezes, ele se chateava com a "tiração" de sarro. Falavam: "Todo mundo quer Dadá, até o presidente [Emílio Garrastazu] Médici". Ele comentou: "Aí Saldanha, que era comunista, soltou a famosa frase: 'Ele (Médici) que escolha seu ministério, eu escalo a seleção'". Dario virou uma questão de Estado, portanto. Literalmente. "Não foi à toa, portanto, que Saldanha acabou dispensado e entrou Zagallo, que depois me chamou", disse Dadá. Saldanha foi à TV e falou que ele só tinha sido convocado por causa do presidente, e seria cortado. "Eu rebati: 'Saldanha, você está gagá, velho, não entende porra nenhuma! Quem vai para a Copa é Dadá e mais 21'", recordou.

De fato, Dadá foi ao Mundial do México, no qual vestiu a camisa 20. Médici ficou feliz. Ele, não. Treinou, treinou, mas acabou não tendo chance de entrar em nenhum dos jogos, já que havia pouco espaço para ele no famoso ataque formado por Pelé, Rivelino, Tostão e Jairzinho. "Eu estava voando, era artilheiro de tudo, batia recordes! Não tive chance na Copa, porque brigar com Pelé e Tostão não dava. Mas não fiquei chateado, não. Tanto é que, no ano seguinte, lá estava o Dadá fazendo o gol do título brasileiro do Atlético em cima do Botafogo".

Sempre que se lembrava de tudo o que aconteceu de bom em sua vida, Dario falava do dia em que o assalto à mercearia próxima ao SAM quase acabou com sua vida em plena adolescência. Seu comparsa foi morto a bala. Emocionado, agradeceu à bola, companheira de tantos anos, por tê-lo tirado do crime. Nesse período, tornou-se amigo de Evaldinho, um interno como ele, cujo nome de batismo era Evaldo Braga e já era um dos cantores mais famosos do país no momento em que ele fechava contrato com o Flamengo. "O moleque dizia para todo mundo que seria o maior cantor do Brasil e não parava de cantar", contou o ex-jogador em 2012, em entrevista para este livro.

Dario descontava a chacota que todos faziam contra ele chamando Evaldo de "Pato Rouco". Não raro, essa troca de provocação acabava em ameaças físicas da parte do jogador. Mas Evaldo não se abalava, abria um largo sorriso e respondia com um sonoro "Perna de Pau" e deixava para lá. Nunca chegaram aos tapas, como era comum naquele tipo de ambiente. Evaldo sabia que Dario fazia parte da turma "barra-pesada", furara a faca vários garotos do internato e perdera as contas de quantas vezes fora detido pela Polícia. Gostava, sim, do irmão mais velho do futuro jogador, Mário, parceiro das horas difíceis e que, naquele momento, fora transferido para outro colégio.

Tudo ficava na brincadeira como se, de forma inconsciente, o desdém fosse a forma que ambos encontraram para empurrar um ao outro a ter uma vida melhor, com o talento que ambos acreditavam ter. Com certo exagero, como admitiria depois, Dario recordou: "Eu e Evaldo nos tornamos inimigos mortais. Ele era muito amigo do meu irmão, mas a gente não se entendia. Passava o tempo provocando o outro, discutindo o tempo todo". Até que veio a maioridade e cada um seguiu seu rumo. Os dois jamais se reencontrariam depois que se tornaram famosos. Nem se falaram, também, até a noite do dia 30 de janeiro de 1973.

Nessa data, o telefone tocou no hotel pouco antes das 7 horas da noite. Evaldo, seu empresário Paulo César Santoro e seu motorista Harley Lins Medeiros estavam hospedados ali desde o meio da tarde. Ficariam até o dia seguinte. O jogador ainda morava na capital mineira e soube que, naquela noite, Evaldo faria duas apresentações no Cine Eldorado, no bairro JK, às 20 e às 22 horas. Ao atendente da ligação, Dario se identificou e pediu para falar com Evaldo. Segundos depois, uma voz familiar entrou em seu ouvido e lhe deu boa-noite. Evaldo parecia não acreditar que, do outro lado da linha, estava o famoso jogador que fora para a Copa do Mundo e que conhecia dos tempos do SAM.

Naquele momento, as rádios não paravam de tocar *Sorria, Sorria*, um dos maiores sucessos populares do último trimestre de 1972, e que o jogador sabia de cor e salteado. Multidões compravam seus dois discos – *O Ídolo Negro* e *O Ídolo Negro Volume 2* – e viam seus shows. "Ficamos famosos, hein, Evaldo?", brincou Dario, feliz por ouvir o antigo colega de internato. E emendou, com um convite, quase uma intimação: "Cara, precisamos nos encontrar. Quero muito te ver, conversar. Nós crescemos juntos e devemos ser amigos, esquecer as brigas e implicâncias do passado, você não acha?" Um emocionado Evaldo, com a voz embargada pelo choro, apenas respondeu "Sim, Dario, sem dúvida".

O jogador não esqueceria da emoção que sentiu quando saiu o primeiro disco do antigo desafeto. "Eu o vi no programa do Chacrinha várias vezes, virei seu fã. Tudo que ocorreu no passado foi 'coisa de criança', eu disse a ele. Senti enorme carinho e afeição, orgulho tremendo por ele ter chegado lá. Passei a acompanhá-lo, sempre que podia, com uma ponta de sentimento porque gostava muito dele e tínhamos brigado bastante na adolescência. Eu estava arrependido, queria consertar aquilo, me aproximar dele. Não por que ficara famoso. Eu tinha amadurecido, enxergava a vida de outra forma, queria consertar algumas burradas que tinha feito na vida. E ter Evaldo de volta era um dos meus desejos".

Em janeiro de 1973, por pouco os dois não se encontraram no Hotel Plaza, na região central do Rio, quando Evaldo cruzou com Mário, que tinha ido ver o irmão. "Havia poucos dias eu tinha voltado ao SAM para pegar um certificado escolar e o atendente, que era meu amigo, disse que Evaldo tinha estado lá no dia anterior, para visitar os amigos e funcionários. Ele brincou: "Quem diria, vocês dois se deram bem, hein?" O jogador saiu de lá decidido a procurá-lo para uma conversa. "Descobri que ele faria um show em um cinema de Belo Horizonte e achei o hotel. Passei o dia ligando", recordou. Mas Evaldo estava nas rádios, divulgando as apresentações. Quando conseguiu, ficou empolgado com a receptividade de Evaldo.

Em outra entrevista, também para este livro, em 2014, Dario mudou um pouco a versão da conversa que tiveram: "Alô, Evaldo, aqui é Dadá! Eu queria dizer que você é o meu ídolo, que tenho seus discos e que quero muito te ver, cara, quero muito te abraçar, somos irmãos". O cantor concordou em os dois se encontrarem. "Ele me atendeu com grande alegria, e disse: 'É o que quero também, Dadá! Nós somos e seremos sempre amigos! Vamos nos ver, tomar picolé de groselha, beber guaraná, como nos velhos tempos'. Evaldo demonstrava uma felicidade tremenda, estava muito emocionado. Marcamos um encontro no mesmo SAM para assim que ele voltasse, pois eu estaria no Rio em dois dias. Deixei meu telefone com ele, insisti que me ligasse e fui dormir".

Um emocionado Evaldo seguiu para o bairro de JK. Dois shows o esperavam e o público queria cantar com ele *Sorria, Sorria*. Enquanto isso, Dadá não demorou a se recolher e dormiu um sono profundo. Acordou tarde, depois das 9 horas da manhã do dia 31 de janeiro de 1973. Ao se sentar à mesa para tomar o café com leite e comer o saboroso pão amanteigado que esperava por ele, percebeu algo diferente na sua empregada. Aproximou-se dela e quis saber por que estava chorando. "Acabou de dar no rádio, seu Dario, aquele moço que o senhor conhece, que cresceu com o senhor e que canta *Sorria, Sorria* acabou de morrer em um acidente de carro".

O artilheiro pediu para que a senhora repetisse o que acabara de dizer. Não podia ser verdade. Como assim morreu, se os dois tinham se falado na noite anterior? E murmurou apenas um "Meu Deus, não é possível". Seu olhar se perdeu em um ponto qualquer, enquanto uma profunda tristeza e vontade de chorar tomaram conta dele. Dario levantou e foi para seu quarto. Em sua cabeça, ecoava a voz alegre de Evaldo Braga e um trecho da canção, que dizia: "Chorar para quê? Chorar!/ Você deve sorrir/ Que outro dia será bem melhor." E desandou a chorar.

Capítulo 1

MENTIRA, MENTIRA, MENTIRA

Por toda a vida, Evaldo Braga não tinha a menor ideia de onde ficava Campos de Goytacazes, mais conhecida apenas como Campos, próspera cidade no litoral norte do estado do Rio de Janeiro e onde ele nasceu. Explica-se. Ele viveu ali apenas quatro meses de vida, até ser levado para o Rio de Janeiro e internado como órfão no SAM. Nem tinha certeza da data em que realmente nasceu ou se tinha 25 ou 27 anos, quando conversou com Dario pelo telefone, naquela noite de 30 de janeiro de 1973. Dizia-se que fora em 28 de maio de 1945, quando a Segunda Guerra Mundial, iniciada seis anos antes, estava a poucos meses do fim, com mais de 40 milhões de mortos.

A data mais provável, porém, era 28 de setembro de 1947. A mesma que constava na certidão de nascimento que entregou à gravadora Phonogram em julho de 1970, no momento em que assinou contrato para gravar seu primeiro LP. Mas, dizia-se também que havia vindo ao mundo em 28 de maio ou 28 de julho de 1947. Teria nascido com a ajuda de parteira ou na ala da maternidade da Santa Casa de Misericórdia de Campos, inaugurada em 1944 e que funcionava na Avenida Pelinca, 115, no Parque Tamandaré? A hipótese mais provável era a primeira, porque sua mãe, pelo que soube, vivia na pobreza absoluta e mal ganhava a vida como empregada doméstica.

Evaldo descobriria apenas seu nome, Benedita Oliveira, que tinha engravidado de um homem casado e sido abandonada por ele ainda durante a gravidez. Certezas mesmo eram a cor da pele de seus pais – negros – e que ele veio mesmo ao mundo em Campos, por causa da certidão de nascimento que recebeu do SAM, quando ganhou a maioridade. Só adulto e já famoso, porém, voltou àquela cidade tão antiga, que preservaria um daqueles centros históricos que remontavam ao Brasil Colonial, entre os séculos XVI e XVIII, quando a localidade começou a se formar.

Na segunda metade da década de 1940, quando Evaldo nasceu, Campos ainda não era a mais populosa cidade do interior do estado – passaria dos 500 mil moradores em 2016, segundo o IBGE. Mas detinha o posto de município com a maior extensão territorial do estado – ocupava uma área de 4.827 quilômetros quadrados e começava a se estruturar para receber as mais importantes universidades públicas e privadas cariocas.

De acordo com a história oficial, sua origem remontava ao ano de 1627, quando chegaram os primeiros portugueses para iniciar a colonização da região. Pelo caminho, encontraram os índios goytacazes, que emprestariam seu nome ao lugar. No primeiro momento fundou-se o povoado, incorporado poucos anos depois à capitania de São Tomé. Em 1652, a região progredia como área de plantio de cana para fabricação de açúcar e aguardente, após a instalação do primeiro engenho. Vinte e cinco anos depois, tornou-se a vila de São Salvador dos Campos. Por fim, transformou-se em cidade, no dia 28 de março de 1835, com o nome oficial de Campos de Goytacazes. No decorrer do século XIX, seus moradores viram acontecer relevantes fatos históricos. Como a partida dos primeiros voluntários para a Guerra do Paraguai, em 28 de janeiro de 1865, transportados pelo navio a vapor Ceres.

Em 17 de julho de 1881, fundou-se ali a Sociedade Campista Emancipadora, que propagava a luta pela libertação dos escravos e teria importância sete anos depois, na assinatura da Lei Áurea. Ainda nesse século, nasceram os jornalistas Luís Carlos de Lacerda e José Carlos do Patrocínio – este, apelidado depois de "O Tigre da Abolição". Os dois se transformaram em expoentes da causa, embora Campos, contraditoriamente, se tornasse a última cidade brasileira a aderir ao fim da escravidão. Outro filho da cidade a ter projeção nacional foi o mulato Nilo Peçanha, que governou o Rio de Janeiro duas vezes e virou vice-presidente do Brasil, além de assumir o comando do país, entre 1909 a 1910, com a morte de Afonso Pena. Sua história também foi marcada pelas visitas do Imperador Dom Pedro II e pela luta republicana, que o derrubaria em 15 de novembro de 1889. Outro feito histórico aconteceu em 1883, ano em que o mesmo imperador inaugurou o serviço público municipal de iluminação, tornando-a a primeira cidade brasileira e da América Latina, e a terceira do mundo, a receber iluminação pública elétrica. Quase um século depois, curiosamente, a descoberta de uma gigantesca reserva de petróleo na bacia marítima que a cerca faria de Campos outra referência nacional em energia.

ORIGEM

Foi nesse cenário histórico que Evaldo Braga surgiu para a vida, nascido sem família, de uma relação que praticamente não existiu, pois fora fruto de um breve contato extraconjugal de seu pai, sobre quem jamais quis sequer saber o nome. Na verdade, ao que parece, Evaldo só tomou conhecimento que havia nascido em Campos depois que começou a fazer sucesso, ao procurar a direção da instituição que o criou. Por lá, chegou ao nome de uma professora do Méier, Noêmia Braga, que, ao saber que havia uma jovem com um bebê de quatro meses para adoção, ofereceu-se para ajudá-la.

Noêmia buscou o menino e o registrou como seu filho, dando-lhe o próprio sobrenome. Não se sabe ao certo por que ela, depois desse gesto, procurou o Juizado de Menores e pediu ao juiz para encaminhar a criança para adoção. Teria sido pressão da família ou temor pela responsabilidade de cuidar da criança? Sabe-se que ela o acompanhou por toda a vida, pois Evaldo deixou claro que tinha contato com ela e fazia referências a seu nome com carinho e gratidão. O recém-nascido foi levado para o Serviço de Bem-Estar do Menor do Governo Estadual ou Serviço de Assistência ao Menor (SAM), que seria reformulado em 1965 e rebatizado como Fundação Nacional para o Bem-Estar do Menor, Funabem.

De lá, Evaldo foi transferido para um orfanato mantido por freiras, onde ficou à espera de alguém que quisesse criá-lo. Mas isso não aconteceu e ele passaria os quase 18 anos seguintes como interno da instituição, período em que frequentou algumas escolas da rede, como o Colégio João Luís Alves, na Estrada das Canárias, 569, Galeão, na Ilha do Governador, onde por seus méritos, ao final do curso primário (ensino básico), recebeu o Troféu Aluno Exemplar. Segundo Evaldo, aquele foi o primeiro momento em que, emocionado, recebeu o prêmio aos prantos e lamentou que a mãe, que tanto queria conhecer, não estivesse presente para ter orgulho dele.

A insistência de Evaldo em localizar a mãe geraria especulações durante a sua carreira e nos mais de quarenta anos seguintes. Afirmou-se que ele teria dito que nascera da forma mais trágica e miserável possível: a mãe, uma prostituta conhecida na cidade, teria abandonado a criança em uma lata de lixo de um fétido banheiro desses inferninhos tão comuns em cidades do interior, assim que o pariu. Evaldo contou à revista *Amiga* que teria encontrado um senhor idoso, ao andar pelo centro de Campos, quando já era razoavelmente conhecido, que lhe contou essa história. Bastou lhe dizer que era uma prostituta negra que teve um bebê e o deixou na porta de uma casa de família para ele acreditar. Por isso, desenvolveu "uma grande depressão" – e teria passado a beber.

Em uma das versões que contou nas muitas entrevistas que deu sobre o tema, apurada por ele, teria sido salvo por uma freira não identificada, que o entregou ao orfanato. Em outra, afirmou que fora achado na verdade por uma senhora muito pobre, que o entregou ao Juizado de Menores. O cantor disse ainda que uma senhora de nome Maria o apanhou "no meio da rua", no bairro do Caju, em Campos, e o levou para o Juiz de Menores da cidade. Como não havia vaga no instituto local que acolhia crianças pobres e órfãs, foi transferido para o Rio e internado no Instituto Edson, dirigido pela "Sra. Noêmia Braga" – a mesma que lhe teria emprestado o sobrenome. A instituição pertencia ao SAM.

Em outro depoimento, o cantor afirmou: "Eu tinha quatro meses de idade e fui abandonado por minha mãe na porta da casa de dona Noêmia Braga" – que, como foi dito, morava no bairro carioca do Méier. De qualquer modo, a infância e a adolescência de Evaldo não foram vividas em Campos. Com o passar dos anos, a imaginação reinou entre os especuladores que tentaram desvendar sua origem, graças às contradições de Evaldo ao falar sobre o assunto. A maior evidência de que ele teria sido "jogado fora" pela mãe, escreveu-se, teriam sido as pistas deixadas por ele na letra de um de seus maiores sucessos, composto em parceria com a "compositora" Pantera, *Eu não sou lixo*.

A letra não falava de parto ou de seu nascimento, apenas fazia referência aos maus-tratos sofridos por um homem pela mulher que tanto amava. Começava desse modo: "Eu não sou lixo/ Para você querer me enrolar/Eu não sou lixo/ Pra você fora jogar meu bem/ Você fez coisas/ Que eu nunca hei de fazer/Só peço a Deus, amor/ Que me faça te esquecer". Mesmo assim, a simples menção de lixo seria referência ao suposto gesto da mãe. Ele, ao que se sabe, nunca foi perguntado se uma coisa tinha a ver com a outra.

Não havia por que duvidar que Evaldo teria sido abandonado em uma lata de lixo, de tanto que a história foi repetida. Até que, em 1997, o documentário *Evaldo Braga – O Ídolo Negro* apresentou uma entrevista com seu suposto irmão, o músico amador e cabelereiro Antônio Braga, morador de Belo Horizonte. Além de afirmar que conheceu e conviveu com Evaldo na intimidade porque foram criados juntos durante os primeiros anos de vida, ele contou que o cantor teria nascido do relacionamento extraconjugal de seu pai, Antônio Braga, com uma amante chamada Benedita, que ganhava a vida como empregada doméstica.

Assim, garantiu Antônio Carlos, Evaldo teria morado alguns anos em Campos com o pai, a mulher e o irmão. Por isso, ele nunca disse que queria conhecer seu genitor. A fala desse dito irmão, aliás, tornou-se fonte para vários biógrafos do cantor. Localizado em novembro de 2016 e procurado para confirmar a história ao autor deste livro e acrescentar novos detalhes, Antônio Braga desconversou, disse que estava proibido de falar sobre o assunto porque corria um processo em segredo de justiça na capital mineira em que pleiteava o reconhecimento do parentesco com o cantor.

E encaminhou o autor deste livro para falar com seu advogado, de prenome Gilberto. Este confirmou a ação e disse que seu cliente só daria entrevistas quando o juiz acatasse o pedido inicial da ação para produção de provas – não falou quais seriam e se incluía a exumação do corpo do cantor para exame de DNA. Antes de desligar, no entanto, Antônio Braga falou com entusiasmo do CD que estava preparando com a música *Balança Coqueiro* e contou apenas que seu pai proibia todos em casa de falar sobre o filho, mesmo depois de Evaldo ter ficado famoso. "Certa vez, viajei do Rio para Campos e tentei fazer meu pai mudar de ideia, mas ele resistiu. Éramos em três irmãos". E finalizou: "O processo judicial tem o propósito de comprovar o parentesco porque Evaldo foi registrado apenas no nome da mãe".

Os jornais que noticiaram o enterro do cantor falaram mesmo da presença de um "irmão" de Evaldo, Antônio Carlos, apelidado de Pelé. Mas o advogado do Antônio "mineiro" garantiu se tratar de outra pessoa, um dos muitos "picaretas" que se passaram por seu parente. Pelo que disse seu cliente, como Evaldo era um menino rebelde e sofria maus-tratos da madrasta – ela não o aceitava como fruto da relação com outra mulher –, foi dado para criar a uma amiga da família, identificada como Terezinha Nonato. Ao que parece, ela teria participado do parto e, a pedido da mãe, magoada com o abandono do ex-amante e sem condições de cuidar da criança, foi pessoalmente entregar o menino ao pai para que ele cuidasse de sua criação.

INVENÇÃO

O produtor e compositor Sebastião Ferreira da Silva, amigo de Evaldo, contou para este livro que a trágica origem do artista e a história de que ele foi jogado na lata de lixo não passaram de criação do departamento de marketing da gravadora Phonogram, inspirada no título da música *Eu não sou lixo*. A ideia seria exagerar um pouco para criar uma relação mais afetiva dos fãs com ele, a partir da ideia de que se tornara vencedor depois de passar por privações terríveis na infância. Maggy Tocantins, que foi assessora de imprensa e divulgadora de Evaldo, em depoimento para este livro, considerou a afirmação absurda.

Segundo ela, "se existiu alguma combinação entre a direção e Evaldo para dizer que a mãe o jogou numa lata de lixo, eu nunca soube nem divulguei nada disso. A não ser que ele tivesse combinado às escondidas com alguém mais de cima, de escalões superiores, o que não acredito, pois não precisava disso. Suas músicas tocavam muito e os discos vendiam absurdamente". Mas a história da indústria do disco no Brasil havia registrado estratégias desse tipo, bem-sucedidas, nas trajetórias de outros ídolos, que ajudaram a alimentar o mito do Evaldo rejeitado.

Revelou-se depois, por exemplo, que na década de 1950 Cauby Peixoto costumava usar ternos apenas alinhavados e suas fãs eram incitadas a atacá-lo e, sem fazer muita força, arrancar-lhe as roupas. A farsa montada pela gravadora e pelo ladino empresário Di Veras virou notícia mundial e Cauby foi parar nas páginas do jornal *The New York Times* como fenômeno inédito na história do *showbusiness* planetário: havia no Brasil um cantor que, literalmente, levava as admiradoras à loucura, a ponto de deixá-lo seminu em público. A história "colou", apesar da homossexualidade do discreto Cauby ser algo bastante perceptível desde o começo de sua carreira, e se evidenciar nas décadas seguintes.

Depois de Evaldo, ficaria famoso o perfil montado para trabalhar a imagem do cantor Sidney Magal, como se ele fosse um legítimo cigano. Magal também foi lançado pela Phonogram, fruto da imaginação dos marqueteiros Paulo Coelho (parceiro de Raul Seixas e depois escritor) e do produtor Roberto Livi, calouro do movimento musical da jovem guarda na década de 1960 e que conseguiu gravar alguns discos como cantor. Maggy confirmaria essa história, mas faria outra ressalva em relação a Evaldo. "Claro que aconteceram alguns casos, como o de Magal. Em Odair José, no entanto, tudo era dele, pois tinha uma personalidade muito forte. Pelo que sei, com Evaldo aconteceu a mesma coisa".

Ainda pelo documentário, o anunciado irmão de Evaldo revelou que a família foi "orientada" a não falar a "verdade" em relação à sua origem familiar. O próprio cantor ajudaria a difundir a triste história do filho abandonado e complexado ao concordar que fosse feita uma campanha pelas rádios, TVs, jornais e revistas para tentar localizar Dona Benedita, sua mãe. "Daria a minha vida para conhecê-la", disse à *Amiga*, em agosto de 1972. À medida que a repetia em entrevistas para jornais e revistas ou em programas de rádio e TV sua busca incessante pela mãe, o cantor começou a criar uma expectativa impressionante no público. Quando apareceria a mãe de Evaldo? Onde estaria? Tinha vergonha de se identificar? Os fãs, entre comovidos e fascinados, claro, só aumentaram sua empatia por ele.

Evaldo fazia cara de tristeza e choro diante das câmeras, dizia do seu drama depois que soube, já adulto, que a mãe vendia o próprio corpo. Chegou a atropelar os fatos, ao afirmar que ela havia ateado fogo no próprio corpo com querosene – história que tomou emprestada da tragédia vivida pelo seu colega da Febem, Dadá Maravilha. Na mesma entrevista à *Amiga*, o cantor foi enfático sobre o pai e a mãe: "Não conheci nem um, nem outro".

Mas confirmou que havia mesmo um irmão de sangue, sem dar detalhes da relação entre os dois. "Eu e meu irmão Antônio fomos abandonados pelos 'velhos' por alguma razão que desconheço, e até hoje não sei quem são eles. Gostaria de conhecer minha mãe e até lancei uma promoção nesse sentido, buscando descobri-la. Foi um Deus nos acuda: apareceu mãe de todo lado. Muitas pareciam com ela, mas nenhuma me convenceu, exceto, talvez, uma que apareceu em Foz do Iguaçu durante um 'show', o que me deixou em dúvida".

Evaldo não foi questionado sobre por que "muitas se pareciam com ela", uma vez que jurava não ter ideia de como era seu rosto, pois a vira só até o quarto mês de idade. "Seja como for, não houve infância para mim e meu irmão". E se contradisse. Antes, havia afirmado que fora levado recém-nascido para um orfanato. Depois, garantiu que cresceu na cidade natal. "Soltos nas ruas de Campos, terminamos seguindo uma vida de muitas dificuldades, de menor abandonado, que não é fácil". Nessa entrevista ele mudou, pela terceira vez, em pouco mais de um ano, o nome da mulher que o teria ajudado: "Apareceu, então, uma senhora, Dona Denise Vieira, que decidiu nos ajudar".

O cantor acrescentou: "Foi ela que nos levou para o SAM e lá começou o aprendizado da vida". Antônio Braga, o irmão ainda não comprovado, garantiu no documentário que somente Evaldo, de fato, foi criado em colégio interno, levado por uma amiga da família, e lá ficou até completar os 18 anos de idade. Ele deu a entender que o menino cresceu na companhia do pai. Uma pista que supostamente reforçaria a informação de que parte da vida terrível que Evaldo teve foi forjada por ele apareceu na reportagem que o jornal *O Dia* publicou sobre seu enterro.

O diário descreveu que "apenas alguns parentes foram identificados (no velório): o irmão Antônio (Pelé) Braga e o primo Ricardo Moisés Braga. A mãe adotiva, Dona Eunice (não seria Denise?) Vieira, não compareceu porque estava muito velhinha e não tinha condições psicológicas para ir ao local". Até sua última entrevista, Evaldo falou da dor da solidão e do abandono, afirmou que arrancava do passado os versos tortuosos sobre sofrimento e descrença no amor, com pitadas de filosofia de vida "trazida das ruas". Abandono, traição, martírio, sofrimento etc. eram temas simbolizados pelo título de um clássico seu, *A cruz que carrego*, do seu primeiro LP, composto, na verdade, por Isaías de Sousa, que ele não conhecia antes de receber a música para gravar.

INTERNO

Sem família que quisesse criá-lo, Evaldo se tornou interno do Instituto Profissional XV de Novembro, também conhecido como Escola XV, que funcionava na Rua Clarismundo de Melo, 847, em Quintino Bocaiúva, bairro que era carinhosamente chamado de apenas "Quintino" – o mesmo de onde viria o jogador Zico, na década de 1970. Naquela época, o número de menores infratores era reduzido e a maior parte dos meninos estudava e residia nestes complexos de acolhimento porque tinham pais pobres demais ou eram órfãos. A mistura, temiam, poderia desviar seus filhos do caminho. Mas a direção se empenhava para que isso não acontecesse.

O compositor e cantor Noca da Portela, além de Dario Maravilha, foi companheiro de Evaldo no internato na mesma época. Nivaldo Farias de Almeida, que também estudou no SAM, foi colega de Evaldo e Dadá e era componente da banda de música do colégio, colocou mais lenha na fogueira das versões, ao contar que Evaldo não entrou no SAM como órfão ou menor infrator, e sim como estudante carente e virou interno. De lá, sairia formado, aos 20 anos de idade, como cozinheiro – na verdade, ficou até os 18 anos, quando alcançou a maioridade penal.

O que Evaldo aprendeu foi mais que isso. Obstinado e determinado, descobriu como lidar com as pessoas e tirar delas o que precisava para chegar ao sucesso. No SAM, ele se formou em PHD em se virar na vida. Aprenderia o jogo de cintura necessário, da troca de favores por mimos e atenções. O próprio ato de se refugiar na cozinha já mostrava a capacidade nata de Evaldo para sobreviver às imprevisibilidades da vida. À sua maneira, havia ali um pouco da malandragem que adotaria no selvagem e competitivo mundo da música.

Nesses anos como interno, sem ser procurado por nenhum parente, sobreviver no meio da pressão dos mais velhos e da violência de alguns não foi nada fácil. O antigo SAM, recordou Evaldo à *Amiga*, era uma selva e sair vivo dela foi um desafio diário e sem trégua. "A gente tinha que saber se defender", afirmou. Teve de se virar para sobreviver longe das ameaças dos meninos que tinham entrado para o crime. Se teve habilidade, o mesmo não aconteceria com Dadá Maravilha. "Escolhi a posição de cozinheiro, porque era lá que estava o segredo de tudo".

Queria dizer que era um posto, mesmo como aprendiz, que lhe dava certo poder diante dos colegas. Ele percebeu que, embora os meninos mais velhos e mais fortes dominassem o ambiente, sempre respeitavam quem estava envolvido com sua alimentação. Ou seja, o pessoal da cozinha, que usava o poder de uma boquinha fora de hora em troca de algo, por exemplo. "Graças a isso, pude conquistar a amizade de muita gente boa e o SAM me ensinou os truques da vida. Sem perder a personalidade, conservando o caráter, sem me entregar aos vícios e me defendendo de golpes baixos com um sorriso ou uma palavra de fraternidade, ganhei o diploma da vida que o SAM oferecia".

Esse momento de aprendizado de Evaldo, no SAM, realmente aconteceu, segundo Dario. As panelas o ajudaram a driblar as armadilhas daquele lugar onde não se podia vacilar. Mas ele queria viver de outra coisa: a música. "A posição de cozinheiro era boa, mas não dava para continuar" – quando completou a maioridade teve de deixar o local, pois era lei que o interno que chegasse a essa idade tinha que sair de qualquer maneira. Por fim, observou: "Mas, lá mesmo no SAM, eu fazia minhas músicas e cantava. Nasceu naquela época, a ideia era sair, procurar o rádio e tentar a vida como cantor. Era o que mais gostava: cantar".

Evaldo adorava duas coisas que o remetiam à música: o rádio e o cinema. No internato não havia televisão, pois o aparelho era caro demais naquela época. No rádio, descobriu os astros da música que se tornaram seus ídolos e aprendeu suas músicas. Na tela do cinema, percebeu o poder da "comunicação" para fazer alguém conhecido, famoso e importante, nessa ordem. Notou que as aparições de Cauby Peixoto com números musicais nas comédias que via no cinema o ajudavam a vender discos e a tocar suas músicas no rádio. Foi nos filmes, também, que descobriu o peso que carregaria para sempre estampado no seu rosto: a cor da pele negra.

O ator negro americano Sidney Poitier foi quem o despertou para a questão do racismo na sociedade americana, em filmes que discutiam com alguma sutileza esses conflitos, como *Sangue Sobre a Terra* (1957), *Acorrentados* (1958), *O Sol Tornará a Brilhar* (1961), *Uma Voz nas Sombras* (1963), *Ao Mestre, Com Carinho* (1967) e *No Calor da Noite* (1967). Evaldo usaria a mesma tática para provocar e marcar posição sobre a questão do racismo no Brasil quando a fama o acolheu, diferentemente de outras celebridades negras, que não entravam nessa discussão.

Quando se chamava de "crioulo", como fazia Wilson Simonal, tinha orgulho disso e ironizava o tratamento de racismo cordial que recebia, ao ser chamado de "pretinho" ou "escurinho". Tanto que diria a todos que seu sonho era ser o Sidney Poitier brasileiro – e chegaria a anunciar sua intenção de fazer cinema antes dos 30 anos de idade. Com uma inteligência acima da média, Evaldo Braga se moldou para a vida no meio de criminosos mirins e rejeitados da sociedade. Preparou-se para sobreviver com dignidade para além dos muros do internato. Estudou os passos necessários para alcançar seu maior desejo de menino solitário e órfão: tornar-se um cantor famoso exclusivamente para sensibilizar a mãe a procurá-lo.

Ele mesmo deixaria claro isso. E teria de conviver com exemplos negativos para se fortalecer e corrigir a rota que traçou para sua vida. Não faria nada parecido ao caminho que percorreu Dario, com sua terrível história, que muito ensinou Evaldo. E se espelharia no colega para se fortalecer e seguir o rumo que escolheu para si.

Capítulo 2

HOJE NADA TENS PARA DAR

O ambiente na Escola XV onde Evaldo Braga morou – ele estudou em três colégios próximos, onde fez primário, ginásio e técnico – era mais hostil e violento do que fez parecer em suas entrevistas. E essa certeza se dá quando observada a descrição que Dario fez da sua infância e adolescência nas unidades do SAM e que acabaria por levá-lo ao crime, antes de se tornar jogador de futebol e escapar do destino que parecia trágico. Décadas depois, ele deu detalhes ao autor deste livro, ao seu biógrafo Lúcio Flávio Machado, no livro *Dadá Maravilha*, publicado em 1999, e em uma longa entrevista apresentada no dia 14 de janeiro de 2015 a Francisco De Laurentis, do site ESPN Brasil, e a Vladimir Bianchini, da Rádio ESPN.

Um ano e meio mais velho que Evaldo, Dario José dos Santos nasceu em 4 de março de 1946, em uma casa pobre da Rua Frei Sampaio, bairro de Marechal Hermes, subúrbio do Rio de Janeiro. Filho de João José dos Santos, funcionário da Companhia Energética do Rio de Janeiro (Light), e de Metropolitana Barros, dona de casa dedicada, Dario pouco se lembraria dos primeiros anos de vida. A única cena da infância que guardaria não podia ser mais terrível: a morte da mãe, na sua frente, quando ele tinha apenas cinco anos de idade, em 1951.

Dona Metropolitana sofria de depressão pós-parto e tinha alucinações. Fazia tratamento, apesar de, naquela época, a doença não ser clara ainda para os ginecologistas e os psiquiatras. Até que certo dia ela estava na cozinha preparando o almoço, enquanto Dario brincava ao seu lado. De repente, em gesto impensado e inesperado, ela se banhou de querosene – usado para abastecer um dos fogões da casa –, e ateou fogo no próprio corpo. Enquanto as chamas a devoravam rapidamente, ela saiu correndo pela rua como se fosse uma tocha humana. Dario foi atrás, tentou socorrê-la e a abraçou.

Metropolitana percebeu o gesto do filho e o empurrou com força para uma vala ao lado da rua, na tentativa de protegê-lo e evitar que os dois morressem queimados. Caído, Dario viu as chamas tomarem a mãe por completo, até ela parar de se mover. Os vizinhos correram em sua direção com cobertores, conseguiram apagar o fogo, mas já era tarde demais. Ele contou que jamais seria o mesmo desde aquela cena macabra. Tornou-se uma criança revoltada, calada, que gostava de ficar sozinha e fugia das brincadeiras. Sempre chorava pelos cantos. Dizia que sentia saudades da mãe.

Com a tragédia, a situação da família piorou. O pai, desorientado, não sabia como criar os três filhos – havia ainda Mário, de sete anos, e Antônio Jorge, de três anos. A alternativa foi pedir ajuda ao Juiz de Menores, que determinou a internação das crianças no SAM. Os irmãos foram separados. Cada um seguiu para local diferente, como já foi dito: Dario seguiu para a Escola XV, em Quintino. Ele ficou na unidade por três anos e "comeu o pão que o diabo amassou" nas mãos do mais velhos, de acordo com descrição dele.

O menino sofreu todo tipo de violência, de insultos e agressões a espancamentos. Crescera um menino revoltado por isso e pela falta de carinho familiar. Mário dos Santos, o irmão mais velho, recordou para este livro: "Nós éramos em três irmãos, nascidos com intervalo de dois anos cada um: eu (1944), Dario (1946) e Antônio (1948). Levávamos uma vida boa com nossos pais. Meu pai, João José dos Santos, trabalhava na empreiteira que prestava serviço para a Light. Atuava como eletricista. Até que minha mãe teve depressão após o nascimento de meu irmão mais novo, e resolveu tirar a própria vida".

Havia, segundo ele, dois fogões na cozinha da casa da família. O a lenha era usado para comidas mais demoradas – feijão, carnes etc. O a querosene, para as que ficavam prontas mais rápido, como arroz e café. "Um dia ela pegou o querosene, despejou sobre as roupas e colocou fogo. Morreu queimada". Mário detalhou o que aconteceu em seguida: "Meu pai trabalhava o dia todo, não tinha como tomar conta da gente. Minha avó até tentou cuidar, mas ela tinha um bar na Praça XV onde vendia comida para pescadores e passava o dia inteiro lá, ficou impraticável". As tias também trabalhavam. "A saída foi nos encaminhar ao SAM, onde nós três fomos separados para colégios internos em lugares distantes".

O SAM, explicou ele, funcionava como espécie de central de distribuição de menores carentes e deliquentes. Os responsáveis tinham o cuidado de não misturar órfãos, necessitados e infratores. "Eu fui levado para a Escola Agrícola Presidente Arthur Bernardes, em Ubá, Minas Gerais". Como estudante, ele passava a manhã cuidando da horta, onde se plantava quase tudo que se comia no local – frutas, legumes, verduras etc. Arroz e feijão, carnes e ovos vinham de fora. "Havia fartura, comíamos muito bem. E quem estudava pela manhã, fazia o mesmo na parte da tarde. Nos outros dias, podíamos aprender um dos tantos ofícios que se ensinava lá – mecânica, sapataria, eletricista, música etc.".

O destino de Dario foi a Escola Wenceslau Brás, em Caxambu, também interior mineiro. Ali, deveria cursar os cinco anos do primário. Quando completou essa fase dos estudos, aos doze anos, voltou para o Escola XV. Ficaria ali até os dezoito anos, bem próximo de Evaldo, quando saiu para servir ao Exército. Antes disso, o futebol entrou na sua vida como forma de deixar o mundo do crime, no qual ele pareceu, a certa altura, irremediavelmente ligado. Dario recordaria que, além do fato de ser uma criança sem mãe, que mal via o pai, afastada dos irmãos e internada em um centro de acolhimento que recebia menores abandonados ou "bandidos", havia o *bullying* intenso por causa de sua personalidade peculiar – irritadiça, que reagia às provocações, diferentemente do que fez Evaldo para sobreviver no mesmo local e época.

CONVÍVIO

Evaldo conhecia Dario, mas não seriam jamais o que se

poderia chamar de amigos. Os dois conviviam perto um do outro e não se entendiam. Acostumado a viver naquele universo de brutalidade, Evaldo tinha certa indiferença ao fato de Dario ter se transformado em menor delinquente, com sua habilidade de fugir constantemente para a rua e cometer, inicialmente, pequenos furtos. Aos cinco anos, por exemplo, pouco depois de perder a mãe, quando entrou no Escola XV, ele se aproveitava da pouca vigilância e da sua magreza para passar entre as grades da instituição e praticar furtos de doces, frutas e outros objetos que estavam ao seu alcance. Afinal, quem poderia imaginar que uma criança nessa idade faria algo assim?

Não há registro que algum parente de Campos – mesmo a avó ou o pai, que o levou para o Instituto – teria ido visitar o menino. Essa solidão torturava Dario – e Evaldo também – nas datas especiais. Principalmente no Dia das Mães. No caso de Dario, o pai alegava que não podia vê-lo, explicou anos depois, porque fazia horas extras no fim de semana. Esse abandono o revoltou cada vez mais, à medida que se aproximava da adolescência. O futuro jogador lembrou a Lúcio Flávio Machado, que não tinha amigos no Instituto, somente "comparsas".

De qualquer modo, mesmo com as diferenças de atitudes e comportamento, o ambiente em que Evaldo e Dario viviam no internato era um "mundo animal", onde valia a lei da selva para se manter vivo. Longe dos instrutores e monitores, cometia-se barbaridades, como espancamentos e violência sexual. Em suas memórias, Dario recordou: "Eu era um garoto carente, revoltado e complexado. Quando os meninos ganhavam presentes, comida ou mesmo fruta, gozavam de mim, pois eu não tinha quem me fizesse aquelas regalias. Para me vingar, tomava na marra tudo que achava interessante. Geralmente, roubava as frutas e fugia para comê-las no mato".

E continuou: "Para obter sucesso nos roubos na vizinhança, sempre carregava uma faca ou gilete (lâmina de barbear, afiadíssima, que poderia provocar cortes profundos e até letais). À noite não conseguia dormir, pois sempre estava morrendo de fome. Eu era muito magro, subnutrido. Nunca vi uma criança tão magra quanto eu, era um palito". Para piorar, tinha pés enormes para o seu tamanho e a turma não perdoava. "Isso me deixava ainda mais complexado. Mas o pessoal zombava mais da minha magreza, que era esquelética. Os ossos apareciam e me chamavam de cadáver. Aquilo já era motivo para brigas".

O ódio se tornou tamanho que seu prazer virou "quebrar a

cabeça dos outros". Dario não media as consequências de seus atos e trazia os bolsos cheios de pedras, que usava com o estilingue que o acompanhava para todo lado. Era a arma de defesa e de ataque também. "Minha pontaria se tornou impecável. Atirava naqueles que considerava meus inimigos e, consequentemente, apanhava depois". Quando dizia que lhe batiam todo dia, não era no sentido figurado. E se contradisse quando afirmou, estranhamente: "Acostumei a apanhar e gostava de apanhar. O dia em que não apanhava... Eu odiava briga, meu negócio era dar problemas. Estava crescendo ali um futuro marginal. O internato estava formando um adolescente revoltado, com sina de bandido".

Com seis anos, contou ele, já era um "bandido em potencial", pois praticava pequenos, porém ousados roubos, ajudados pela capacidade de correr acima do normal. "O problema era que o serviço (internato) também abrigava menores delinquentes e eu acabei me deixando influenciar por parte deles, virei bandido, também". Mesmo pequeno, agia como homem para sobreviver, mas continuava uma criança carente e sem carinho da família ou dos amigos. Sua rotina continuou a ser fugir para roubar e não se importar muito com os estudos. "Roubar para ter o prazer de machucar os outros".

Um caso o marcou, quando tinha sete anos. "Nessa época, ainda não morava na instituição, mas no colégio ligado ao SAM. Fizeram o sorteio de uma lata de goiabada. Eu, que nunca tinha ganhado nada na vida, venci". O que ele não imaginava, na sua ingenuidade infantil, foi que a alegria duraria pouco. "Fiquei todo feliz e guardei a lata debaixo da minha cama. Quando fui comer pela manhã, descobri que a lata estava completamente vazia, não tinha mais nada. E todo mundo ficou rindo da minha cara. Aquilo me deixou revoltado". Em resposta, muitas bundas acabaram furadas por ele com uma faca. Alguns cortes com profundidade para exigir atendimento médico e pontos.

Enquanto isso, os irmãos Mário e Antônio estavam em escolas distantes, agora nas cidades de Viçosa e Campo de Maio, ambas em Minas. Depois de cinco anos longe de Quintino, Dario retornou. Além de cursar o ginásio, da sexta à nona série, passou por várias oficinas profissionalizantes, como tentativas da administração para disciplinálo. Fez alfaiataria, artes gráficas, carpintaria, sapataria, mecânica, hortas e almoxarifado. Não se adaptava a nenhuma, continuava uma criança confusa e a dar problemas com roubo. E cada vez mais com a polícia, pois foi pego incontáveis vezes.

Quanto maior Dario ficava, mais a violência de seus atos contra os colegas crescia e o aparente descontrole emocional aumentava. Na adolescência, as fugas continuaram e as brigas na rua e no internato ficaram mais agressivas, com ameaças de morte dos dois lados. Ele começou a bater em todo mundo por motivos fúteis. Na rua, assaltava com faca, não se importava se a vítima era homem ou mulher. "Eu já estava passando dos limites, a única coisa que não fiz foi estupro, mas batia nas mulheres, era um covarde". A direção apelou para a família, que finamente até tentou ajudar. Dario tinha 16 anos e o pai e uma tia, irmã da sua mãe, começaram a ir de uma a duas vezes por mês visitá-lo.

SUICÍDIO

Mas o carinho do pai, observou ele, tinha chegado tarde demais. Cansado das incertezas quanto ao futuro, Dario tentou o suicídio. Cortou os pulsos com a gilete que usava para ameaçar suas vítimas na rua. Foi socorrido a tempo e levado ao pronto-socorro. As causas? Ele explicou: "O fantasma da mãe se suicidando, a morte e o desespero me atormentavam cada vez mais". O rapaz, mal saído da adolescência, não tinha fé religiosa, não acreditava em Deus. Após escapar da morte, passou a questionar o sentido da vida. Mesmo assim, os problemas com furtos continuaram.

A polícia, de tanto prender e soltá-lo, avisou à direção da escola que Dario tinha chegado ao limite. Na próxima vez, ele seria preso ou não sairia vivo de alguma enrascada que se metesse. Era mais ameaça, na verdade. Conselhos não faltavam dos companheiros mais próximos e que ele respeitava. Mas não adiantava. Nem mesmo as surras dos monitores não adiantavam mais. Ele parava alguns dias e logo estava aprontando novamente. Até conseguir, não se sabe como, um revólver.

VISÃO

Dario vivia em contradição constante. Mesmo depois do aviso da polícia, negou-se a pensar que tinha chegado o momento de mudar de vida, como contou depois. Diziam-lhe, enfim, que ou se integrava "à sociedade" e levava uma vida honesta ou virava marginal de vez e morreria cedo. E continuava a roubar – agora, assalto à mão armada. Refletia sobre as consequências de matar alguém à noite, quando fugia para dormir na copa das árvores no amplo quintal do instituto. Esse era o momento em que tinha paz e não corria risco de ser furado ou morto por algum interno como vingança. Gostava de ficar até a madrugada olhando o céu e as estrelas. Assim, conseguia se esconder dos problemas.

E foi em uma dessas fugas que sua vida começou a alterar a rota. Ele contou a Lúcio Flávio Machado: "Eu vi a imagem que mudou toda minha vida. Minha mãe apareceu em forma de anjo, toda de branco. Era tudo sonho, mas a imagem era bem real e eu pude ouvi-la. Ela me disse que aquele tipo de vida não servia para mim, que não tinha feito filho para ser maltratado, xingado e ofendido por todos. Por fim, falou que eu não podia mais ter o diabo no corpo". Quando acordou, o jovem prometeu para si mesmo que, dessa vez, sua vida mudaria para melhor. "Senti uma energia diferente, como se tivesse tirado um peso de cima de mim. Nunca mais vi a imagem dela pegando fogo, a partir daquele dia ela tinha virado um anjo", observou.

Ainda a Machado, Dario recordou que "começou a enxergar o mundo com outros olhos". Se aproximou das pessoas, começou a fazer amizades e a andar de cabeça erguida, sentia como se tivesse nascido de novo. Brincava com Evaldo, mais como provocação, tirava sarro quando o via cantar – nesse momento, ele tinha deixado a timidez de lado e passou a cantar sempre que possível nos eventos do internato e da escola onde estudava e mesmo em rodinhas internas, para os colegas. Dadá estava decidido a pôr fim aos furtos, à violência e à vadiagem. Mas o que fazer da vida?

Reza a lenda criada por ele que o futebol surgiu para ele nesse momento, aparentemente de modo tardio. Não podia ser verdade, uma vez que ele brincava com os colegas em peladas havia bastante tempo. "Como vi que todo mundo jogava bola e se divertia, quis jogar também. Era a maneira de refazer amizades, de conhecer gente nova, sem os vícios das ruas". Na conversa que teve com Francisco De Laurentis e Vladimir Bianchini, da ESPN, Dario revelou que largou o crime por outro motivo. Foi atrás do futebol após seu comparsa ser morto durante um assalto à mão armada.

E não citou o sonho "realista" que teve com a mãe. "A bola me salvou, eu levava uma vida de bandido, marginal, roubando e fugindo do colégio. Fazia muitos assaltos", contou o ex-centroavante. Até que aconteceu o pior e ele viu a morte bem de perto: "Um dia, saí com um comparsa para assaltar uma mercearia. Roubamos e saímos correndo em ziguezague. O português dono da loja meteu um tiro e pegou no pescoço do meu parceiro, que caiu e morreu na hora. Eu consegui fugir. Mas, daquele dia em diante, fiquei com medo de roubar".

Além disso, um detalhe que ajudou Dario a se regenerar foi a chegada do irmão mais velho, Mário, para morar na Escola XV, que passou a pressioná-lo a sair daquela rotina perigosa. Não seria o futuro jogador, mas Mário, quem se transformaria no melhor amigo de Evaldo. Para este livro, ele observou em 2012: "Fiquei em Minas até os 16 anos, quando voltei para o Rio e fui morar no Colégio XV. Ali, conheci Evaldo e nos tornamos camaradas, bem próximos. Respeitávamos um ao outro. Como ele não fazia parte da minha turma de sala (Mário era mais adiantado), inicialmente a gente apenas jogava futebol juntos. Evaldo jogava muito bem".

E assim a forte amizade dos dois nasceu. Apesar de três anos de diferença na idade, a empatia uniu os dois. Mario lembrou que Dario não estava no internato nessa época, tinha sido transferido para uma escola de "reeducação" em Bonsucesso, endereço para onde iam aqueles que se mostravam indisciplinados em seu controle pelos assistentes que cuidavam dos menores. "Eu jogava bem e Evaldo também, apesar do negócio dele já ser a música", disse Mário. "Convivemos por menos de um ano. Quando completei 17 anos, fui para a Marinha, cujo encaminhamento foi feito por meu pai".

Dario, prosseguiu ele, não teve a mesma sorte e foi levado para Bonsucesso, onde acabou convivendo por um bom tempo com menores que tinham cometido delitos graves – como furtos, roubos e assaltos. Isso aconteceu antes da visão da mãe e do assalto em que morreu o parceiro de crimes. Só depois de ele voltar para o SAM que tornou-se menos implicante com Evaldo, por saber que era amigo do seu irmão. Por outro lado, seu foco estava no futebol, definitivamente. No começo, das janelas da Escola XV, via os garotos jogando bola na rua. Ninguém, no entanto, permitia que ele participasse, o que o fez refletir porque aquilo acontecia.

Fora a reputação ruim de encrenqueiro dos mais perigosos,

Dario não jogava bem. Pior, não levava o menor jeito com a redonda. A solução encontrada por ele foi a mais prática possível, para quem queria resolver tudo no grito. Ou pela violência. Mesmo decidido a mudar seu destino, fez o que teria sido seu último assalto e, com o dinheiro, comprou uma bola de capotão (couro) – o sonho de qualquer menino ou adolescente na época. Na entrevista à ESPN, ele acrescentou detalhes à versão da história: "Um dia, assaltei duas meninas e comprei uma bola de futebol. E passei a ser o dono da área. Só cedia a bola se me colocassem no time. A primeira vez que botei o pé em uma bola tinha 19 anos. Era ruim a ponto de tropeçar na bola".

Nesse momento, a falta de habilidade passou a alimentar as provocações entre ele e Evaldo. "Evaldinho estava muito mais próximo de virar cantor, porque tinha uma voz maravilhosa. Mas eu dizia que não, por pura pirraça, porque eu tinha que provocar ele. Talvez fizesse isso para ter a sua atenção. Hoje, sei que devo minha carreira às brigas com ele, que me fizeram ir para frente", disse Dario, em uma das três entrevistas para este livro.

Era provocação o tempo todo. "Eu, para não ficar por baixo, embora não jogasse bem, dizia que seria um jogador de futebol famoso, ganharia uma copa do mundo. Ele retrucava: "Você vai ser mesmo um pereba, já é um tremendo perna de pau". Mesmo como dono da bola, Dario sofria humilhações na hora dos jogos. A posição escolhida, no primeiro momento, foi a de zagueiro. Achou que seria a mais discreta e a mais fácil. De trás podia prestar atenção no que acontecia lá frente e, quem sabe, aprender e até arriscar um pouco. Se a bola viesse em sua direção, bastava dar chutão para cima, meter a cabeça ou tirá-la de qualquer jeito. Parecia fácil, mas logo descobriu que não era.

EXÉRCITO

Para azar ou sorte de Dario, na rua onde jogava, em Quintino, havia um time formado por três irmãos que era imbatível: os Antunes. O caçula era o mais endiabrado, driblava que era uma loucura só. Seu nome? Arthur, mas todos o chamavam de Zico, o mesmo que se tornaria um dos maiores craques do futebol brasileiro de todos os tempos. Zico era sete anos mais novo que Dadá. Antunes e Edu, os mais velhos, logo estreariam no futebol profissional. A sorte estava no fato de ter, assim, oportunidade para aprender com o trio.

Mesmo com os dribles desconcertantes que sofria dos irmãos e de outros moleques, Dario não arrefeceu. Entre a humilhação e a disposição para aprender, sem recorrer à faca, deixou a defesa e foi para frente. Ou seja, virou atacante. Na frente, percebeu que poderia ser mais fácil se ficasse no lugar certo, para receber a bola sem marcação e mandá-la rumo às redes, sem que fosse necessário maior esforço – como driblar alguém. Não foi tão fácil, mais uma vez. Nunca seria. Mas aprendeu, talvez, sua maior façanha no futebol: chutar certo em direção ao gol, ter mira boa.

Nada disso evitou que, pelo jeito desengonçado de correr e bater na bola, continuasse a ser motivo de gozação da turma. Em 1964, quando completaria dezoito anos, uma exigência legal o forçou a adiar seu sonho de jogar futebol e viver disso: o dever cívico clamava por ele. O Exército seria perfeito para disciplinar tipos como aquele e a direção da Escola XV procurou dar um empurrão nesse sentido. Aliás, essa era uma prática comum nos casos de garotos que consideravam de difícil disciplina e convívio em sociedade.

Ao se apresentar, Dario foi enviado para servir na Companhia de Comando Regimental- CCR, como recruta n. 7.7-28. A vida não seria fácil no quartel. Aprenderia na marra a se comportar como cidadão. "Passei por muitos apertos, pois não queria obedecer a ninguém". Uma de suas tarefas era fazer o trabalho de barbeiro e ele aproveitou disso para se vingar do sargento branquelo, de "tendências nazistas", que não gostava de soldados "de cor" – negros, morenos e mulatos – e infernizava a vida de quem questionasse suas ordens. O militar implicava tanto que mandava os "pretos" limparem as privadas sem dar o material para isso.

Não demorou para que Dario entrasse na sua lista preferencial de humilhações, por causa da sua mulatice. Como fazia nos tempos do internato, a ira de dar o troco na base do olho por olho, ele não deixou barato. Um dia, viu a chance quando o odiado oficial se sentou na cadeira para cortar o cabelo. "Eu não resisti. Passei a máquina zero por inteiro no cabelo dele". Pela sua descrição, o oficial ficou parecido com os índios que via nos filmes de faroeste americanos. A reação foi explosiva quando viu sua imagem no espelho. "Ele ficou com tanta raiva que me bateu na frente de todo mundo. Eu revidei e fui parar na cadeia do quartel".

Pela audácia, dificilmente Dario escaparia da punição mais severa, a expulsão, depois de uma temporada atrás das grades. Mas o destino veio em seu socorro antes, graças ao campeonato de futebol entre quartéis. Um companheiro da Escola XV, que servia no mesmo local, falou de suas "habilidades" com a bola para o capitão do regimento, que queria vencer o campeonato a qualquer custo. O amigo, sem dúvida, fez um gesto nobre para tentar ajudá-lo a sair daquele aperto, pois sabia que Dario estava longe de ser o craque que ele descreveu. O militar sabia da fama do colega que tinha provocado o recruta e foi falar com o soldado na cela. Este confirmou que era jogador e exagerou ao realçar de suas habilidades acima da média como centroavante.

Seria, sem dúvida, o jogo da sua vida. Falastrão e confiante, prometeu lhe dar o título se o libertasse da prisão. Oferta aceita, o que parecia improvável aconteceu: Dadá não desapontou o capitão. Não era o gol que importava, de qualquer jeito? Pois bem. Aos trancos e barrancos, tornou-se o artilheiro do campeonato e seu regimento foi campeão. As coisas começaram a dar mais certo ainda quando o sargento de prenome Valdo gostou do jeito dele e, como conhecia os dirigentes do modesto time do Campo Grande, indicou-o para jogar na equipe dos juniores do clube, assim que deixou o Exército, aos 19 anos.

Como nada jamais foi fácil para Dario, consolidar-se na equipe foi uma nova batalha na sua vida. O time era ruim além da conta. Não apenas perdeu o campeonato como ficou nas últimas colocações e quase caiu para a segunda divisão. Dario marcou gols, mas a diretoria, irritada, dispensou todo mundo. Reuniu o grupo e avisou que nenhum seria aproveitado no profissional. Portanto, que tomassem outro rumo na vida, fossem estudar ou trabalhar. Cada vez mais confiante, porém, o ex-interno do SAM tentou treinar no Flamengo, Botafogo, Vasco da Gama, Bonsucesso e São Cristóvão, sendo dispensado em todos.

Ele fazia o teste e não passava. Quando viu que não tinha nenhuma chance, foi trabalhar na Light, onde estavam seu pai, o irmão Mário e... Evaldo! Era o sombrio ano de 1965, quando uma Ditadura Militar estava próxima de completar seu primeiro ano no comando do Brasil. E Evaldo, assim como Dadá, estava decidido que ninguém destruiria o único sentido de sua vida, capaz de trazer sua mãe de volta. No seu caso, a música.

Capítulo 3

A CRUZ QUE CARREGO

OSMAR NAVARRO ...e vocês

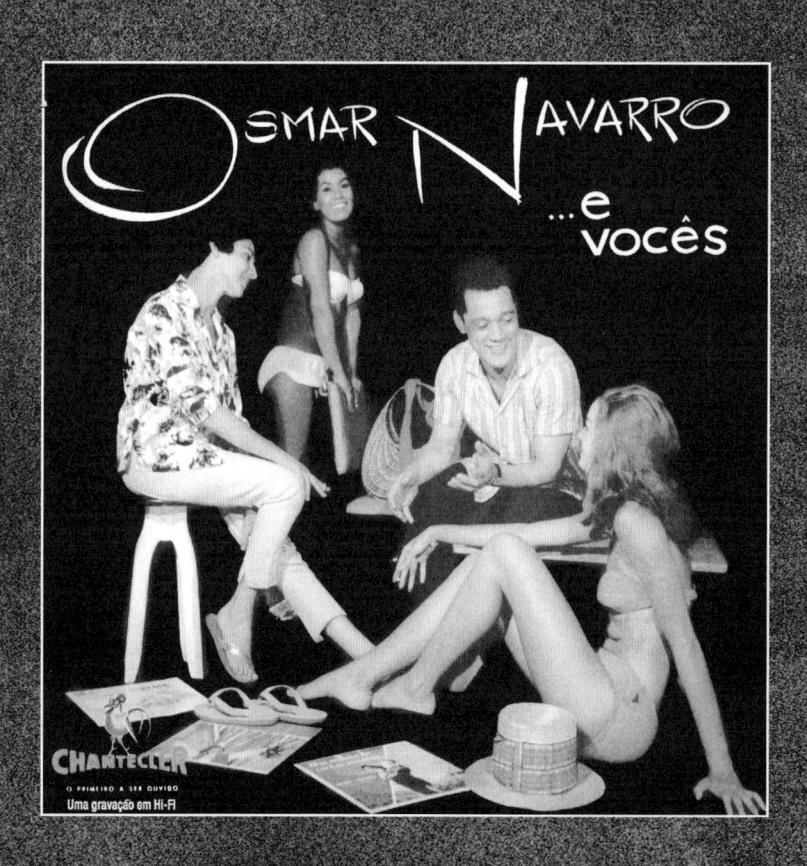

CHANTECLER
O PRIMEIRO A SER OUVIDO
Uma gravação em Hi-Fi

Evaldo cresceu no ambiente em que os prazeres da mesa para as classes C e D eram simples. Pratos diferentes do feijão, arroz, macarrão e carne somente em datas especiais. Não se comia frango, mas "galinha". E só às vezes, aos domingos, pois não havia ainda a produção industrial das granjas, que baratearia esse tipo de carne. Refrigerantes só no aniversário ou no Natal. Coisa fina e pouco acessível aquele líquido preto, marrom ou laranja que soltava bolhinhas no copo. Não se bebia Coca-Cola simplesmente. Degustava-se o líquido lentamente porque era bom demais e a quantidade pequena, por causa do preço. E uma garrafa de vidro de 290 ml podia ser dividida entre duas ou três pessoas.

  Sobremesas e doces seguiam o mesmo caminho do trivial. Comia-se goiabada cascão, a marmelada, o suspiro, a maria-mole e o chuvisco. O chiclete já existia – a primeira fábrica brasileira, a Adams, e fora fundada em 1944, em São Paulo – e já se colecionava figurinhas. Mas dentro do internato, pouco desses pequenos prazeres gastronômicos eram acessíveis a ele e a todos garotos que ali viviam. Comia-se o básico, sem direito a bolos de aniversário. No máximo, um almoço especial na Semana Santa e no Natal, festas cristãs. Evaldo cresceu católico e crente em sua fé, temente a Deus.

Como qualquer menino que viveu a infância e a adolescência nas décadas de 1940 e 1950, ele adorava revistas em quadrinhos, tipo de leitura considerada nociva e viciante às crianças, porque havia uma corrente da psiquiatria que acusava as revistinhas de induzir a molecada ao crime, à prostituição e ao homossexualismo. Em lugares que acolhiam menores carentes e infratores, essas publicações eram combatidas e destruídas em fogueiras. Mas Evaldo gostava, eram companheiras de solidão no internato – os meninos sempre encontravam meios de adquiri-las e escondê-las. Principalmente histórias de faroeste.

O menino também amava cinema, encantava-se com aquela tela mágica e com imagens gigantes. Como se comportava bem, tinha liberdade para sair da Escola XV nos fins de semana, desde que retornasse no horário combinado. Quando conseguia algum trocado dos funcionários ou de voluntários que apareciam por lá, corria para ver algum filme em salas próximas. O rapaz ganhou essa liberdade por bom comportamento, quando entrava na adolescência.

Inteligente e esperto, Evaldo se tornou um aluno aplicado e que gostava de ler poesia – dos autores clássicos cujas obras estavam disponíveis na biblioteca da Escola XV, como Casimiro de Abreu (1839-1960) e Castro Alves (1847-1871), mortos tão jovens, com 21 e 24 anos. Esse interesse o levou a esboçar versos, o que o ajudaria a compor as próprias músicas – chegaria à audácia de cantar algumas delas durante as festas na escola ou para os colegas. Quando conheceu Dario, ambos adolescentes, Evaldo sabia tocar violão bem, ensinado por um de seus professores.

Segundo Dario, Evaldo tinha preferência pelos cantores com "vozeirão", daqueles com potência para fazer a terra tremer à sua volta. Como Vicente Celestino, Francisco Alves e Orlando Silva. A bossa nova já existia – foi criada em 1959, por João Gilberto – e dominava o gosto musical da elite carioca, formadora de opinião. Evaldo, porém, gostava do samba-canção mais melancólico, das letras carregadas de dramas sobre abandono, fim de relacionamento, decepção e traição. Segundo o ex-jogador, de quem ele mais gostava, porém, era Cauby Peixoto. Tanto que o imitava, inclusive no modo de gesticular e dançar, jeito que adaptou e carregaria para os programas de TV. Mas como se aproximar do mundo da música?

Nunca ficou claro se Evaldo prestou serviço militar, como Dario e todos os outros rapazes do internato. Sabe-se apenas que se alistou, como mandava a lei. Teria sido dispensado por algum problema físico ou por excesso de contingente? Fato foi que, depois dos 18 anos, viu-se obrigado a deixar a Escola XV e viver por conta própria. O Estado tinha feito a sua parte, dado estudo e uma profissão técnica – de cozinheiro, no seu caso. Nos dois anos anteriores, com a reação positiva, vibrante até, dos colegas, pais e professores, sempre que o viam cantar, seu entusiasmo para viver só da música aumentou. Seria cantor, decidiu. Foi um período importante de reflexão e de certeza que poderia ser, de fato, o que tanto desejava. Mas, o mais depressa possível, precisava dar um rumo na vida, encontrar uma forma de sobreviver.

Um ano antes de sair, em 1964, Evaldo assistiu ao show que o radialista Roberto Muniz organizou com cantores de pouca expressão na sede do SAM, um pouco antes do Natal, voltado exatamente para as crianças e adolescentes que ali viviam. Um evento filantrópico, portanto. Evaldo pediu a Muniz uma oportunidade para se apresentar e foi atendido. Cantou uma música de Cauby Peixoto – não disse qual teria sido – que agradou bastante ao locutor, então um dos nomes mais famosos da Rádio Globo, onde trabalhava desde 1954 e era líder de audiência, ao lado de Haroldo de Andrade, das 6h ao 12h. Chacrinha entrava em seguida, das 12 às 14h. Esse Chacrinha era Abelardo Barbosa, o mesmo que tinha um irreverente programa de auditório na TV Excelsior.

Nascido em Petrópolis, região serrana do Rio, em 1924, Muniz tinha o que se chamava de vozeirão natural, sem impostação ou mudança de tom. Era bela, adorada principalmente pelo público feminino, para quem passava as manhãs tocando sucessos. Ele começou na Rádio Difusora, de Petrópolis, até que o então diretor da Globo, Luiz Brunini, de passagem pela cidade, ouviu seu programa, foi à emissora e o contratou imediatamente.

Na capital fluminense, Muniz criou programas que marcaram época, como *A Voz da RCA, Enquanto Você Espera, Placar Musical Rio-São Paulo, Aroldo, Muniz e a Música* e, principalmente, *Peça o Bis ao Muniz*, que atravessaria a década de 1960 – em toda edição, ele atendia aos ouvintes que pediam para tocar duas vezes a sua música preferida. E aprendeu também, com certa rapidez, as manhas e artimanhas do meio musical, como se verá adiante.

Muniz achava também que era um bom compositor e, claro, quem o gravasse cairia em suas graças para sempre. Com Jairo Aguiar, por exemplo, fez *Eu e Você*, samba-canção gravado por Nilo Amaro e Seus Cantores de Ébano. Dele e de Almeidinha, Clara Nunes gravou *A Noite*. Nenhuma fez o sucesso que ele esperava, apesar do empenho do radialista da Globo.

O disc-jóquei sempre começava a locução com a frase "Cá estamos", considerada a "mola-mestra" para estabelecer uma ponte de intimidade com os ouvintes. Era casado com Dona Erly Muniz Pereira. O casal tinha uma filha, nascida no mesmo ano que Evaldo, Carmem Lúcia Pereira Muniz, que tinha síndrome de Down. Muniz seria marcante para o jovem cantor porque ele lhe daria nove parcerias, dentre elas seus maiores sucessos. Naquela tarde no SAM, porém, o locutor não fazia ideia do quanto sua vida ficaria atrelada à daquele menino. Mesmo assim, orientou para que o procurasse quando deixasse o internato. Muniz estava acostumado com aquele tipo de pedido e sabia que a maioria jamais seguiria em frente na música ou em outra atividade do rádio e, portanto, não o procuraria.

EMPREGOS

Ao completar 17 anos, em setembro de 1964, e concluir o ensino técnico no fim daquele ano, se quisesse, como se formou em técnico de cozinha, Evaldo poderia buscar emprego em bares ou restaurantes. Até mesmo em boates, que o aproximassem da música. À revista *Amiga*, o artista contou que a "a posição de cozinheiro na instituição era boa, mas não dava para continuar trabalhando no local". E justificou: "O elemento (interno), assim que ganhava a maioridade, tinha que sair de qualquer maneira e se virar", com a profissão que o governo havia lhe dado. Mas tinha outros planos. "Lá mesmo, no SAM, fazia minhas músicas e cantava. Nasceu naquela época a ideia de procurar o rádio e tentar a vida como cantor. Era o que eu mais gostava: cantar".

Em vez do fogão, Evaldo conseguiu seu primeiro emprego na Companhia Funerária Estrela da Manhã, que funcionava na Rua Sul América, 1054, em Bangu. Em uma de suas tarefas, deveria ajudar no atendimento dos clientes e preparação dos defuntos para o sepultamento – vestir a roupa, decorar o caixão e levá-lo até o local do velório. Ali, aprendeu a dirigir, mas não ficou mais que três meses. A única vez que tocou no assunto foi na entrevista que deu ao jornal *O Globo*, em outubro de 1971, sem explicar por que trabalhou tão pouco tempo – mas é possível imaginar que não tenha gostado das tarefas que lhe deram.

Uma justificativa possível foi ter conseguido vaga na Companhia de Eletricidade do Rio de Janeiro, a Light, com a ajuda do amigo Mário. Ele e Dario trabalhavam na empresa, levados pelo pai. O serviço era pesado, mas o salário permitia pagar a pensão e comer dignamente. Sua função seria cavar buracos em calçadas para a colocação de postes de luz. Implicava, primeiro, em quebrar cuidadosamente a cobertura de concreto para evitar o máximo de estrago possível – o ideal era abrir espaço suficiente para colocar o poste – e prestar atenção em prováveis encanamentos que costumava encontrar.

Depois, vinha o pior: vários homens tinham de colocar a pesada peça – na época, o poste não era mais oco, tinha estrutura de vergalhão e todo maciço por dentro, preenchido com concreto –, mesmo com a ajuda de um não muito eficiente guindaste. Como estava ainda em formação física, é possível que tenha desenvolvido a forma muscular que o faria se destacar. Era tão pesado e resistente o poste que uma colisão de carro em alta velocidade destruia todo o veículo, mas a coluna se mantinha intacta.

Por serem colegas de trabalho e fazerem parte da mesma equipe, Evaldo e Mário só fortaleceram a amizade nessa época. "Nosso trabalho era de rua, barra-pesada mesmo. Evaldo ficou com a gente por volta de nove meses", recordou Mário. Ele não se esqueceria das histórias que viveram juntos pelas ruas do Rio de Janeiro. Destacou uma, em especial. Os dois faziam parte da equipe que sempre levava uma espécie de barraca, que era armada perto do trabalho e que servia de base para toda a equipe naquele dia – ali, guardavam água de beber e as marmitas para o almoço.

Pouco antes de comer, os operários usavam uma chapa metálica colocada sobre quatro tijolos que funcionava como fogão a lenha, para aquecer a comida. Essa era a rotina na equipe. Um dia, no entanto, o funcionário encarregado de ficar de olho nas marmitas se descuidou e um vira-lata não só derrubou a marmita de Evaldo, como devorou seu sonhado bife, que não via a hora de degustar, depois de uma manhã de esforço físico e com o estômago vazio. Os colegas, claro, riram no primeiro momento, mas dividiram a comida com ele. O jovem foi motivo de gozação durante muito tempo e a história correu em toda a empresa. Bastava passar e perguntavam pelo incidente. "Cadê o bife, Braga?" Nessa época, a sua inclinação musical, que Mário tanto conhecia, passou a ser dividida com os companheiros. "Todo dia, depois que comia, no descanso do almoço, ele pegava uma caixinha de fósforo – que dominava com impressionante habilidade – e ficava cantando seus sambas e canções românticas para se distrair e nos divertir. Acho que fazia aquilo para testar nossa reação, ver se a gente gostava do que ouvia. Todos nós ficávamos admirados como ele era uma pessoa determinada nesse sentido, falava com tanta certeza que realmente parecia acreditar que ia conseguir ser um cantor famoso, algum dia. E cantava muito bem, uma beleza, como o Brasil inteiro viu depois".

Evaldo era pura felicidade quando tinha plateia. Mesmo se fossem os poucos colegas da Light. Mário se lembraria do motivo que levou o amigo a sair da empresa. Não aconteceu nenhuma falta ou incidente nesse sentido, pois Evaldo era responsável com suas obrigações. Só não gostou do desgaste físico diário que o cargo exigia. Nesse momento, por outro lado, continuava a pensar em uma forma para se aproximar do meio musical. Consciente do preconceito – mesmo disfarçado – que havia em qualquer área, como deixaria claro depois, sabia que a cor da pele poderia ser um obstáculo a mais para gravar um disco. Nesse momento, Evaldo vivia em um quarto de pensão na região portuária do Rio.

No mês em que completou 18 anos, em setembro de 1965, diariamente, Evaldo comprava o jornal e olhava em todos os anúncios que encontrava, em busca de alguma vaga com o perfil que queria, sem a força braçal exigida pela Light. A pressa para conseguir algo fez com que se agarrasse à primeira chance que aparecesse. "Fui trabalhar em uma farmácia, depois na General Electric e na Varig". Na primeira, ficou como organizador e distribuidor de estoque, o que incluía desde descarregar as caixas, levá-las para o depósito e abri-las, até arrumar as unidades na prateleira. Durou pouco tempo. Era correto, cumpria seus horários e até recebeu uma promoção para balconista um mês depois, por causa de seu jeito espirituoso e brincalhão.

Mas apareceu a chance de trabalhar como contínuo na multinacional GE. Ainda estava no período de experiência, no começo de 1966, quando trocou de emprego mais uma vez, e foi ser garçom na suntuosa e mais conceituada companhia de aviação do país, a Varig. Mas o trabalho não agradava o inquieto Evaldo, que cada vez mais botou na cabeça que queria ser cantor. Em uma entrevista, tentou criar uma aura de rebelde que Mário garantia não ter. Falou da mania de cantar e, por isso, perdeu alguns empregos, "onde lanches servidos com discrição (na Varig) e lâmpadas quebradas com precisão (na GE) eram mais importantes do que uma voz que fazia todo mundo parar de trabalhar". Até esse momento, não tinha procurado ainda Roberto Muniz, que prometera ajudá-lo.

REFERÊNCIAS

Evaldo, no entanto, estava de olho em tudo que acontecia ao seu redor em relação à música. Sonhava, por exemplo, em participar da febre do momento, os Festivais de Música, que provocavam uma guerra entre as emissoras de TV e os artistas do meio musical, por causa da salada de gêneros e ritmos que envolviam, além do grave contexto político, quando os militares, no segundo ano da ditadura, apertavam o cerco com a censura e a cassação de políticos contrários ao regime. Esses eventos revelariam uma das mais talentosas gerações de compositores e cantores da história da chamada MPB (Música Popular Brasileira), rótulo criado na época.

De seus embates surgiram Caetano Veloso, Gilberto Gil, Chico Buarque, Edu Lobo, Gal Gosta, Geraldo Vandré, Maria Bethânia, Nara Leão, Mutantes, Jair Rodrigues, Elis Regina, Raul Seixas etc. Também consagrou veteranos como Tom Jobim, ou experimentados – Roberto Carlos, por exemplo. Por causa dos altos índices de audiência, nenhuma emissora queria ficar de fora desse formato. Inspirada em evento semelhante realizado em San Remo, na Itália, a TV Excelsior saiu na frente e criou o I Festival de Música Popular Brasileira, na praia do Guarujá, São Paulo, que foi ao ar no 6 de abril de 1965.

No ano seguinte, já com a Excelsior afundada em uma crise financeira, o II Festival de Música Popular Brasileira provocou algo inédito: a união de emissoras para a sua realização: TV Record (canal 7, São Paulo); TV Paulista (canal 5, São Paulo) e TV Globo (canal 4, Rio). As eliminatórias ocorreram no Teatro Record, em São Paulo, entre os meses de setembro e outubro de 1966. O resultado dessa edição ficou para a história com duas músicas empatadas em primeiro lugar: *A Banda* (Chico Buarque), com Chico Buarque e Nara Leão; e *Disparada*, de (Geraldo Vandré e Théo de Barros), com Jair Rodrigues, Trio Maraiá e Trio Novo.

O festival seguinte não foi menos empolgante. Pelo contrário, rendeu alguns dos maiores clássicos brasileiro de todos os tempos. Apelidado de "O festival da virada", foi realizado no Teatro Paramount, em São Paulo, nas quatro semanas de outubro de 1967. Em primeiro lugar, sob protestos do público, o júri escolheu *Ponteio* (Edu Lobo e Capinam), com Edu Lobo, Marília Medalha, Momento Quatro e Quarteto Novo. Em segundo, a revolucionária *Domingo no Parque* (Gilberto Gil), com Gil e Os Mutantes. Na terceira colocação, *Roda Viva* (Chico Buarque), nas vozes do próprio Chico e MPB-4. A quarta ficou com *Alegria, Alegria* (Caetano Veloso), com Caetano e o grupo de rock argentino Beat Boys.

A força que o papel do intérprete tinha nesses eventos fascinava Evaldo, que acreditava no potencial de seu vozeirão e na variedade de formas e ritmos que desenvolvera para cantar – não fazia ideia do quanto ainda estava verde e precisava aprimorar. O problema era chegar a um meio dominado por artistas e organizadores de classe média, brancos em sua maioria, tão distantes de um crioulo como ele. Em parte, por isso, tinha, em especial, referência importante no mundo da música com pele negra e que não era propriamente do samba: Wilson Simonal.

Em comum com Evaldo, além da cor, Simonal – um intérprete magnífico, de voz bela e afinada – tinha o fato de ter vindo família extremamente pobre e conseguido dar o pulo do gato e se tornado dos grandes nomes da música brasileira. Wilson Simonal de Castro era oito anos mais velho que Evaldo – nasceu em 1939 – e trazia em sua bagagem uma história de vida exemplar de superação. Filho da cozinheira e empregada doméstica Maria Silva de Castro, e do radiotécnico Lúcio Pereira de Castro, ambos mineiros que tinham se mudado para o Rio de Janeiro, ele recebeu o nome em homenagem ao médico que realizou o complicado parto que o trouxe ao mundo.

Com esforço dos pais, Simonal estudou em colégio católico, onde teve aulas de canto orfeônico após se tornar membro do coral. Desde adolescente chamava a atenção pela ousadia em cantar – e muito bem – sucessos em inglês que tocavam nas rádios brasileiras. Tornou-se amigo de Edson Bastos, filho da pianista Alda Pinto Bastos, que lhe ensinou a tocar violão e piano e com quem pretendia formar um conjunto musical. Teve de abandonar a ideia ao ser convocado para servir no 8º Grupo de Artilharia de Costa Motorizado (8º GACOSM). Virou um *showman* do quartel, ao se tornar chefe da torcida do time interno de futebol, além de ter participado de vários bailes como cantor.

Ao dar baixa como sargento, em 1960, Simonal formou com o irmão Zé Roberto e os amigos Marcos Moran, Edson Bastos e Zé Ary o conjunto Dry Boys, que teve vida curta, após recusa da gravadora em fazer um disco. O cantor seguiu carreira solo, sob a proteção do mítico produtor, compositor e apresentador de TV Carlos Imperial, rei da malandragem musical. Tornou-se *crooner* do Conjunto Guarani e chegou a substituir Cauby Peixoto em apresentação na antiga Rádio Nacional carioca – agradou a ponto de conseguir contrato para se apresentar regularmente no local.

Em 1961, o trabalho de cantor da boate Drink, que pertencia à família de Cauby, rendeu a Simonal convite para gravar na Odeon, por onde lançaria, em dezembro daquele ano, um disco no formato 78 rpm, com *Terezinha*, chá-chá-chá de Imperial, em homenagem à namorada de Simonal; e *Biquínis e Borboletas,* de Fernando César e Britinho. Nos anos de 1962 e 1963, a gravadora lançaria mais três discos de duas músicas cada, para testar a receptividade de Simonal em diferentes estilos musicais, antes de gravar o sonhado LP de estreia. Isso aconteceu em novembro de 1963, com o título sugestivo e provocante de *Tem Algo Mais*. A faixa *Balanço Zona Sul* se tornou o primeiro sucesso nas rádios.

A partir de 1966, o artista de 27 anos deslanchou, graças à sua esmerada técnica e qualidade vocal, além do jeito irreverente, malandro, de hipnotizar plateias. O cantor "cheio de swing" emplacou um sucesso atrás do outro na segunda metade da década de 1960: *Balanço Zona Sul, Lobo Bobo, Mamãe Passou Açúcar em Mim,*

Nem Vem que não Tem, Tributo a Martin Luther King, Ninguém Sabe o Duro que Dei, Sá Marina (que chegou a ser regravada por Stevie Wonder, como *Pretty World*) e *País Tropical*, de Jorge Ben, que seria seu maior êxito comercial.

O estilo de Simonal não era exatamente o que Evaldo queria adotar. Nessa época, flertava com o samba e adorava Carnaval – frequentava a quadra da Portela. Mas ele admirava sua postura, via que tinha ambição e o meio onde se desenvolveu aceitava sua música moderna e popular, porém, considerada mais próxima da sofisticação poética e rítmica da bossa nova, seu habitat quase natural.

Impressionava também o modo como encarava a questão do racismo, com ironia e provocações – que ele adotaria com um jeito mais pessoal, ao trazer o tema à discussão a partir do sarcasmo, ao se chamar de neguinho, crioulo, pedir licença para transitar no meio dos brancos, de exibir publicamente namoradas preferencialmente loiras.

Atitudes, aliás, que fariam Simonal ganhar o ódio mortal dos preconceituosos e racistas e a pagar um preço altíssimo por isso. Para muitos, o cantor era o crioulo metido a besta, que tomava as namoradas lindas dos brancos e das famílias abastadas, não adeptas das relações multirraciais pregadas pelos movimentos libertários e da revolução sexual dos anos de 1960 – que seriam exaustivamente reprimidos pela Ditadura Militar brasileira nos dez primeiros anos.

Evaldo o admirava por tudo isso. E se espelhava no "irmão negro" para abrir ao menos uma porta para cantar em público e, depois, gravar um disco. O que fez em seguida, entretanto, jamais foi devidamente explicado por ele e acabou entendido, de modo simplista por quem escreveu sobre ele, como algo natural para quem foi órfão e veio de família pobre, além de ser negro. Enfim, o jovem que ascendia em seus empregos – Light, GE e Varig –, de uma hora para outra se tornou engraxate e morador de rua. Era o final de 1966 e ele tinha 19 anos de idade.

GRAXA

Essa fase da vida de Evaldo se tornaria das mais nebulosas. A versão mais simplista, resumidamente, foi essa: decidido a virar cantor, chutou o balde dos empregos convencionais, comprou uma caixa de lustrar sapatos e se instalou na porta da Rádio Mayrink Veiga. Engraxava sapatos de diretores, radialistas e programadores, em busca de alguma ajuda para cantar na emissora. Fazia seu trabalho cantando para chamar a atenção. E, de tanto insistir, conseguiu seu intento: gravou um disco e se tornou sucesso. Dez em cada dez perfis escritos sobre ele trazem essa versão.

Não aconteceu exatamente assim. Quando estava na Varig, Evaldo procurou Roberto Muniz em busca de ajuda, na Rádio Globo. O locutor o reconheceu e disse que o apresentaria a conhecidos que faziam programas de calouros, como Chacrinha, uma vez que o seu só tocava músicas das paradas de sucesso. Por algum tempo ele esperou pela ajuda do radialista, que não veio. O próprio Evaldo contou: "Vendo que não dava para trabalhar em escritório, fui engraxar sapatos na porta da Rádio Mayrink Veiga. Fiz amizade com funcionários, com gente famosa, mas nada disso adiantou. Não havia chance. Estava tudo fechado e os que prometiam uma chance, como Isaac Zaltman, não cumpriam".

A Evaldo apenas repetiam: "Qualquer dia desses você canta". Ou pediam paciência, "que seu dia chegaria". Zaltman apresentava o programa *Hoje é Dia de Rock*, um dos gêneros preferidos de Evaldo e que tanto influenciaria sua música. Nem tudo está correto. Evaldo, por exemplo, fez confusão sobre o nome da rádio. Ou o repórter se confundiu. Na verdade, naquele começo de 1967, a Rádio Mayrink Veiga não existia havia quase dois anos. Fora fechada pelo Regime Militar, apontada como antro de subversivos por pura vingança dos militares.

Eles não se esqueceram que, em 1961, seu diretor do departamento político e jornalístico, Hiram Athaydes Aquino, participou da chamada Cadeia da Legalidade, rede de rádios nacionais organizada por Leonel de Moura Brizola para defender a posse de João Goulart, após a renúncia de Jânio Quadros, em agosto daquele ano. Um dos principais nomes da emissora era Raimundo Nobre de Almeida, que trabalhou como locutor oficial do governo deposto em abril de 1964. Esse histórico foi usado como justificativa pelos golpistas fardados para cassar sua concessão e colocar um ponto final na mais importante emissora da chamada Era de Ouro do Rádio, na década de 1930.

A Mayrink foi inaugurada em 21 de janeiro de 1926, sendo, portanto, uma das primeiras rádios do país. Com o início do rádio comercial em 1932, quando o sistema deixou de ser fechado a clubes e adepto apenas da música clássica, popularizou-se e virou reduto de novos talentos e ícones como Francisco Alves, Mário Reis, Vicente Celestino e Orlando Silva. Nela estrearam Carmem Miranda e sua irmã Aurora, além do comediante Chico Anysio. Com o radialista César Ladeira à frente como diretor artístico, a partir de 1933, foi líder de audiência até o surgimento da Rádio Nacional do Rio de Janeiro. Mesmo assim, não perdeu sua nobreza.

Tudo que Evaldo narrou aconteceu, de fato, na Rádio Metropolitana, uma das 14 emissoras cariocas que operavam em frequência AM – não havia ainda o sistema FM, que seria adotado no final da década de 1970, e que tinha melhor qualidade de som. A emissora ficava na Rua Riachuelo, 48, região central do Rio, e pertencia ao grupo da TV Continental, canal 9, do político e empresário Rubens Berardo. A emissora tinha boa audiência e programas conhecidos na cidade. Evaldo ficou amigo de locutores famosos, como Heitor de Lima e Silva, mais conhecido como Bolonha, e Oscar Vareda. Essa mudança de atitude dele em virar engraxate não foi um gesto solitário e heroico da sua parte.

Há indícios de que a experiência de Evaldo como engraxate não passou de dois ou três meses. Tempo suficiente para o articulado e falante rapaz fazer amizades que lhe trouxessem oportunidades. A aproximação dele com a rádio se deu depois que conheceu o engraxate Wilson de Sousa, cerca de cinco anos mais velho que ele. Sousa fazia exatamente o que Evaldo passou a copiar: batia ponto na porta da Metropolitana, onde cantava e tentava chamar atenção dos funcionários e locutores, como ele mesmo contou em uma entrevista de 1974, ao *Jornal do Brasil*, quando falou da sua relação de amizade com Evaldo, a quem chamou de seu "melhor amigo".

Os dois se tornaram próximos, de fato. Até que Sousa cometeu ato de insubordinação que o levou para a prisão e permitiu que Evaldo ocupasse seu lugar. Fazia tempo que ele era procurado pela polícia, após desertar do Corpo de Bombeiros. Ficaria preso por dois meses no quartel central e, alguns anos depois que saiu, antes de gravar um disco, envolveu-se com tráfico de drogas e foi condenado a dois anos de prisão. Evaldo ia visitá-lo toda semana na cadeia do quartel. Ao ser perguntado sobre o motivo da deserção, Sousa não soube explicar: "Foi uma coisa ruim que me deu na cabeça".

Antes disso, na corporação, ele até chegou a ser considerado herói, quando salvou um casal e seus dois filhos pequenos, jogados por um ônibus no Rio Sapacuaí, em Gramacho. O que aconteceu com ele, em seguida, foi assim descrito pelo *Jornal do Brasil*, quando noticiou o primeiro disco de Wilson de Sousa, *O Crime Não Compensa*, que trazia como subtítulo "O cantor prisioneiro": "A sede de aventura o tirou do quartel, o tóxico o levou à miséria, a polícia o apanhou e o levou à cadeia (...). Mas a paixão pela música, que descobriu há 19 anos, nunca deixou o ex-bombeiro Wilson de Sousa".

Jorge Macarenhas, ex-jurado de Chacrinha e amigo mais constante de Evaldo, confirmou que ele engraxava mesmo sapatos e lustrava botas sempre cantando. "Todos na rádio passaram a conhecê-lo e a comentar: 'Já viu o neguinho novo que engraxa sapato? Enquanto trabalha, canta, e canta bem, uma beleza'". Um dia, passava graxa no sapato de um famoso do rádio, o "cabeça branca" Jair de Taumaturgo (1920-1970), um dos principais radialistas da Metropolitana, onde tinha o programa *Alô, Brotos!*, que apresentava cantores jovens de rock. Tinha bastante audiência e foi considerado importante para o desenvolvimento da jovem guarda – do mesmo modo, Carlos Imperial concorria com o seu *Brotos no 7*.

Mascarenhas observou que Evaldo sabia bem de quem se tratava e aquele cliente buscou mostrar suas virtudes de cantor. E fez "uma cera" danada na graxa. Levou tanto tempo que Taumaturgo reclamou, impaciente, com aquela cantoria. "Ele saiu com o sapato brilhando paca", contava Evaldo, rindo. "Mas, em compensação, eu cantei umas dez músicas para ele". Jair chegou a levar o "crioulo" para um show no bairro de Realengo e deu para ele um "notão" de dez cruzeiros ao final da apresentação. No dia seguinte, o jovem mostrou o dinheiro para todo mundo. "Vejam só, meu primeiro cachê. No dia em que eu gravar, vou acabar com o baile!"

Evaldo conquistou tantos amigos que, após acabar seu dinheiro e perceber que não podia mais pagar a pensão, eles deixavam que dormisse nos estúdios da emissora. No auge do sucesso, em agosto de 1972, Evaldo diria à revista *Cartaz*: "Muita gente vê alguém chegar lá no alto, mas não sabe como foi difícil para mim... O caso: fui um lutador. Desde pequeno sempre fui um lutador. Os

que não reconhecem o valor que tenho não sabem o quanto custou para chegar ao disco e a uma grande gravadora como a Phonogram. Parece tudo muito fácil, à primeira vista, mas não foi tanto assim. Pelo contrário: foi preciso engolir muito sapo".
A estrada até seria longa, quase infinita para Evaldo chegar a algum lugar. E cheia de percalços e algumas rasteiras, que dariam uma ideia do quanto o mundo da música já era contaminado. Tudo começou a mudar a seu favor quando conheceu a pessoa que se tornaria uma espécie de tutor seu: o talentosíssimo cantor e compositor Osmar Navarro, que começava a carreira de produtor e tinha ficado conhecido em todo país oito anos antes, em 1959, com a balada de forte influência americana *Quem é?*, que deu título a seu primeiro LP, lançado pela Polydor – e que voltaria como hit da novela *Estúpido Cupido*, da Rede Globo, em 1976.

Navarro era o nome artístico de Osmar Daumerie. Carioca de nascimento, ele veio ao mundo em 19 de novembro de 1930. No primeiro momento, sonhava em ser cantor, quando gravar discos era algo difícil. Para pagar as contas, foi trabalhar como radioator em novelas e projetou seu nome como um dos destaques da primeira metade dos anos de 1950. Em 1956, finalmente estreou pelo pequeno selo Lord, em um dueto com Celita Martins. Eles cantaram o samba-canção *Dó-ré-mi-fá-sol-lá-si*, de Fernando César e Roland de Oliveira. Nada aconteceu de extraordinário, mas ele seguiu em frente, na busca por fazer um disco só seu.

Em 1959, Navarro deu um passo importante ao gravar pela Polydor dois sambas-canção: *Imaginemos*, da dupla caipira Alvarenga e Ranchinho; e *Candidato a Triste*, de Paulo Tito e Ricardo Galeno. No mesmo ano, registrou em disco, de sua autoria com Oldemar Magalhães, *Quem é?* , que se tornaria seu maior sucesso. A canção era uma novidade por fugir à influência exagerada dos boleros, que mais lembravam canções de boates, serenatas e bailes de formatura. Remetia a The Platters. No mesmo ano, foi regravada nada menos que quatro vezes pelo Trio Nagô, Vocalistas Modernos, Roberto Amaral e Hebe Camargo. Por causa da música, foi anunciado pela gravadora como o "cantor que canta com o coração para o coração".

Tanto sucesso fez com que, em 1960, Navarro gravasse, de sua parceria com Célio Ferreira, a balada *Vi* e o samba *Eterno motivo*, de Oldemar Magalhães. No ano seguinte ele foi para a Chantecler, onde estreou com os sambas *Maestro Coração* (Célio Ferreira e Oldemar Magalhães) e *Amor de Carnaval*, de sua autoria e de sua esposa, Alcina Maria. Em 1962, lançou pela Odeon *Quero e Lenita*, ambas suas com Alcina Maria. A carreira de cantor prosseguiu em 1963. Nesse ano, gravou na CBS de sua autoria e da mulher a *Balada da Esposa*.

Nesse momento, Navarro passou a compor músicas para outros cantores, como o bolero *Quando Estás a Meu Lado*, com Oldemar Magalhães, gravada por Jair Alves; e a balada *Teu Nome*, dele e de Ribamar, ambas pela RCA-Victor. Aos poucos, abandonou o canto para se tornar produtor, mas continuaria a compor. Em 1968, o cantor Antônio Marcos defendeu no Festival da Record *Poema de Mim*, dele e de Navarro. Antes disso, seu caminho se cruzou com o de Evaldo de modo fundamental. "Se não fosse por Osmar Navarro e Roberto Muniz, eu jamais teria entrado para o rádio e para o disco". Quando os dois se conheceram, Navarro trabalhava na Rádio Metropolitana e prometeu encontrar uma forma de ao menos Evaldo ter uma renda e lugar para morar. E fez o pedido a duas estrelas em ascensão e seus amigos: Nilton César e Lindomar Castilho. E seria atendido por ambos.

Mais uma vez, Evaldo estava disposto a acreditar que alguém no meio musical o ajudaria finalmente a abrir espaço para cantar. Habilidoso da arte de sobreviver, no entanto, continuou a plantar esperanças em várias frentes. Sobrava-lhe determinação para isso.

Capítulo 4

MEU DELICADO DRAMA

RCA **VICTOR**

NILTON CESAR

A simpatia de Evaldo aparecia no largo sorriso que sempre trazia no rosto, com dentes bem cuidados e impecavelmente brancos. O rapaz, que completou 19 anos de idade em 1966, era vaidoso a ponto de chamar atenção. Impressionava seu porte físico, num tempo em que não se fazia exercícios em academias para ganhar massa muscular. "Ele cuidava bem do corpo, parecia um cara sarado desses de academia que encontramos hoje. Para ele, a aparência valia muito, tinha essa consciência", observou Odair José, em entrevista para este livro, em 2017. Mesmo sem local para dormir, procurava a casa de amigos e usava até mesmo o banheiro da Metropolitana para tomar banho e trocar de roupa.

E essa foi também a impressão que o mineiro Nilton César teve ao encontrá-lo pela primeira vez, em um restaurante da Cinelândia, no Rio, cujo nome se esqueceu, em algum dia do segundo semestre de 1966. Nascido em Ituiutaba, na região do Triângulo Mineiro, em setembro de 1939, Nilton veio ao mundo como descendente de fazendeiros de classe média, com condições financeiras para bancar os estudos dos filhos em um grande centro. Os planos do seu pai era que fizesse Administração e, assim, cuidar dos negócios da família. Por isso, foi fazer faculdade no Rio de Janeiro. Na ainda capital do Brasil, mudaria o rumo de seu futuro porque a música já tinha entrado em sua vida fazia bastante tempo. Estudar, sim. Cantar, também.

Sem enganar os pais, ele planejou tudo para realizar o sonho de virar cantor conhecido em todo Brasil e dar orgulho à sua cidade e família. Mesmo com a vida financeira estabilizada, nada foi fácil até chegar ali, lembrou ele, em depoimento para este livro. Os pais lhe deram uma educação rigorosa e sem excessos para que fosse um homem correto e responsável. "Comecei a trabalhar com oito anos. Meus pais sempre tiveram fazenda, eu dava duro, tirando leite, que ele vendia para o laticínio da cidade. Isso aconteceu por três anos, até os onze, quando nos mudamos para a cidade e, finalmente, comecei a estudar. Essa demora me trouxe prejuízo na escola".

Nilton era o mais novo de cinco filhos – três irmãs e dois irmãos. Naquela época, observou ele, entrava-se tarde nos estudos, com 8 ou 9 anos. Aconteceu pior com ele. Só vestiu farda depois dessa faixa. "Fui para estudar, mas trabalhava também. Meu pai montou sociedade com um amigo e comprou uma máquina de beneficiar arroz. Eu trabalhava com ele, no escritório, fazia serviço de *office boy*. Valeu mesmo a pena essa experiência, porque aprendi que o trabalho tem de ser cedo. Hoje a lei não permite ao menor trabalhar, mas, para mim, não trouxe nenhum problema. Pelo contrário. Mas eu compreendo que a criança tem de viver seu momento de brincar e estudar".

Após concluir o ginásio, Nilton deixou Ituiutaba e seguiu para o Rio. Era o ano de 1959, e ele tinha 20 anos. Quando embarcou, levava o sonho de ser cantor. E tinha certeza que conseguiria por achar sua voz no nível de famosos como Orlando Dias, intérprete de clássicos do bolero como *Tu És o Maior Amor da Minha Vida* e *Quem Eu Quero Não me Quer*; e Anísio Silva, de *Alguém me Disse, Devolva-me* e *Quero Beijar-te as Mãos*. Mas convenceu o pai com a promessa de que ia estudar, embora seu coração apontasse para outro lugar. "Não menti ou enganei meus pais. Fui mesmo para estudar, mas também em busca da música, do desejo de ser cantor profissional".

Nilton não era marinheiro de primeira viagem ou mero cantor de chuveiro. Gostava de cantar desde os oito anos de idade, quando impressionava a todos na família. "Recebia elogios porque, na escola, a professora me colocava à frente dos alunos para cantar, na aula de música, a canção que marcaria a história do futuro Presidente Juscelino Kubistchek (1902-1976): "Como pode um peixe vivo vier fora da água fria". Era a toada mais famosa de Minas, porque virou o hino da campanha política de JK para prefeito e governador. Nessa matéria, ele tirava sempre nota dez. "E isso foi me incentivando e imaginei que poderia ser cantor. Naquela época, a profissão era sinônimo de boêmio, em um Brasil que não tinha informações, não havia estradas, a indústria automobilística não existia. As coisas eram muito difíceis".

Por isso, Nilton jamais poderia dizer em casa qual era realmente o verdadeiro propósito de ele tanto insistir para estudar no Rio de Janeiro. Faria primeiro o ensino médio, sem dúvida – como era chamado o que viria a ser, a partir de 1967, o colegial ou segundo grau e era dividido em três cursos, científico, normal e clássico. O dele seria o médio. Depois, a faculdade. "Eles tinham condições de me manter e tentei não os desapontar, ao mesmo tempo em que procuraria realizar meu sonho", contou ele. Enfim, se completasse os estudos, ficaria livre para investir na carreira musical. Se desse errado, voltaria para Ituiutaba.

No Rio, Nilton foi morar com estudantes de sua cidade, no apartamento coletivo alugado na Avenida Nossa Senhora de Copacabana, uma das áreas mais charmosas da cidade. Os conterrâneos veteranos estavam lá havia algum tempo, em sistema rotativo: os que se formavam abriam vagas para quem chegasse. "Eu tinha uma preocupação grande em não chatear meus pais", insistiu ele. "Eu pensava: e se não der certo como cantor? Como vou voltar e encará-los? Tinha medo que me dissessem: 'você foi para fazer uma coisa, acabou se dedicando a outra e não deu certo'. Graças a Deus, não aconteceu assim".

Corria o ano de 1960 quando, aos 21 anos, prestes a concluir o colegial, Nilton deu os primeiros passos como calouro. Apresentava em programas de auditório da TV-Rio, como imitador de Orlando Dias. A performance, mesmo como calouro, despertou interesse dos telespectadores e dos produtores da tevê, que lhe premiavam constantemente com abajures, canetas, ferros elétricos, torradeiras etc. Foram tantos os prêmios que não couberam no pequeno apartamento onde morava com os estudantes de sua cidade.

A boa imagem de galã arrebatou os corações das fãs que cresceram em quantidade a cada aparição sua. Mesmo assim, a caminhada duraria quatro anos, até conseguir gravar o primeiro disco. Seus ídolos, então, eram Cauby Peixoto, Nelson Gonçalves, Ângela Maria, Ivon Cury, Anísio e Orlando, claro. Todos com vozes fortes, bons cantores. "Exceto Anísio, dono de voz pequena, mas sempre bem colocadinha, e fez um sucesso enorme". Mas as suas influências maiores vieram de Orlando Dias e Nelson Gonçalves. Nesse período, Nilton se dividiu entre os estudos, o microfone e o esporte. Em especial, o basquete e o voleibol – modalidade pela qual defendeu o colégio Marechal Deodoro em competições estudantis.

Depois de três anos no Rio, encerrado o ensino médio, decidiu se mudar para São Paulo, por sugestão de amigos e conterrâneos e por saber que a capital paulista lhe daria mais chances de aparecer na TV – apesar de a maioria das gravadoras ficar no Rio. Um dos trunfos que pretendia usar era falar com o cantor, humorista e apresentador Moacyr Franco, que tinha uma tia casada com um tio seu. Ele trazia uma carta desse parente com pedido para ajudá-lo a entrar no mundo artístico. Na nova cidade, teve a sorte imensa que não esperava. Pelo menos tão rápido. Em seis meses, entraria em estúdio para gravar o primeiro disco. "E, um ano depois, liguei para o meu pai e disse: 'Não manda mais dinheiro porque não preciso'".

Moacyr trabalhava na Rádio Nacional, que ficava na Rua Sebastião Pereira, continuação da Rua das Palmeiras, em Santa Cecília, onde funcionava a TV Paulista. Nessa emissora, Silvio Santos tinha um programa dominical chamado *O Peru que Fala*, que lhe permitiria dar o pulo do gato como comunicador. Moacyr e o humorista Canarinho faziam parte da atração, com um quadro bastante popular. Quando Nilton chegou à emissora, ele não estava e Canarinho não só o atendeu, como deu orientações sobre que caminho deveria seguir para gravar um disco. Com um bilhete de apresentação seu, Nilton procurou Carlinhos Mafasoli, respeitado acordeonista, que gostou de seu estilo e lhe deu um cartão para que procurasse o diretor artístico da gravadora RGE, maestro Rubén Perez, o Pocho.

A RGE ficava na Rua Paula Souza, região central, perto da Avenida Prestes Maia. "Carlinhos me pediu para voltar no dia seguinte, pois agendaria um teste comigo no estúdio e disse para que procurasse o maestro quando chegasse. Garantiu que acertaria tudo com ele até lá. Eu ainda imitava bastante Orlando Dias, cantei *Tu És a Criatura Mais Linda* e Pocho disse que eu estava contratado, que não teria problema nenhum para gravar". O termo foi assinado poucos dias depois e o maestro escolheu o repertório que deveria ensaiar. Na época, não havia a facilidade dos gravadores de áudio para registrar os ensaios. Assim, a RGE colocou à disposição de Nilton uma pianista para ele ensaiar exaustivamente, antes de entrar no estúdio e gravar. "Eu tinha de ficar martelando, até que decorasse as letras e as músicas".

A primeira que aprendeu foi *Quem Eu Quero Não me Quer*, de Raul Sampaio, em parceria com Benil Santos, um dos produtores da RGE. "Eu ouvi e disse, que coisa maravilhosa!" Até então, Raul Sampaio vivia o dilema se iria gravar ou não. Nilton torcia para ser ele o escolhido. Acreditava que a canção estouraria. De repente, veio a notícia que a gravadora havia decidido por Sampaio. "Não foi nem um balde de água fria, mas de gelo, fiquei decepcionado, triste". Não foi exatamente uma rasteira que passaram nele, mas uma medida estratégica da RGE. Como Anísio Silva fazia bastante sucesso naquele momento, a gravadora achou que Sampaio poderia ser páreo para ele, pois tinha o mesmo potencial de voz, mais chorada, e era bastante popular. Assim, tirou a música do repertório de Nilton.

A música, de fato, "explodiu". Como compensação, prosseguiu Nilton, "chamaram o irmão do cantor Silvio Caldas, Murilo Caldas, para que me desse uma música inédita". E a escolhida foi *Amor de Minha Vida*. Quando entrou no estúdio e fez a primeira audição, o técnico, o surpreendeu com um puxão de orelha: "Puxa, Nilton, você está imitando Orlando Dias. Por que não cantar com a sua própria voz?" Veio a insegurança. Ele achava que as pessoas não iriam gostar de sua voz real. Mas o técnico insistiu, pediu para que cantasse um trecho a fim de que todos na gravadora pudessem avaliar. "Cantei um trecho, fui até à técnica, ouvi e falei: 'Seja o que Deus quiser, vai assim, como você quer'. Foi a melhor decisão que tomei na minha vida, devo muito àquele técnico cujo nome não me lembro".

O primeiro disco, em 78 rotações, com duas faixas, vendeu razoavelmente bem graças ao lado B, que chamava *Recordação*. Veio o segundo, com *Eu Nasci Para Te Amar*, de Fernando Dias. O desempenho nas lojas foi melhor. Embora o contrato só previsse dois discos, a repercussão, mesmo discreta, foi suficiente para despertar o interesse de Diogo Mulero, o "Palmeira" da dupla Palmeira e Biá, diretor artístico da Continental Discos, que convidou Nilton para gravar. Era o ano de 1963. O cantor sugeriu a guarânia *Choro Por Gostar de Alguém*, de sua autoria. Uma audácia que Palmeira bancou.

A canção se tornou seu primeiro sucesso e o credenciou

a fazer o LP de estreia, no ano seguinte. Trazia apenas o nome de Nilton no título. O disco agradou ao público e principalmente à gravadora, que levou Nilton aos estúdios para gravar mais um LP, intitulado *Música e Amor*. Com apenas 25 anos, em 1964, além da voz potente e coloquial, ele era autor de seis das doze músicas do novo disco. Com o pé na canção romântica latina, o bolero, porém, ele não se encaixava no que se chamaria, a partir do ano seguinte, de jovem guarda – movimento musical deflagrado pelo programa homônimo da TV Record, apresentado por Roberto e Erasmo Carlos e exibido nas tardes de domingo.

Nilton estava mais para certo tipo de canção popular romântica mais lenta, como se via nos títulos das faixas: *Lábios Vermelhos, A Voz do Coração, O Céu Escurece, A Casa Vazia, Amor Sem Fim* e *Se É o Destino*. Logo *Casa Vazia* caiu no gosto popular e o fez ficar conhecido no Brasil. As TVs e rádios o procuravam e Palmeira fechou com ele a gravação do terceiro LP, *Nilton César Com Alma e Coração*, decisivo para a sua carreira. Entre as faixas, aparecia *Professor Apaixonado*, de Jair Gonçalves – na verdade, saiu inicialmente no formato compacto, em abril de 1965. A canção se tornou uma das músicas mais tocadas do ano de 1965.

Não só isso. Durante alguns anos o cantor ficou conhecido como o "Professor Apaixonado". Esse foi, de fato, seu primeiro sucesso nacional, "na pegada da jovem guarda", explicou. Ele juraria que não houve intenção de pegar carona naquela "onda" musical. Nilton explicaria por que não era citado entre os nomes de destaque do movimento, a partir de 1966: "Eu sempre fui de trabalhar muito e fazia muitas turnês pelos estados do Norte e Nordeste, ficava dois ou três meses fora de São Paulo. Lá, as pessoas me adoravam, lotavam meus shows, recebiam-me nos programas de rádio e TV e consolidei meu nome, enquanto outros artistas ficavam vinculados a determinados programas, como *Jovem Guarda*, e não saíam de São Paulo".

Preferiu outro caminho. "Quando voltava de viagem, fazia o programa que me convidava e viajava na semana seguinte". Não se arrependeria da escolha pois evitou ter ficado preso ao gênero estabelecido por Roberto Carlos e sua patota, a uma época, como aconteceu com a maioria dos cantores. "Foi um movimento forte, radical, sem dúvida, que influenciou a maneira das pessoas falarem, se vestirem e de se fazer música. Mas busquei um leque maior para a minha vida. Não tinha consciência disso, foi instintivo, segui o que meu coração falava, orientava, mandava. E acho que ele apontou para a direção certa".

DIVULGADOR

Até junho de 1967, viriam mais quatro compactos e a inclusão de músicas de Nilton César em duas coletâneas no formato LP, com hits do momento – *Festa da Juventude* e *Carnaval Jovem*. Todos bem tocados nas rádios, enquanto os convites para dar canjas e entrevistas no rádio e na TV, em São Paulo e no Rio, tornaram-se cada vez mais constantes. Ajudou, nesse sentido, ele ter cruzado seu caminho com o de Evaldo Braga. Os dois se conheceram por meio de Osmar Navarro, que também morava no Rio de Janeiro, mas logo se mudaria para São Paulo.

A aproximação entre os dois aconteceu em um momento difícil na vida do simpático e boa praça Osmar, quando sua mulher, a compositora Alcina Maria, estava bastante doente. O contato dele com Nilton acabaria por mudar o rumo de sua vida por mero acaso do destino. "Eu conhecia Osmar de nome, era cantor respeitado, gravara *Quem é?*, até que o cantor Fernando Lélis me ligou e perguntou se eu poderia recebê-lo em São Paulo, porque queria tentar a vida na cidade. Eu o convidei para ficar uma semana comigo, ele pretendia conseguir trabalho e trazer a família. Mas, dez dias depois, a esposa morreu e Osmar ficou três anos e meio morando comigo, no meu apartamento".

Os dois se deram bem demais desde o começo. Viraram grandes amigos. "Osmar se casou de novo, com minha secretária, e se tornou padrinho do meu filho. As pessoas no Rio sabiam da minha amizade com ele e isso acabou por me levar a Evaldo ou trazê-lo até mim". Nilton daria detalhes dessa aproximação. "Osmar tinha bom coração. Ele encontrou Evaldo várias vezes dormindo no sofá da Rádio Metropolitana. O pessoal da emissora adorava ele e tinha dó. Por isso, deixava-o passar a noite por lá. Ou dormia na rua mesmo. Até que alguém, um dos radialistas da emissora, chegou e falou: 'Osmar, aqui tem um crioulo que parece ser gente boa e correta, que engraxa sapatos na entrada do prédio e diz que quer ser cantor.

Realmente, canta bem. Você não quer dar uma oportunidade de trabalho para ele, qualquer coisa?"

Navarro foi falar com Evaldo e ficou sensibilizado, ao perceber sua confiança em gravar um disco. Ele explicou que não podia ajudá-lo nesse sentido no momento, mas poderia fazer o trabalho de divulgador de algum cantor, por exemplo, porque conhecia o pessoal das rádios. Evaldo gostou da ideia. "Eu não tenho condições de contratá-lo, porque não preciso de alguém para fazer isso, parei de gravar. Mas vou falar com Nilton César, em São Paulo", respondeu. E assim fez, quando retornou à capital paulista. Nilton se interessou em ajudar, sensibilizado com a preocupação do amigo.

Ele perguntou se Osmar tinha o telefone de Evaldo, pois concordava que ele poderia ser útil para promover seus discos no Rio. Ao menos dar um reforço, pois a gravadora contava com uma equipe de divulgação na cidade. O amigo não tinha, mas disse que poderia encontrá-lo na Metropolitana. Se não estivesse lá, deixasse um recado. Nilton pediu para que o próprio Navarro ligasse e passasse o telefone para ele. Por sorte, Evaldo estava na Metropolitana, engraxando sapatos, e o chamaram para atender. Que corresse, era interurbano de São Paulo, disseram – na época, era difícil completar ligação e as chamadas custavam caro.

Os dois conversaram de modo breve e objetivo, e Evaldo parecia saber o caminho das pedras para fazer o trabalho que ele queria, após Nilton explicar o que gostaria de lhe passar. Os dois combinaram de se encontrar no Rio na semana seguinte. O cantor ficou motivado com a conversa e as promessas de Evaldo de transformá-lo em "sucesso". Papo furado, claro, pois não tinha nenhuma experiência com rádio a não ser cuidar dos sapatos dos funcionários da Metropolitana, como Osmar lhe contara. Achou o rapaz falante, bom de papo e entusiasmado. "Eu estava começando a fazer sucesso, tinha comprado um apartamento no Rio e vislumbrei que ele poderia me ajudar, de fato, na promoção de minhas músicas nas rádios e TVs cariocas", recordou.

No Rio, ficavam as emissoras mais importantes de rádio – Globo e Tupi – e as maiores revistas do Brasil – *O Cruzeiro, Manchete, Amiga, Cartaz* e *Revista do Rádio e da TV,* as três últimas especializadas em música e TV. "Marquei com ele para se encontrar comigo em um restaurante na Cinelândia, cujo nome não me recordo. Saí de São Paulo de carro e calculei o tempo que chegaria para não o deixar me esperando. Foi tudo tranquilo e não me atrasei nem cinco minutos para nossa conversa. Eu não o conhecia, mas vi um sorridente jovem negro me esperando em uma das mesas". Evaldo parecia feliz, estava bem arrumado, mas Nilton sabia de suas dificuldades financeiras.

Ele não esqueceria os detalhes da conversa. "A primeira coisa que falei foi mentir que estava com bastante fome, pois achei que Evaldo devia estar faminto e ficaria constrangido se eu perguntasse isso ou lhe oferecesse uma refeição. E disse a ele: 'A primeira coisa que vamos fazer será jantar porque estou com bastante fome'. Ele insistiu que não queria comer, talvez por vergonha. Mas concordou, diante de minha insistência". Depois de pedirem os pratos, foram atendidos com refrigerantes que passaram a bebericar. "Ele estava meio constrangido e tímido, mas fomos conversando, Evaldo foi ficando à vontade e saímos de lá com ele contratado como divulgador dos meus discos".

No mesmo encontro, combinaram quais seriam suas ocupações. Ao vivo, do mesmo modo como quando se falaram por telefone, Nilton teve ótima impressão, gostou da energia do rapaz. "Era mais alto que eu, devia ter 1,75 metro, elegante e educado". Nada evitou, porém, que também tivesse outro olhar. Pelo menos, inicialmente. "A bem da verdade, a primeira impressão era de uma pessoa que precisava de ajuda e eu vi que podia colaborar nesse sentido. Esse meu apoio a ele, é bom ressaltar, seria de mão e contramão porque eu também receberia retorno, pois precisava de uma pessoa para fazer divulgação, entregar disco para jornalistas, levar à produção de alguma emissora etc.".

Aos poucos, ocorreriam ajustes, até ficar claro quais seriam as obrigações do assistente carioca. "Ele passou a me representar, a ter acesso aos veículos de comunicação, às emissoras de rádio e TV, jornais e revistas, a saber como abrir portas e fazer contatos com o mundo da música, que ajudaria ele próprio depois, quando começou a gravar". Nilton destacou ainda que, além do sucesso de suas músicas, havia um detalhe relevante: "Graças ao empenho de Evaldo, a abertura que tínhamos para promover meus discos melhorou bastante, tudo se tornou mais fácil, tinha as portas abertas nas emissoras, éramos bem recebidos por programadores e locutores. Ele trabalhava muito bem".

Em São Paulo, quem cuidava era a gravadora. Do mesmo modo que no Rio. "Evaldo funcionava como meu reforço pessoal". Como sempre fazia em qualquer situação, Nilton foi cauteloso no início. "Desde o primeiro momento, fui pisando em ovos, até ter confiança nele. Sempre fui assim. Comecei pagando um salário menor. A primeira coisa que fiz foi colocá-lo em um albergue, pois dormia na rua ou nas salas de espera das rádios e aquilo não estava certo. Na semana seguinte, levei-o para uma pensão, que era algo melhor. Logo em seguida, chamei-o para morar em meu apartamento, na Rua Barata Ribeiro, em Copacabana. Ficou lá quase três anos, cuidando do imóvel e morando".

O apartamento de Nilton era pequeno, porém confortável. O cantor fazia um pingue-pongue: passava uma semana em São Paulo e outra no Rio, quando não viajava para outros estados. "Minha vida profissional tomou um rumo crescente com os novos discos e sucessos, enquanto Evaldo me dava um suporte". Ele acertava compromissos de divulgação, apresentações em programas de TV e shows e ligava para passar a agenda. Os dois conversavam bastante, pois o assistente o acompanhava nos compromissos. Até ele começar a notar que, por trás daquela euforia e simpatia, havia um rapaz traumatizado pelo abandono dos pais, a ausência da mãe, com momentos de profunda depressão – os mesmos que ele depois exploraria em suas letras carregadas de dramas e tragédias. "Evaldo, por ter sido órfão, era extremamente revoltado".

Uma época do ano, em especial, deixava-o para baixo. Nilton recordou: "Chegava na época do Natal, era uma dificuldade segurar ele, chorava muito. O rapaz alegre e brincalhão sumia. Era um problema fazê-lo se acalmar. Eu explicava que cada um carregava suas tragédias pessoais e que era preciso conviver com isso, seguir em frente. Eu tentava contornar, dizia que não era bem assim, que a mãe o abandonou não por que queria, mas pela dificuldade de criá-lo, que pensou numa vida melhor para ele. Afirmava que, assim como não conheceu a mãe, muita gente havia perdido a sua e tinha de conviver com a dor da ausência".

Aconteciam outros momentos de depressão e silêncio. Principalmente quando alguém tocava no assunto da sua orfandade. "Eu tentava consertar, acalmar, confortar e logo ele voltava às boas". O funcionário também sofreu por causa de uma namorada, cujo nome o cantor se esqueceu – chamava-se Elisângela. "Ele era apaixonado por uma moça com quem tinha uma relação complicada, brigavam muito, lembro-me bem disso". Fora esses momentos, Evaldo se mostrava uma pessoa de fácil convívio, "obediente" e divertido, como ressaltou Nilton. Quando havia compromissos, ele falava com Evaldo por telefone. "Tínhamos contato direto, para eu saber o que estava passando".

Quando cantor precisava resolver questões pessoais e até familiares, Evaldo também dava um jeito. Além de divulgador, virou uma espécie de secretário. "Insisto que Evaldo desempenhava muito bem esse papel, mas tinha liberdade para fazer o horário dele". Na maioria das vezes, cabia-lhe divulgar e marcar os programas. "Não tinha do que reclamar, ele era extremamente eficiente, adorava o meio, circulava com impressionante desenvoltura. Em pouco tempo, ficou conhecido junto aos radialistas e programadores de TV. Todos sabiam de sua história, uns mais, outros menos, de ele ter sido órfão e engraxate, da vontade de ser cantor, e todo mundo gostava de sua alegria".

Com isso, Evaldo adquiriu certa dignidade como cidadão. Saiu da situação de risco de morar na rua e passou a ter uma vida mais digna, cuidar da sua aparência, algo que ele tanto preservava. "Tenho orgulho de ter ajudado um pouquinho aquele rapaz nesse sentido". A parceria entre Nilton César e Evaldo teria durado do começo de 1967 ao começo de 1970, até pouco depois do jovem lançar seu primeiro compacto. "A nossa convivência era diária e constante. Quando ele vinha para São Paulo, ficava no meu apartamento na Rua Piauí, em Higienópolis, o primeiro imóvel que adquiri na cidade".

ÉBRIO

O que Nilton César não falou, mas ele sabia e concordava, era que Evaldo passou a trabalhar também para Lindomar Castilho, só que em um período menor, ao longo de 1967 e 1968. Fez a mesma tarefa de promover, inicialmente, o compacto que trouxe seu primeiro sucesso. A parceria entre eles teve início pouco depois de começar a divulgar as músicas de Nilton, por indicação de Roberto

Muniz. Ébrio de Amor tinha sido gravada e lançada no final de 1966 e ainda engatinhava na divulgação. Lindomar começava a fazer sucesso como cantor de "boleros" de amor.

Nascido em Santa Helena de Goiás, em 1940, quando o município ainda era distrito de Rio Verde, Lindomar surgiu com um devotado discípulo de Vicente Celestino, autor da dramática *O Ébrio* ("Tornei-me um ébrio e na bebida busco esquecer/ Aquela ingrata que eu amava e que me abandonou/ Apedrejado pelas ruas vivo a sofrer/Não tenho lar e nem parentes, tudo terminou"), que virou filme da década de 1940 e se tornou um dos maiores sucessos da história do cinema brasileiro. Lindomar cantava suas músicas nos cabarés das cidades próximas àquela onde nasceu.

Por ironia do destino, ele saiu de Goiás para fazer carreira em São Paulo, em 1961, a convite de Paulo de Grammont, tio de Eliane, que se tornaria sua ex-mulher e seria assassinada a tiros por ele, quando cantava em uma boate, em 1980. Paulo era diretor artístico da Organização Víctor Costa, grupo de comunicação proprietário da Rádio Nacional, de São Paulo, e da TV Paulista, canal 5 – que seria comprada em 1965 por Roberto Marinho e daria lugar à programação da TV Globo. Ainda em 1961, gravou o primeiro disco em 78 rpm, com duas músicas de Vicente Celestino. O caminho estava aberto para os primeiros sucessos.

Evaldo pareceu ter dado sorte a Lindomar, pois *Ébrio de Amor* se tornou seu primeiro grande êxito. Dizia a letra: *Eu queria para sempre nesta vida/Ser o dono do teu corpo sedutor/Mas sou pobre não lhe ofereço riqueza/E você só quer viver ébrio de amor*. Seguia o mesmo tom das tragédias Celestianas, digamos assim, mas com um tom erótico. Seria vista como prenúncio da explosão da cafonagem na música, consagrada com a chegada de Waldick Soriano pouco depois. A reação à canção foi imediata. O público adorou. A crítica, nem um pouco. Em sua coluna "Um Instante, Maestro!", do *Diário de Notícias* de 9 de abril de 1967, Flávio Cavalcanti escreveu: "Calhordíssima esta 'coisa' chamada *Ébrio de Amor*, gravação de Lindomar Castilho: zero para a letra e zero para a música".

Em depoimento para este livro, Lindomar lembraria com carinho e gratidão de sua relação com Evaldo. "Ele foi, vamos dizer assim, um tipo de cria minha, trabalhou comigo como divulgador, funcionou muito bem nessa missão, o pessoal do metiê gostava demais dele e eu também. Preciso dizer que nosso trabalho em parceria permitiu, sem dúvidas, que fossem abertas muitas portas para mim. Ele realmente se empenhava em me divulgar, não tenho do que me queixar. Por isso, fiz um salário para ele e isso durou até ele gravar o primeiro disco (no segundo semestre de 1969), quando seguiu seu próprio caminho na música".

No primeiro ano como funcionário de Nilton César e Lindomar Castilho, no decorrer de 1967, a vida de Evaldo mudou de modo relevante. Não se preocuparia mais em não ter um local para dormir e tinha dinheiro para despesas com alimentação, roupa e transporte – que os dois cantores pagavam à parte, de acordo com a necessidade de entregar encomendas em redações de revistas e jornais, além de emissoras de rádio e TV. Evaldo prestava contas de tudo corretamente, segundo Nilton. Ele contou que sabia que era preciso ter alguém bem apresentável para cuidar de seu nome e interesses, e ajudava Evaldo também na compra de ternos e sapatos novos.

Com a autoestima nas alturas, sempre bem vestido e sorridente, Evaldo se encheu de entusiasmo para fazer da melhor forma seu trabalho e, ao mesmo tempo, conseguir a oportunidade de que precisava para gravar um disco. "Evaldo era uma espécie de Cristiano Ronaldo da música, um rapaz obstinado que passava por cima de tudo para chegar onde queria. Não quero dizer que atropelasse ou pisasse nos outros", observou Odair José. Logo percebeu que não poderia ter pressa, mas isso não abalou sua determinação em continuar tentando. Deveria se empenhar em conhecer o maior número possível de pessoas e cultivar amizades. Ao mesmo tempo, passou a compor mais e mais músicas. Diria depois que acumulou duas centenas de composições, cuidadosamente anotadas em cadernos. As melodias, sabia de cor.

Ele planejou que vários dos funcionários de jornais, revistas, rádios e TVs com quem fez contato lhe dariam oportunidades quando conseguisse ter em mãos o primeiro compacto seu. Ao longo de 1967, o 20º ano em sua vida, Evaldo trabalhou duro, conseguiu resultados além do que Nilton e Lindomar esperavam e ganhou a confiança de ambos definitivamente. Acima de tudo, viraram amigos, parceiros, cúmplices. Antes que o ano chegasse ao fim, Nilton o chamou para morar em seu apartamento carioca. Mais economia para Evaldo que jamais tinha colocado bebida alcoólica na boca até aquele momento.

Entre 1967 e 1969, Evaldo viveu intensamente em duas frentes: como divulgador junto às rádios e emissoras de TV e na tentativa de gravar seu primeiro disco. Tinha tempo de sobra para isso. Ainda em 1967, Ébrio de Amor se tornou um dos muitos enigmas na carreira de Evaldo. Em duas entrevistas, ele falou que a música foi gravada em disco por ele, como presente de gratidão do cantor por ter promovido a música. Mas não disse que canção vinha do lado B do tal compacto. Não existe, porém, qualquer registro desse trabalho, que jamais foi incluído em sua discografia. "Eu não tenho essa gravação e não me lembro, mas você não é a primeira pessoa a me perguntar sobre isso", observou Lindomar, meio século depois.

Em agosto de 1972, na entrevista que deu à revista *Amiga*, no entanto, Evaldo contou que seu "primeiro sucesso" foi a gravação da música de Lindomar, Ébrio de Amor, "que Roberto Muniz arranjou para que eu gravasse". Isso aconteceu, segundo ele, nos tempos magros em que era obrigado a dormir nos estúdios da Rádio Metropolitana, antes mesmo de ele passar a trabalhar na divulgação do compacto de Lindomar. E exagerou sobre o resultado da misteriosa e desconhecida gravação: "Essa música me levou ao primeiro lugar e, com ela, Roberto Muniz pôde me colocar em 'shows' e me promover. Sou muito grato a essa gente".

Não existem provas sequer sobre o nome da gravadora em que Evaldo supostamente registrou Ébrio de Amor em disco. Talvez o repórter tenha feito confusão ao colocar essa informação no perfil dele. No canal de vídeos YouTube, a canção só aparece na voz do próprio Lindomar, entre 1966 e 1968. Se existiu, é provável que Muniz a tenha tocado em seu programa, mas a versão não deve ter ido longe.

No decorrer de 1967, com os dois salários, Evaldo não era mais o "criolinho" pobre com as mãos sujas de graxa do SAM. Mais encorpado, virara amigo de Roberto Muniz, que lhe deu a chance que tanto pediu: cantar nos shows que o radialista armava em troca de favores com grandes artistas na periferia, sob as vistas grossas da Rádio Globo. Do mesmo modo que Chacrinha institucionalizaria a prática na TV, Muniz exigia como contrapartida para tocar os artistas na rádio que eles se apresentassem de graça em suas caravanas – vendidas a prefeituras e empresas, principalmente em inauguração de lojas.

Evaldo apareceu em alguns shows, inicialmente, só que como uma espécie de reserva técnica. Ou seja, se algum astro faltasse, ele entraria no lugar. Um dia, no show em Jacarepaguá, o ausente foi Agnaldo Timóteo, que se projetava como cantor de sucesso. Diz a lenda que, quando o "pretinho" desconhecido subiu ao palco e abriu a boca, todo mundo se esqueceu de Timóteo – o próprio Evaldo espalhou essa história, com sua impressionante habilidade para se autopromover. Desde então, de qualquer modo, mesmo sem disco, tornou-se presença semanal nos bailes de Muniz. "A surpresa foi geral. Ninguém imaginou que cantasse tão bem", escreveu *Amiga*.

A fidelidade de Evaldo como divulgador de Nilton César e Lindomar Castilho se dava de modo curioso nessas apresentações: só cantava as músicas dos dois. "Ele defendia o tipo de música que fazíamos, cantando nossas canções em bailes e programas de calouro", lembrou Lindomar. Essa postura do funcionário seria ratificada por Nilton. Enquanto isso, ao longo de todo o ano de 1968, gravar um disco se tornou algo mais palpável para Evaldo. Ele e Roberto Muniz ficaram tão próximos, que, após os shows, acompanhava o radialista até sua casa, onde passava a noite. Bem tratado por Dona Erly, jantava e tomava café pela manhã com a família. Segundo Odair José, comentou-se na época que, na verdade, nos tempos de engraxate, Evaldo fazia trabalhos domésticos na casa do radialista.

Ele desenvolveu um carinho de irmão pela única filha do casal, Carmem Lúcia, que tinha a sua idade e, como foi dito, nascera com síndrome de Down. Ela sorria e se divertia o tempo todo com as brincadeiras de Evaldo, com a atenção que ele lhe dava. Todo esse carinho, com o apoio da esposa, só aumentou o empenho do locutor em ajudá-lo. Desde que, claro, Nilton César e Lindomar Castilho cantassem de graça para ele. Com seu jeito diplomático, Evaldo fazia aquela troca parecer natural. Além disso, não precisavam pagar para tocar, como acontecia com alguns locutores e programadores desde a década de 1930.

Entre emissoras de rádio e TV, Evaldo encantou Abelardo Barbosa, o Chacrinha, radialista e apresentador de TV, com mais de duas décadas de profissão e que tinha um programa musical na Rádio Globo, entre as 12h e as 14h. Os programas de auditório garantiam índices elevados de audiência no começo dos anos de 1970, só perdiam para as telenovelas. Cada canal tinha o seu apresentador, então veteranos que atuavam desde os primórdios da TV brasileira, vinte anos antes. Flávio Cavalcanti tinha o seu, na Tupi. A Globo atacava de Silvio Santos – que ocupava o horário dominical do meio-dia às 19h, além de Chacrinha, às quartas-feiras, a partir das 21h.

Jota Silvestre fazia a versão nacional de *O Céu é O Limite*, na Tupi, em que supostos gênios às vezes mirins decoravam imensos questionários para respondê-los no ar e passar a ideia de que tinham inteligência acima da média. O que mais dava espaço para a música, porém, era a *Discoteca do Chacrinha*, que combinava a apresentação ao vivo – só depois se adotaria o playback (o cantor dublava a própria voz, a partir da execução da música gravada) – com a disputa de calouros. Nilton César, quando não estava se apresentando, acompanhava de casa os principais programas. "Quando Evaldo entrava no auditório a reação das pessoas era uma coisa de louco", contou ele.

Chacrinha nasceu em Surubim, no agreste de Pernambuco. Mas foi cedo com a família para Caruaru. Quando tinha dez anos, estabeleceram-se em Campina Grande, na Paraíba. Aos 17 anos, foi estudar Medicina em Recife, mas mudou de rota depois que deu uma palestra sobre alcoolismo na Rádio Clube de Pernambuco e se interessou pela área. Aproximou-se também da música, virou percussionista do grupo Bando Acadêmico, que seguia para uma apresentação na Alemanha, mas teve de parar no Rio de Janeiro porque naquele dia estourou a Segunda Guerra Mundial, com a invasão da Polônia pela Alemanha Nazista de Hitler. Era 1º de setembro de 1939.

E por ali ficou, sem concluir o curso e virar médico. Depois de conseguir emprego de locutor na Rádio Tupi, em janeiro de 1943, Abelardo lançou, na Rádio Fluminense, o programa de músicas de Carnaval *Rei Momo na Chacrinha*, que fez bastante sucesso. Passou a ser chamado de Abelardo "Chacrinha" Barbosa. E sua popularidade só aumentou por todo país. Na década seguinte, à frente do *Cassino do Chacrinha*, lançou vários sucessos como *Estúpido Cupido*, da adolescente roqueira Celly Campelo, e *Coração de Luto*, do gaúcho Teixeirinha. Ele também revelou Nelson Ned e Odair José, foi um dos primeiros a apresentar Raul Seixas e, claro, lançou o Cantor Mascarado Roberto Carlos. No *Cassino do Chacrinha*, ele fingia, com sons e ruídos, que lá aconteciam enormes festas e lançamentos de discos – ambiente que tornaria real na TV, onde estreou em 1956 com *Rancho Alegre*, na Tupi, mesmo canal em que criaria também a *Discoteca do Chacrinha*.

Até 1966, Chacrinha apresentou o programa *A Hora da Buzina*, na TV Excelsior, que exibia calouros sem qualquer critério de pré-seleção. Poderia aparecer um grande intérprete ou um canastrão desafinado. Nesse caso, era uma algazarra só, com bastante irreverência. O apresentador dizia bordões que se tornaram suas marcas: "Vai para o trono ou não vai?", quando queria saber do júri se o candidato merecia se classificar. Os jurados, aliás, eram uma atração à parte e ajudavam a criar o clima de farsa divertida. Dentre eles, destacaram-se Carlos Imperial, Aracy de Almeida, Rogéria, Elke Maravilha, Pedro de Lara e Silvio Luiz.

Havia também as chacretes, dançarinas profissionais de palco, que faziam coreografias para acompanhar as músicas e animar o programa – na prática, eram atrativo especial para segurar o público masculino, pois rebolavam e gesticulavam com sensualidade, jogavam beijos. No início, eram chamadas maliciosamente de "Vitaminas do Chacrinha". Com a falência da emissora, mudou para a TV Rio e, em 1967, foi contratado pela Globo, onde teria dois programas semanais: *Buzina do Chacrinha* e *Discoteca do Chacrinha*. Mais tarde, Assad de Almeida, chefe do Departamento de Publicidade e Divulgação da Phonogram, disse que Evaldo teria se apresentado na *Buzina* como calouro e vencido a competição, mas o cantor jamais confirmou ou falou a respeito.

RASTEIRA

Em janeiro de 1970, a revista *Melodias* lembrou um episódio envolvendo Evaldo que desmascarava o glamour que aparentemente alimentava os bastidores do bilionário mercado musical brasileiro, onde o volume de dinheiro que movimentava e a busca pela fama pareciam sepultar os princípios básicos de civilidade e ética de alguns artistas e empresários. O fato aconteceu no começo de 1968, quando Evaldo entrou no estúdio para gravar seu primeiro disco – se realmente não fez o compacto com a música de Lindomar Castilho –pelo pequeno selo Caravelle, do carioca Adiel Macedo de Carvalho.

Evaldo procurou Carvalho depois que um jovem cantor que o empresário contratou, em fins de 1967, havia estourado nas rádios com a música *Benzinho* – versão de Maurileno Rodrigues para a balada *Dear Someone*, composta pelo americano Cy Coben. Era o capixaba Paulo Sérgio, de 23 anos, que, mesmo ainda inédito em disco, era conhecido dos telespectadores do Rio de Janeiro e de São Paulo por ter vencido os mais importantes concursos de calouros da época.

Paulo Sérgio agradou tanto que, mesmo sem disco, participou do filme *Na Onda do Iê-Iê-Iê*, chanchada musical de 1966 dirigida por Aurélio Teixeira, com Renato Aragão (da fase anterior aos Trapalhões) no elenco, além de Chacrinha, Wilson Simonal e alguns dos ícones da jovem guarda, como Rosemary e... Clara Nunes! Mas foi com o primeiro compacto, que continha as canções *Benzinho* e *Lagartinha*, lançado pela MP Gaetani, que o cantor ganhou destaque na programação das rádios de todo Brasil. Virou a galinha dos ovos de ouro da Caravelle, ao ser contratado para o segundo compacto.

Quando o primeiro disquinho saiu, a MP Gaetani estava começando como projeto experimental de gravadora, idealizado pelo empresário Renato Gaetani. O compacto foi gravado no estúdio de propriedade do compositor e produtor musical Rossini Pinto – que, aliás, começou sua carreira botando música num poema do então presidente da República, Jânio Quadros. A inclusão do rock *Lagartinha*, no lado B, teria sido a contrapartida exigida por Rossini, co-autor da faixa, por ter "subsidiado" os custos de gravação. Mesmo sem a força da divulgação das gravadoras grandes, a música "aconteceu" e foi bastante tocada nas principais capitais do país. Porém, nem de longe representou a subida de Paulo Sérgio à posição de novo ídolo da juventude brasileira. Tal posto seria alcançado pelo cantor poucos meses depois, com o lançamento de outra sugestiva canção.

Pela versão do site oficial de Paulo Sérgio, Gaetani o apresentou ao compositor mineiro Carlos Roberto que, "munido de um violão, manifestou a intenção de mostrar ao cantor algumas músicas que havia composto". Uma, em especial, havia sido escrita e composta quando ele tinha apenas 16 anos, e "despertou de imediato o *feeling* musical de Paulo Sérgio". Ainda segundo essa descrição, "sua letra revelava a profunda amargura de certo compositor diante de uma desilusão amorosa. Contudo, a despeito de todo o sofrimento que carregava no íntimo, o compositor-personagem ainda encontrara forças para dedicar à amada uma última canção".

Sim, o título era *A Última Canção*, que se tornaria o maior sucesso de toda a carreira de Paulo Sérgio. Prosseguia a narrativa do site do cantor: "Arrebatado, Paulo Sérgio logo decidiu que aquela música (que muito sugestivamente trazia o título de *A Última Canção*) teria de ser registrada em disco, na medida em que se coadunava perfeitamente com a proposta musical que visava desenvolver". O autor do texto explicou que, na época em que ainda se apresentava como calouro, o seu repertório básico era composto invariavelmente por canções que expressavam "a dor e a angústia diante de uma decepção amorosa".

Assim, completou Paulo Sérgio, ele tinha, dentre os seus compositores prediletos, Evaldo Gouveia, Jair Amorim e Adelino Moreira, considerados "decanos" do estilo musical que se convencionou chamar de "dor de cotovelo". A música faria parte do segundo compacto de Paulo Sérgio, que trazia no lado B *Sorri, Meu Bem*. *A Última Canção* seria descrita como "sucesso meteórico", vendeu mais de 60 mil cópias em apenas três semanas, um fenômeno raro na história do disco, e fez do seu intérprete ídolo nacional. "Da noite para o dia", ele começou a aparecer em inúmeras capas e matérias de revistas que o apontavam como a maior revelação da música romântica nos últimos tempos. Essa era a letra:

Esta é a última canção que eu faço para você
Já cansei de viver iludido só pensando em você
Se amanhã você me encontrar
De braços dados com outro alguém
Faça de conta que para você não sou ninguém
Mas você deve sempre lembrar que já me fez chorar
E que a chance que você perdeu nunca mais vou lhe dar
E as canções tão lindas de amor que eu fiz ao luar para você
Confesso iguais àquelas não mais ouvirá
E amanhã sei que esta canção você ouvirá num rádio a tocar
Lembrará que seu orgulho maldito já me fez chorar por muito lhe amar
Peço não chore, mas sinta por dentro a dor do amor
E então você verá o valor que tem o amor
E muito vai chorar ao lembrar do que passou

Mas e se Evaldo Braga a tivesse gravado? Ou melhor, e se a gravação que fez dessa música antes de Paulo Sérgio tivesse sido lançada em disco, teria acontecido a mesma coisa, ele teria se projetado nacionalmente como revelação, também? Pois assim deveria ter acontecido se ele não tivesse levado uma das maiores rasteiras da história da música, embora quase ninguém saiba disso.

A confissão foi feita pelo próprio Paulo Sérgio, no começo de 1971, quando aceitou o convite da revista *SP na TV* para participar de sua famosa e polêmica seção, uma espécie de "paredão", onde os artistas topavam responder perguntas espinhosas. Logo no começo, na entrevista "Paulo Sérgio no Banco dos Réus", o entrevistador disparou: "Você já pisou na cabeça de alguém para subir?"

A resposta foi de uma sinceridade impressionante, embora o cantor tenha tido o cuidado de se eximir de qualquer responsabilidade no início, até afirmar que fizeram o gesto contra Evaldo em seu nome. A resposta na íntegra foi essa:

Olha, eu vou ser o mais sincero possível. Eu nunca pisei, mas pisaram por mim. Uma vez, na Guanabara, quando eu estava com o sucesso Benzinho, Aderbal Guimarães era meu empresário. Bom, aí, esse cantor, Evaldo Braga, apareceu na Gravadora Caravelle e cantou uma composição de Carlos Roberto, A Última Canção. *Bom, eu achei a música bacana demais. Chamei Guimarães de lado e falei: pega esse moço, faz ele gravar essa música mesmo porque vai ser sucesso. O Evaldo sumiu e, duas semanas depois, Guimarães me deu a letra de* A Última Canção *para decorar. Eu ainda procurei falar com Evaldo, mas ele sumiu da praça. Aí, eu gravei e fez aquele sucesso. A música era mesmo muito forte. Não fui eu, mas Guimaraes, praticamente em meu nome, deu a letra de* A Última Canção *para eu decorar. Eu ainda procurei falar com ele (Guimarães), fez tremenda cachorrada com Evaldo, você não acha?*

Mesmo com a boa tiragem de *SP na TV*, nenhum repórter jamais perguntou a Evaldo o que achava do roubo da música que poderia tê-lo lançado ao estrelato ou se guardara mágoa de Paulo Sérgio. Ele tampouco tocou no assunto. Comportou-se nos anos seguintes como se nada tivesse acontecido. Não restam dúvidas de que ele conheceu o autor da música, o jovem compositor Carlos Roberto Nascimento, que chegara ao Rio no final de 1967, vindo de Governador Valadares, onde nasceu e foi criado. Apaixonou-se pela música dele e a levou como proposta para gravar um compacto na Caravelle.

O que aconteceu depois daqueles fatídicos três minutos em que Evaldo foi visto no estúdio da Caravelle por Paulo Sérgio e seu empresário jamais se saberá. Paulo Sérgio, quando deu a entrevista, tinha rompido com Guimarães e transferiu a responsabilidade a ele pelo episódio. Ou teria ele pedido para que convencesse o dono da gravadora e o compositor a tirarem a música de Evaldo e deixarem ele gravá-la? "Lembro que Rossini foi procurado por Guimarães para gravar Paulo Sérgio", recordou Odair José. "Carlos Roberto andava pelo escritório de Rossini, onde conheci ele, já sabendo que Paulo ia gravar as músicas dele – foi quase o disco inteiro com suas composições. Guimarães deve ter catado o mineiro e levado para o escritório, onde o convenceu a tirar a música de Evaldo."

Sem dúvidas, há indícios de que Carlos Alberto teve papel importante no episódio, pois nada menos que seis canções suas foram incluídas no disco de Paulo Sérgio. Todos os personagens envolvidos nessa história, inclusive o autor da música, já morreram. Adelina Macedo, que desde 1967 presidia o Fã-Clube Paulo Sérgio Para Sempre, contou para este livro, em dezembro de 2016, que, embora tenha convivido bastante com o cantor – morto prematuramente em 1980, aos 36 anos, de derrame cerebral –, ele jamais lhe falou sobre a polêmica, que ela desconhecia. Mas que, após a entrevista da *SP na TV*, houve, sem dúvida, aproximação de Paulo Sérgio com Evaldo.

O autor da música também jamais tocou no assunto. A riqueza lhe veio pelos direitos da canção e, de acordo com o site oficial do cantor, além do prestígio, do reconhecimento e do "progresso material", o sucesso de *A Última Canção* selou uma "amizade fraternal" entre o cantor Sérgio e Carlos Roberto, que se estenderia até o falecimento do cantor. Embora tivesse voltado para Governador Valadares, "Carlinhos", como Paulo Sérgio carinhosamente o chamava, sempre o visitava em São Paulo, para onde ele se mudou na década de 1970. "Nessas oportunidades, hospedava-se na própria residência de Paulo Sérgio, muitas vezes lá permanecendo por várias semanas".

Desse convívio nasceram outros sucessos, agora assinados pela dupla: *Minhas Qualidades, Meus Defeitos, Quero Ver Você Feliz, Eu Te Amo, Eu Te Venero* e *Você Pode Me Perder*. Quando isso aconteceu, o sucesso já tinha chegado para Evaldo Braga e ele tinha entrado para a história da música popular do Brasil.

Capítulo 5

TUDO FIZERAM PRA ME DERROTAR

CANTO AO CANTO DE EDSON WANDER

Se não conseguiu gravar o compacto pela Caravelle, Evaldo resolveu oferecer suas composições para outros cantores, como parte de sua estratégia de chamar atenção para si, ao menos como compositor. E o primeiro a aceitar foi o pernambucano Edson Wander, considerado um dos nomes promissores da jovem guarda, em 1968, quando se achava que o movimento capitaneado por Roberto Carlos teria vida longa – o programa homônimo da Record, que gerou tudo, seria cancelado em 24 de outubro daquele ano. Edson Wander era o nome artístico de Edson de Araújo Cavalcanti Filho. Nascido em Recife, em 24 de dezembro de 1945, ele começou a cantar cedo, ainda criança, influenciado pelos ídolos de seus pais, Francisco Alves, Vicente Celestino e Orlando Silva – os mesmos de Evaldo.

O desinibido Edson cresceu como *crooner* em bares, botecos e espeluncas de Recife, onde interpretava clássicos de seus cantores prediletos e vozes românticas, como Orlando Dias e Cauby Peixoto. Até ouvir É Proibido Fumar, terceiro disco de Roberto Carlos, lançado em setembro de 1964. Sua cabeça foi virada pelo avesso. O rapaz tinha 19 anos de idade e ficou tão impressionado que decidiu aderir ao rock and roll – ainda não havia o rótulo jovem guarda, só iê-iê-iê, nascido dos Beatles. Sua carreira profissional começou de fato em 1966, quando já morava no Rio de Janeiro e gravou o primeiro compacto, graças ao apadrinhamento de Wanderley Cardoso – o sobrenome artístico Wander vem de Wanderley e foi sugerido pelo cantor Luís Fabiano.

Ao falar para este livro, quase 50 anos depois, Wander recordou como conheceu Evaldo e de que modo acabaria gravando, naquele agitado 1968, dele e de Reginaldo José Ulisses, *Areia no meu Caminho*. A música, a primeira de Evaldo a ter registro fonográfico, saiu no seu LP de estreia, *Canto ao Canto de Edson Wander*, e estourou nas paradas brasileiras, chegando a se aproximar no Top 10 de artistas do porte de Roberto Carlos, segundo o cantor. "Conheci Evaldo em 1967, quando ele era divulgador de Nilton César e Lindomar Castilho e andava com seus discos debaixo do braço. Éramos amigos quando eu estava gravando um LP, todas as faixas já tinham sido concluídas e, no intervalo de uma entrevista na Rádio Globo, encontrei ele no corredor".

Os dois se encontravam sempre. Tinham em comum um conhecido prestes também a decolar: Odair José. Três jovens em busca do sucesso, mas que competiam sem puxar o tapete do outro. Ao falar do LP, Evaldo lhe pediu: "Pô, Edinho, grava uma música minha, vai!" Wander não sabia que ele fazia músicas. "Ora, e tu compõe, Negão?" E o divulgador rebateu: "Claro, porra, tenho mais de duzentas composições prontas". O cantor ficou impressionado e lhe pediu: "Ah é, então passa lá em casa hoje à noite para me mostrar". Ele apareceu, cantou algumas coisas, "e eu gravei a que me interessou em fita cassete. Levei para a Copacabana. O maestro Roberto Pacheco, que era meu produtor e arranjador, não queria mexer no disco, estava tudo gravado. Eu insisti para tirar uma e colocar a de Evaldo. Minha intuição dizia que essa ia pegar. E não deu outra. Foi um estouro no Brasil, em Portugal e outros países da Europa".

O LP saiu no final de 1968. Três músicas entraram nas paradas de sucesso e fizeram dele uma das ameaças à hegemonia de Roberto Carlos no decorrer de 1969: *Tu, Jovem Triste* e *Areia No Meu Caminho*. Não era das melhores composições de Evaldo – que fez em parceria com José Olice – se comparada com as que ele faria depois. Com apenas 2m10s, a balada acelerada, meio rock, seguia o tom da jovem guarda. Mas algo parecia errado, com ritmo improvisado e destoante dos arranjos, a letra mal colocada, a canção era marcada principalmente por instrumentos de sopros e lembrava as faixas do disco *Roberto Carlos em Ritmo de Aventura*:

Querem colocar areia no meu caminho
Isto eu não vou meu bem deixar
Juro, ninguém vai nos destruir
Nem vai conseguir nos separar
Veja só meu bem o que estão fazendo
Querem somente derrubar a mim
Mas enquanto eu tiver o seu sorriso
Este grande amor não vai ter fim
(Bis)

      O trabalho de Evaldo Braga como divulgador de Nilton César e Lindomar Castilho continuava a render contatos e, ele diria depois, fez com que se tornasse amigo de praticamente todos os radialistas e apresentadores de TV do Rio de Janeiro. Roberto Muniz, que continuava a ser um dos astros das manhãs da Rádio Globo AM, em especial, seria o mais importante. Líder de audiência ao longo da semana, ele manteve Evaldo, ao longo de 1968, como presença constante em seus shows coletivos, com artistas conhecidos ou em ascensão. O repertório continuava o mesmo: as canções de seus patrões Nilton e Lindomar, com acréscimo de *Areia no Meu Caminho*, que fazia questão de dizer que era sua.

      Nilton César chegou a assisti-lo algumas vezes, quando atendia aos pedidos de Muniz. Ficava impressionado pelo modo como ele se transformava no palco e adquiria segurança para dominar e conduzir a banda que o acompanhava. Certa noite, acompanhado de Osmar Navarro, viu uma dessas performances. Os dois concluíram que chegara o momento de conseguir alguma oportunidade para ele gravar. "Nós o levamos para fazer um disco na minha gravadora, que era a RCA-Victor, em São Paulo". Navarro trabalhava na empresa como produtor e insistiu bastante para que dessem oportunidade ao jovem cantor. "Osmar, não tenha dúvida, foi um irmão mais velho para Evaldo". Essa foi a versão de Nilton César.

      Na entrevista para este livro, Lindomar tomou para si o apadrinhamento decisivo para a gravação do primeiro disco de Evaldo. "Eu o apresentei a Osmar Navarro, que depois o levou para gravar, a meu pedido". De qualquer modo, nesse momento o autor de *Quem É?* tinha abandonado o canto e passado a trabalhar nos bastidores do mercado musical – onde se revelou também bem-sucedido compositor de hits. "Eu coloquei Osmar como produtor da RCA, onde ficou mais de 17 anos, porque ele tinha talento, era competente", lembrou Nilton. Depois do golpe sofrido por causa de *A Última Canção*, a hora de Evaldo havia finalmente chegado.

ESTILO

Disciplinado, Evaldo comprou um violão, aprimorou o pouco que sabia tocar desde os tempos do SAM e começou a levar o ofício de compositor a sério, depois da gravação de Edson Wander. Ao mesmo tempo em que selecionava as canções que gostaria de incluir no primeiro disco, ensaiava exaustivamente como cantor, para as apresentações nos shows de Roberto Muniz. Colocava na vitrola os discos de Nilton César e Lindomar Castilho e se punha a imitá-los sem qualquer constrangimento, inclusive quando Nilton estava em sua companhia, no Rio – nesse momento, só interpretava suas canções.

Evaldo pedia opinião a ele e a Osmar Navarro, quando este passava pela cidade para algum compromisso. "Ele estava muito focado para que pudesse me imitar e, como eu tinha passado pela situação de copiar Orlando Dias, aconselhei-o a não seguir esse caminho", lembrou Nilton. Na ocasião, observou ele, havia o cantor negro Renato Guimarães, que ainda fazia sucesso, embora tivesse tido seu auge entre os anos de 1961 e 1964, período em que lançou cinco discos em 78 rpm e um LP. "Era um sujeito extraordinário, de belíssima voz, muito chique e bonito. Ele interpretava meio abrindo a voz, como Evaldo faria depois".

Nilton comprou um disco seu, chegou para Evaldo e disse: "Você vai fazer uma coisa, ouvir muito Renato Guimarães. Você já me escutou bastante meus discos e conhece as minhas inflexões vocais e vai ficar entre mim e ele". A intenção, explicou, era que aquela seria a forma de Evaldo ter sua própria personalidade como cantor. Renato Diniz Guimarães era carioca e contemporâneo de Nilton César. Nascido em 23 de abril de 1939, tornou-se um dos precursores da música cafona, ao lado de Anísio Silva e Orlando Dias. Eles ficaram populares cantando boleros, guarânias, gafieiras, sambas-canções carregados de letras dramáticas e exageradas que, quase sempre, falavam de desilusões amorosas – abandono, traição, indiferença etc.

Sua voz potente inspiraria, entre outros, Agnaldo Timóteo, que entraria nas paradas de sucesso na segunda metade da década de 1960, como se verá adiante. A estreia em disco aconteceu em 1960, ao gravar o fox-mambo *Show na Cinelândia*, de Zé Kéti e Gilson Santomauro; e os boleros *Se Deus Quiser* (Luiz Mergulhão e Flora Matos) e *Ninguém É de Ninguém* (Luiz Mergulhão, Toso Gomes e Umberto Silva). No final do ano seguinte, mudou-se para São Paulo e lançou a *Marcha das Fontes*, de Rubens Machado e Aderaldo Monteiro. No mesmo ano, por insistência da gravadora, saiu o compacto com o rock *Hey, Sheriff*, de B. Kaye, D. Hill E. Lee, em versão brasileira de Juvenal Fernandes; e a guarânia *Teus Olhinhos*, de Lúcio Cardim, que ajudou a projetar seu nome.

Em 1962, Renato lançou seu maior sucesso, o bolero *Poema*, mais uma de Fernando Dias. Um ano depois, saiu o samba-canção *Deus Perdoa*, de Lúcio Cardim. Ainda em 1963, gravou os boleros *Quem Depois de Mim*, de Hervé Cordovil e David Nasser, e *Nasci Para Te Amar*, de Fernando Dias. Em 1964, saíram *Batuque do Amor* (Mário Albanese e Heitor Carrilho) e o bolero *Amor Sincero*, de Nízio e Sebastião Aurélio. A partir desse momento, sua vida se tornou um mistério. Oficialmente, dizem as enciclopédias musicais na Internet, nem sempre confiáveis, que ele teria morrido ainda em 1964, com apenas 25 anos de idade, sem apontar a causa.

Mas Nilton César garantiu que isso aconteceu anos depois e de forma trágica. Sem dúvida, há registros de gravações originais em compactos de Renato Guimarães no começo da década de 1970. No ano de 1973, por exemplo, saiu o disco com as faixas *Que Bom Seria* (Delon e Jean Pierre) e *Que Será, Quem Será* (César e Cirus). Em 1974, foram lançadas com sua voz *Querida* (Carlos Donani e Jean Pierre) e *Tanto Amor que Eu Tenho* (Conde Fernati, John Santos e Jean Pierre). Nessa época, ele continuava a morar em São Paulo.

Com as economias que restaram dos tempos de glória, Renato teria comprado a boate Saint Germain, próxima ao Aeroporto de Congonhas, na capital paulista, e se tornado colecionador de bebidas – o que ajudou a definir sua condição de alcoólatra em estágio crítico, causada pela dificuldade de viver longe dos holofotes.

Relatos deram conta que Renato chegou a ser dono de uma grande boate na região do bairro nobre de Moema, mas que não deu certo e o levou definitivamente à miséria.

Para sobreviver, ele cantava nas boates na região central, no bairro da Consolação e ruas próximas à Nestor Pestana. O que conseguia de dinheiro dividia com os amigos, enquanto a dificuldade de lidar com a bebida continuou a atormentá-lo. Nilton César acompanhou seus últimos anos de vida e recordou: "Renato virou alcoólatra irrecuperável. Depois, tornou-se morador de rua, após se apaixonar por uma vedete de teatro que não correspondeu ao que ele esperava. Vários amigos foram em seu socorro. Tentamos ajudá-lo, mas infelizmente não conseguimos".

Evaldo aceitou a sugestão de Nilton e passou a ouvir insistentemente o disco de Renato Guimarães e a se inspirar nele também, mas sem parecer cópia. Até incluiu o sucesso *Poema* no repertório das apresentações que fazia para Roberto Muniz. Nilton confirmaria que Muniz deu mesmo "muita" força a Evaldo. Mas não se deveria esquecer os nomes de Haroldo de Andrade, Luiz de Carvalho e Chacrinha, que ocupavam o horário anterior e seguinte, respectivamente. "Eles tinham uma audiência espetacular na Globo e Evaldo caiu na simpatia dos três, que tocavam bastante suas músicas quando os discos começaram a sair".

HORA

Por volta de maio de 1969, Evaldo foi comunicado que teria seu compacto gravado. Nilton era cantor exclusivo da RCA-Victor, que mantinha sede e estúdios em São Paulo desde a década de 1940. A fábrica da empresa ficava em São Bernardo, na Grande São Paulo. Como visto, Navarro havia abandonado definitivamente a carreira de cantor e se tornado produtor de discos, indicado pelo amigo. Nilton não se esqueceria daquele importante momento: "Por mais de dois anos, Evaldo foi meu funcionário, de 1967 a 1969. Daí, no começo desse ano, eu e Osmar o levamos para gravar. Concluímos que ele realmente estava pronto para seu próprio voo musical".

Evaldo viajou para São Paulo de ônibus e se hospedou na

casa de Nilton César. Navarro convenceu a gravadora a lhe dar uma chance e ele mesmo queria produzir o disco. Pediu ao jovem cantor para escolher com ele as duas músicas que deveriam entrar. Evaldo sugeriu que uma fosse dele, *Dois Bobos*, que acreditava ter potencial para agradar às massas. O lado B traria *Não Importa*, do próprio Evaldo, em parceria com Carmem Lúcia, a moça com síndrome de Down, que era filha de Roberto Muniz. "Evaldo adorava ela e procurava ajudá-la a se sentir melhor ou algo assim", explicou o produtor Jairo Pires.

O cantor conhecia bem o pai da moça, sabia como ele se comportava no meio radiofônico e musical, ganhava dinheiro com trocas de favores e pode ter feito apenas um mimo à sua filha, mas sabia que Muniz não deixaria aquilo passar em vão. Ele jamais falou por que fez isso. Mas ver o nome de sua filha como coautora de uma música mexeu com a vaidade do radialista. Sem contar que ela teria direito à metade dos royalties como coautora. Influente entre os colegas, Muniz continuava a ditar a programação musical com seu *Peça Bis ao Muniz*.

Nas duas faixas do compacto, os arranjos de Navarro traziam instrumentos de sopro em destaque, orquestra, e eram marcados por um coral de vozes femininas – que seriam uma das características da maioria de suas gravações na Phonogram. A letra de *Dois Bobos* falava de um casal que descobria que se amava, depois de um ano afastados, com tristeza e saudade. A canção tinha um tom de melancolia e bom refrão, com destaque para a melodia, que tinha potencial para agradar ao público. Em sua interpretação, Evaldo estava mais contido, mas sem esconder a potência da sua voz. O impressionante era que ele fazia referência à morte, um tema obsessivo em sua obra, ao cantar "A vida vai embora" no refrão:

Parece que foi ontem
Promessas e carinhos
Parece que foi ontem
Nós dois abraçadinhos
Você não tem ninguém
Eu não tenho também
Dois bobos é o que somos
A vida vai embora

Por que chorar agora
Se agora nos amamos?
(Refrão)
Por que sofrermos tanto por pirraça?
Por nós, o dia lindo passa
E a noite negra logo vem
Meu bem
Num ano inteiro de saudade
Nos castigamos de verdade
Melhor será, nós trocarmos de bem
(Solo)
Promessas e carinhos
Nós dois abraçadinhos
(Refrão)

Sem dúvida, a mais bonita do disco era *Não Importa*, uma estreia soberba de Evaldo cantando sua própria música, cuja letra lembrava, em alguns trechos, seu futuro maior sucesso, *Sorria, Sorria*. Falava de arrependimento, da namorada que descobria gostar do antigo amor, depois de debochar dele e saber que estava com outra pessoa. Ao contrário do que se esperava, foi a faixa que mais tocou nas rádios:

Não importa saber de você
Não importa, amor
Não importa o seu sofrer
Não importa, não
O que importa é esquecer o passado
Que tão triste você me deu
Não importa
Nem sequer mais lembro
Dos beijos teus
(Refrão)
Hoje
Reclama que está sem ninguém
Pois eu já tenho o meu bem
Que vive sempre a me esperar
Ontem

Era você quem ria de mim
Agora eu sou feliz
Vivo cantando sempre assim
(Solo)
la-a-a-a lara-a lara la-la-ra-lá
la-ra-aa la-ra-la-la-la-rá
la-la-ra la-ra-la-lá
(Refrão)
(Solo)3x

  A felicidade de Evaldo ao receber a primeira cópia do disquinho laranja com a marca RCA e sua voz gravada para a eternidade, como ele disse, das mãos de Osmar Navarro, seria algo indescritível em emoção. Aos prantos, falou para Nilton e Navarro do orgulho que sua mãe teria dele se presenciasse aquele momento tão importante. Mais calmo, enxugou as lágrimas e sussurrou que o mundo, a partir daquele momento, seria dele.

Capítulo 6

NOITE CHEIA DE ESTRELAS

EVALDO BRAGA
RCA
Victor
CANTO PRÁ VOCÊ CHORAR
EVALDO BRAGA
RCA
Victor
SOU TÃO FELIZ QUE
POSSO ATÉ MORRER
EVALDO BRAGA
RCA
Victor
DOIS BOBOS
EVALDO BRAGA
RCA
Victor
NÃO IMPORTA

Não havia dúvidas de que a relação próxima de Evaldo com as personalidades fortes e determinadas de Nilton César e Lindomar Castilho e o gênero musical comum que unia os dois acabaram por influenciar o pupilo de modo decisivo em sua carreira. Ele não apenas trabalhava para esses artistas em ascensão como os admirava e gostava de suas músicas, do tipo de letras que cantavam. Não por acaso, interpretava seus sucessos nos bailes de Roberto Muniz de fins de semana. O pós-adolescente que se apaixonara pelo rock and roll e pela jovem guarda ficou fascinado com aquele tipo de música que falava de modo exacerbado do amor e seu lado mais cruel, do rompimento, da traição, do abandono e do desprezo.

E foi assim que Evaldo definiu o tipo de música que o levaria ao estrelado. Não era uma visão oportunista, ele realmente gostava do gênero que cantava. Com o compacto simples da RCA-Victor pronto e Evaldo radiante, faltava fazer o menos difícil, como ele acreditava: promovê-lo. Podia contar, de imediato, com Roberto Muniz, que prometeu empenho máximo para mobilizar colegas de todas as rádios cariocas, graças à parceria que ele deu à sua filha, Carmem Lúcia. O cantor sabia como convencer programadores, locutores e donos de rádio, assim como as emissoras de TV a tocarem pelo menos uma das músicas – trabalharia, inicialmente, *Dois Bobos*. Um dos argumentos a seu favor era o selo estampado no rótulo do disquinho, RCA-Victor, a mais tradicional e antiga gravadora do país, a mesma que teve como astro em seu catálogo Francisco Alves, o Rei da Voz (1898-1952).

Odair José não se esqueceria da impressão que Evaldo lhe passou assim que gravou o primeiro compacto e cuidou de criar uma imagem pública para si. A mudança impressionou a todos. "Eu o conheci na fase em que era divulgador de Nilton César. Quando ele gravou, pareceu-me a junção de três elementos muito claros". Primeiro, explicou ele, Evaldo era uma mistura das vozes de Nilton César com Agnaldo Timóteo – mas depois estabeleceu um estilo próprio. Depois, copiava os ternos de Paulo Sérgio – que gostava de fazer seus próprios paletós, pois tinha sido alfaiate antes de virar cantor. "Ele gostava de umas coisas extravagantes, cores berrantes – e Evaldo conseguiu fazer roupas com cores mais vivas ainda". Em terceiro lugar, como divulgador, "era muito sorridente, bem ao estilo Jair Rodrigues, o hábito de ver todo mundo, falar com todo mundo, rir para todo mundo".

O último elemento abriu bastante portas para ele. Somava-se a isso, acrescentou Odair, a sua ambição. "Era uma espécie de Cristiano Ronaldo negro da música: alto, sarado, malhado, muito forte, ele apertava sua mão com firmeza, numa época em que as pessoas não frequentavam academias para adquirir massa muscular. Mas antes disso já era comunicativo e decidido a vencer de qualquer jeito. "Evaldo chegava junto mesmo, bem disciplinado, corria atrás do que acreditava. Era imbatível nisso". Para Odair, o colega tinha talento para o marketing pessoal. "Achava exagerado o modo dele de se vestir, mas dava certo. E a coisa da corrente era dele. Essa determinação parecia incrível. Eu levava as coisas da minha forma, devagar e sempre, mas ele chegava atropelando tudo e passava isso para a gente".

No meio musical, explicou Odair, havia uma competição ferrenha que pouca gente do meio musical sabia, porque a imprensa não tinha interesse em explorar esses conflitos e puxadas de tapete – como a que Evaldo levou para que Paulo Sérgio gravasse *A Última Canção*. "Nesse meio, Evaldo se virava bem, ele passava por cima dos obstáculos, não tinha essa de porta fechada para ele, tentava abrir de qualquer jeito, como forma de conquistar aliados para quando gravasse. Por isso, não tinha receio de nada e não aceitava o não". Por fim, fez uma ressalva: "Por tudo isso, não tem como alguém passar pela vida e não encontrar pessoas que te veem de uma forma nada simpática. Evaldo deve ter deixado rusgas, pessoas que não gostavam dele por causa do seu jeito determinado. Não era o meu caso".

O amigo Jorge Mascarenhas acompanhou de perto esse momento e recordou: "Evaldo conheceu muita gente do meio artístico. Seu círculo de amizade aumentou e as chances de gravar iam ficando mais próximas. Não demorou muito para acontecer". E os amigos que fez vieram ajudá-lo, de fato. Muniz assumiu a frente de tudo e ligou para todos os colegas que conhecia para pedir que tocassem a música. Mas, ao invés do lado A, sugeriu *Não Importa*, a faixa que levava o nome da filha. Não havia dúvidas de que ele estava certo, era mesmo a melhor, mais "comercial".

Começaram a surgir convites para cantar e dar entrevistas em programas de TV, graças também a Aylton Ferreira, então divulgador da RGE e velho amigo de Evaldo. Nilton César achou que poderia ajudá-lo também, quando fosse aparecer na TV e sugeriu que colocasse, na mão esquerda, anéis e correntes, e na direita um terço, que se tornariam sua marca registrada. O penduricalho teria efeito impressionante sobre o público, que passou a ver no cantor o jovem de fé e temente a Deus. O cantor mineiro explicou a ele o sentido da sugestão: "Eu lhe disse que não podia mais mexer em mim, no meu estilo de adotar algo que me marcasse diante do público. Mas, no seu caso, expliquei: 'esse é o momento certo porque você não tem ainda a imagem formada'". E reforçou: "'Como está nascendo como cantor, não tem problema, do jeito que vier, as pessoas vão te aceitar. Se puder colocar purpurinas nas mãos quando for se apresentar na TV para dar certo brilho, pode ajudar'. Ele era muito obediente e fez tudo que eu pedi".

Sem jamais revelar que a parceira de Evaldo, Carmem Lúcia, era sua filha, Muniz chamava a atenção dos ouvintes ao tocar diariamente *Não Importa* para a força da voz de Evaldo e o quanto o Brasil ouviria falar dele. Em casa, a filha vibrava ao escutar o pai pronunciar seu nome no rádio, sem entender exatamente o motivo. A audiência alta da emissora fez com que rádios de todo país passassem a tocar *Não Importa*. Enquanto isso, o cantor e seus padrinhos Nilton César e Osmar Navarro – e Lindomar Castilho também – recebiam, com entusiasmo o lançamento do disco. E aquilo era só o começo, dizia o confiante Evaldo.

Com o sucesso do primeiro LP nas lojas, no começo de 1969, Edson Wander foi fazer uma turnê em Pernambuco e outros estados vizinhos. Ausentou-se do Rio por algumas semanas, quando

Areia no Meu Caminho havia caído no gosto dos programadores das rádios e das TVs e, claro, do público. Estava grato a Evaldo. Esperava encontrar o amigo para agradecer pelo favor. Qual não foi a sua surpresa quando o viu no corredor dos estúdios da Rádio Globo, pelo modo como se vestia. "Estava todo diferente, de terno branco, cheio de correntes e um terço na mão. Ele veio me abraçar, emocionado, disse que por minha causa tinha gravado um disco".

Evaldo lhe explicou que, ao ser levado por Osmar Navarro e Nilton César à direção da RCA-Victor, trouxe seu disco para o pessoal da direção ouvir. "Antes, mostrou seu nome no rótulo como coautor da faixa *Areia no Meu Caminho* e cantou em cima da minha gravação". Evaldo lhe disse que deixou todo mundo impressionado. "Além de compor aquele sucesso, teriam lhe dito que ele possuía um vozeirão". O episódio selou sua contratação para a gravação de dois compactos, que seriam produzidos em 1969 e 1970. "Eu disse a ele que não tinha que agradecer nada, todos os méritos eram dele".

Chegou-se a dizer que o compacto de estreia de Evaldo na RCA-Victor vendeu impressionantes 150 mil cópias e "estourou" em todo país. Não foi verdade. O disco teve execuções expressivas no Rio de Janeiro graças à Rádio Globo e, em seguida, em todo país, mas as vendas não foram tão elevadas. Passaram das vinte mil cópias, agradaram à gravadora e o credenciaram a fazer novo compacto, como tinha acertado – era comum que a gravadora suspendesse o acordo, caso o fracasso de um artista apontasse para novo fiasco.

Um dos feitos ao Evaldo acionar seus contatos nas rádios e TV foi ter se apresentado na *Discoteca do Chacrinha* quatro vezes em 1969, quando interpretou as duas músicas do compacto em diferentes momentos. Ele também recebeu generosa atenção da revista *Melodias*, publicada em São Paulo e especializada em música e televisão. Com texto de Josino Teodoro e fotos de Moacyr dos Santos, sua edição de janeiro de 1970 trazia um perfil de Evaldo em que o destacava como uma revelação do ano que terminava. "Embora 1969 tenha sido um ano difícil para o meio artístico, grandes nomes foram revelados, um deles é Evaldo Braga, um escurinho simpático que fez sucesso com *Não Importa*, canção que foi gravada para a RCA".

E lembrou que ele gostava de ser chamado de "Sidney Poitier brasileiro", por suas atitudes em relação ao racismo – além do desejo de fazer cinema. Um mês antes da entrevista sair, disse a publicação, Evaldo gravou *Quantas Vezes*, sua e de Carmem Lúcia, e *Eternamente*, de Osmar Navarro, que sairiam em março, em seu segundo compacto. *Melodias* deu uma terceira data de nascimento do cantor, 28 de julho, que seria repetida por outras publicações ao longo dos anos. Mas manteve o ano de 1947. "Criou-se no Serviço de Bem-Estar do Menor, no Rio, pois, sem pai e nem mãe, ali foi internado para não se tornar marginal. Estudou, fez amizades e cresceu. Aprendeu a viver e deixou mestres, alunos e amigos".

Melodias escreveu ainda: "O sucesso o esperava e Evaldo Braga, com apoio de Chacrinha, a quem chama de 'Segundo Pai', estourou em todas as paradas. Hoje, adorado pelas fãs e solicitado pelas emissoras de TV, Evaldo olha para trás e pensa na vida". Além de relembrar "as horas felizes" que passou no Colégio XV de Novembro, do SAM, na mesma entrevista falou de sua ex-namorada, conhecida apenas como Elisângela, de quem Evaldo gostava muito, mas que infelizmente pediu-lhe que escolhesse entre ela e a carreira de cantor.

O lamento pelo fim da relação inspiraria alguns de seus maiores sucessos, disse a publicação. Evaldo disse também da "grande emoção" que sentiu no programa vespertino de Haroldo de Andrade, o mesmo das manhãs da Rádio Globo, que apresentava paradas de sucesso na TV Tupi, das 16 às 18h – um dos líderes de audiência vespertina na TV. Foi sua estreia diante das câmeras. Ao lembrar da infância difícil, o locutor tocou tanto na emoção do cantor que Evaldo desmaiou e foi levado de ambulância para o Hospital Souza Aguiar, onde foi medicado e liberado algumas horas depois.

O impacto do episódio do desmaio foi enorme entre os telespectadores. Como se Evaldo tivesse participado de uma longa maratona da vida e sucumbisse após a linha de chegada. Por dias, falou-se bastante do mal súbito do "pobre" cantor. Teria sido armação sua ou da produção com esse propósito? Evaldo jamais faria qualquer comentário a respeito. *Melodias* falou da solidão "em que vive" Evaldo. Lembrou dos meninos órfãos em centenas ou milhares de orfanatos pelo Brasil que, como ele, "sentem falta dos carinhos maternos". O perfil não podia terminar de modo mais dramático. "Então, Evaldo reza: 'Oh, Senhor, fazei com que tenham o mesmo juízo que 'Moran' teve e que haja sempre um dia de sol na casa de cada fã!" Moran era Marcos Moran, que, como Evaldo, gravou na Caravelli e, depois, na RCA.

Apesar de *Melodias* ter falado que as faixas *Quantas vezes* e *Eternamente* tivessem sido gravadas para sair no segundo compacto de Evaldo, ao que parece as duas foram abortadas e a RCA-Victor optou por lançar, no começo do segundo semestre de 1970, o disco com a profética *Sou Tão Feliz que Posso Até Morrer*, de Osmar Navarro, no lado A; e *Canto Para Você Chorar*, de Geraldo Nunes e Dardy M. Pereira, no lado B. Embora não fosse de sua autoria, a primeira inaugurava uma série de canções em que Evaldo fazia referência à morte (precoce), como figura de linguagem para dramatizar a abordagem da letra e que depois soaria como premonitória. Mas trazia uma abordagem positiva do amor, da promessa de mudança e fidelidade.

A belíssima música trazia arranjo diferente, em ritmo de jovem guarda, com interessantes solos de guitarra. Tanto a letra quanto a melodia mostravam potencial para agradar ao público e aos programadores de rádio e TV:

Resolvi
É com você que para sempre eu vou ficar
A minha vida vai ser outra, eu vou mudar
E piamente eu acredito que vou renascer
Descobri
Andei às tontas como ave assustada
Buscando tudo e encontrando nada
Pois sem amor a gente vive apenas por viver
Eu descobri
Que posso dar felicidade imensa
Que a gente sofre só porque não pensa
Que é tanto amor, que amor vai receber
Eu descobri
Por fim achei o que eu vivia procurando
Você chegou meu dia iluminando
Sou tão feliz que posso até morrer

A canção do lado B, *Canto Para Você Chorar*, trazia a mesma temática do futuro megahit *Sorria, Sorria*. Enquanto esta explorava a ironia do riso pela desgraça de uma antiga paixão, a outra falava em choro e riso como mesmos lados de uma moeda. A semelhança é impressionante, como se Evaldo tivesse reescrito ou reciclado a letra depois:

Eu nem posso acreditar
Que consegui lhe esquecer
Já chorei muito, querida
Hoje quem chora é você
Ao perder o seu amor
Pensei que fosse até morrer
Sofri demais, muito chorei
Mas consegui te esquecer
Hoje sou livre como os pássaros
A minha vida é cantar
Só tenho pena de você
Por viver sempre a chorar
Você fez tudo pra acabar comigo
Sofro demais só em pensar
Você sorriu da minha dor
E hoje eu canto pra você chorar
Lá-lá-lá-la
Lá-lá-lá-lá...
(Bis)
E hoje eu canto pra você chorar.

POLÊMICA

    Assim como aconteceu com o primeiro compacto, as duas músicas foram razoavelmente tocadas e trabalhadas ao longo do segundo semestre de 1970, quando Evaldo conseguiu mais apresentações no Chacrinha e foi convidado a se apresentar no programa de Silvio Santos, então na Rede Globo. A essa altura, com duas músicas com parcerias dadas a Carmem Lúcia, ele tinha se tornado uma das atrações dos shows de fim de semana de Roberto Muniz, que vibrava ao ver Evaldo dar entrevistas e dizer que ele tinha sido uma pessoa fundamental em sua vida, pois lhe dera oportunidade para cantar em público e o ajudou a gravar seu primeiro disco.

    Esses elogios chegavam em boa hora pois, em maio daquele ano, o radialista se metera em uma polêmica com o cantor Wilson

Simonal, que arranhou bastante sua reputação. Tudo porque Muniz continuava a fazer a barganha semelhante à de seu colega Chacrinha. No seu caso, ganhava dinheiro realizando shows com cantores que se apresentavam de graça em troca de ter suas músicas tocadas na Rádio Globo. Até que esse método de convencimento veio a público, quando Simonal o denunciou como "chantagista" pouco antes de viajar para o México, onde gravaria um disco e assistiria à Copa do Mundo.

Em entrevista ao *Correio da Manhã*, em 28 de maio de 1970, o cantor disparou à queima-roupa: "Outro dia, veio ao meu escritório um rapaz da Rádio Globo, Roberto Muniz, e pediu que eu fosse a uma inauguração de uma loja comercial em Nova Iguaçu, em um programa ao ar livre. Ele queria o troco sem pagar um tostão". Ou seja, Simonal deveria cantar sem cachê, enquanto Muniz faturava com a organização do evento. O cantor se recusou a atende-lo e teria provocado a ira do locutor. "Disse, então, que ia começar a fazer uma campanha no rádio e com outros colegas para não tocarem mais meus discos". Simonal não teria se abalado com a ameaça.

O radialista tentou a última cartada. "E ainda quis fazer chantagem envolvendo o nome da minha família. Veja a história do pilantra: ia dizer que meu pai tinha sido jardineiro na casa dele e que eu tinha uma irmã tuberculosa morrendo no sanatório sem a minha ajuda. Isso é muito baixo, meu amigo. Não tem quem suporte. Acho esse rapaz um desclassificado, sem o menor escrúpulo, não sei ainda como trabalha em uma emissora tão credenciada. Ele deveria estar em outro lugar, não fazendo chantagem sem categoria como esta". Muniz não procurou o jornal para se defender.

Naquele ano, o radialista completou 46 anos de idade e não viveria para ver Evaldo brilhar como cantor e sua filha ser consagrada no papel de "compositora". No dia seguinte ao Natal de 1970, um sábado, Muniz morreu de infarto no Hospital Pedro Ernesto, para onde foi levado às pressas, depois de passar mal. Torcedor fanático do São Cristóvão, ele estava na Rádio Globo havia 14 anos e seria sepultado em sua cidade natal, Petrópolis. Cerca de 300 pessoas compareceram ao enterro, entre familiares, amigos, colegas e artistas. No último grupo, estavam Jerry Adriani e Agnaldo Timóteo, que lamentou a morte do radialista: "Era um homem honesto, sempre disposto a dar oportunidade a novos cantores. Nunca recusava a divulgação de nenhuma música. O seu coração era aberto a todos, sem exceção".

CAFONICE

As quatro primeiras gravações de Evaldo lançadas em disco em 1969 e 1970 apontavam para uma adesão ao gênero popular que ele havia escolhido para conduzir sua carreira, embora gostasse de rock e samba – chegou a participar de rodas com compositores e sambistas famosos da Portela. Queria ser um cantor que falasse de desilusão amorosa abertamente, dentro da lógica que "música triste" era algo indispensável a quem não tinha freios para viver seus sentimentos e sofrer com perdas amorosas, mesmo que silenciosamente. Ouvi-las funcionava como válvula de escape, muitas vezes acompanhada de bebida alcoólica.

Isso representava um número grande de pessoas que não necessariamente estava relacionado a classe social, como já se dizia na época em relação à dor de cotovelo, música cafona ou brega – rótulo surgido no Nordeste no final da década de 1970. A cafonice não era música de pobre e de pessoas com pouca instrução, como se dizia. Surgiu na segunda metade da década de 1960, na época em que a população ainda fazia a transição do meio rural para o urbano. Com isso, o mercado fonográfico viu surgir novo típico de público, com gosto para canções de raiz, principalmente sertanejas, e músicas de temática exageradamente romântica em suas letras, arranjos e modo de cantar.

Havia, no gênero, o tom mais elevado, o uso de instrumentos de sopro e um balanço que flertava com a "praga" latina dos boleros – que invadiu o Brasil durante a Segunda Guerra Mundial, entre 1939 e 1945, quando não havia matéria-prima para gravar discos de brasileiros e as companhias importavam discos do México, principalmente. Os discos de bolero eram prensados para todos os países de língua espanhola. O mercado musical brasileiro vivia um momento singular na virada para os anos de 1970, em que a diversificação musical atingia uma nova faixa de consumidor, que adquirira condições de comprar aparelhos de TV e toca-discos.

Não se podia ligar esse fenômeno com o milagre da economia prometido pela Ditadura Militar, a partir de 1970, pelo Presidente-General Médici e, sim, pelas leis de mercado e de produção, uma vez que houve barateamento da importação de equipamentos eletrônicos e da fabricação dos mesmos pela indústria nacional, fruto de uma política desenvolvimentista estabelecida a partir de 1955 pelo Presidente Juscelino Kubistchek. As classes C e D abraçaram a TV, com suas telenovelas e programas de auditório, cujas atrações principais eram os cantores que os programadores determinavam e nem sempre tinham a ver com o gosto do público.

Os concursos de música da segunda metade da década anterior não tinham mais o fôlego de antes e agonizavam. O último grande deles, o Internacional da Canção, seria realizado em 1972 e revelou pelo menos três nomes importantes: Raul Seixas, Toni Tornado e Walter Franco. Mas tinham deixado um legado importante nos últimos sete anos: a revelação de uma nova geração de compositores e cantores talentosos, que ditava os rumos da chamada Música Popular Brasileira (MPB) e tinha incorporado ritmos populares como o samba e o choro, mas era voltada para as classes mais abastadas – A, B e parte mais endinheirada da C.

O mercado de discos estava aquecido como nunca acontecera na história brasileira. O formato long-play (LP), criado no final da década de 1940, tornara-se o mais fabricado e sepultou, a partir de 1964, os acelerados e limitados discos em 78 rotações – o LP girava em 33 rotações e, por isso, cabiam em média seis músicas em cada lado, enquanto o outro trazia só uma em cada. Em seu lugar surgiu o compacto, também em 33 rpm, mais em conta e que quase sempre trazia o sucesso do artista, ou a aposta da gravadora nesse sentido.

Mais do que ser galã de telenovelas, cantar ou fazer música podia ser um caminho para ficar famoso e ganhar dinheiro. Bastava um sucesso para que a vida de alguém virasse de cabeça para baixo, com a conta bancária cheia de cruzeiros novos e uma vida confortável ou de ostentação. A reportagem de capa da revista *Manchete* de 5 de setembro de 1970 sugeria no título que esse era o negócio do momento para quem quisesse entrar para o clube dos milionários no Brasil – e no mundo também: "Como ficar rico fazendo música". O texto afirmava que cantar, tocar algum instrumento ou compor era a profissão mais rendosa que existia.

A publicação não dava números, por causa da dificuldade em consegui-los junto às gravadoras e aos artistas – "tudo guardado a sete chaves, com medo do fisco", entre outros motivos. "Quanto faturam esses alegres milionários da nossa canção só mesmo o Imposto de Renda sabe. Alguns já ultrapassaram a chamada barreira do dólar e desses, então, só os bancos suíços sabem", escreveram os repórteres Mendonça Neto e Renato Sérgio. Eles se referiam, no segundo grupo, a nomes de expressão internacional, como Sérgio Mendes, que vivia nos Estados Unidos e tinha carreira consolidada lá.

O segmento tinha mudado bastante desde o início da era de ouro do rádio, na década de 1930. Como disseram os repórteres, no tempo em que ainda existiam serenatas e serestas, antes e durante a primeira década do rádio, o prestígio social e a situação financeira da turma da música eram matematicamente iguais a zero. No máximo, sobrava algum trocado para quem cantava e nada para os compositores, tidos como desocupados ou vadios ou procurados pela polícia – daí, a prática desonesta de compra, venda e roubo de músicas por cantores famosos, que seria denunciada mais tarde por antigos compositores.

Na época do nascimento da bossa nova, no final dos anos de 1950, em especial no Beco das Garrafas, na Rua Duvivier, em Copacabana, onde se diz que o movimento surgiu, trabalhava-se meio que de graça, em troca de sanduíches – chamados pomposa ou ironicamente de "jantares" –, bebidas e pelo *couvert* pago por meia dúzia de gatos na Bottle's ou no Little Club. Nomes como Wilson Simonal, Jorge Benjor, Elis Regina, Edu Lobo e outros passaram por essa experiência no início da carreira.

No final do ano de 1970 tudo estava bem diferente, como prenunciara Roberto Carlos em uma de suas canções de alguns anos antes. Ele, por exemplo, tinha recebido adiantamento de 200 mil cruzeiros para a temporada de três meses na badalada cervejaria Canecão, que tinha espaço para quatro mil pessoas. Elizeth Cardoso e Zimbo Trio cobravam 12 mil cruzeiros por única apresentação, em qualquer cidade brasileira, e a condição para isso era receber *in cash*, como se dizia na época, em apropriação de uma expressão em inglês –, pago no momento em que o contrato era assinado.

Manchete listou seis maneiras de ganhar dinheiro com música – e ter tudo aquilo que Simonal tanto esbanjava, como carrões, bijuterias de ouro e mulheres louras ao seu lado, para ira daqueles que o chamavam de "crioulo metido". A lista trazia funções distintas, mas que, acumuladas, poderiam render mais ainda: compor, interpretar, tocar, empresariar, produzir ou fazer comerciais a partir da fama e da sua popularidade como cantor. Carlos Imperial, polêmico apresentador de TV, crítico, compositor e empresário, era o melhor exemplo de que se ter mais de uma habilidade traria dinheiro além do que se imaginava, de acordo com a revista.

Ninguém lucrava mais, porém, do que os cantores. Maria Bethânia, por exemplo, morava em apartamento próprio no Leblon, em prédio com piscina. Ela só andava em carro modelo Galaxy do último ano e se dava ao luxo de recusar convites para aparecer em programas de TV que lhe "desagradavam". Mas instrumentistas importantes também se davam bem, como Waldir Azevedo, Waldir Calmon e Bené Nunes, que estavam com agendas de shows preenchidas para os próximos seis meses. Os comerciais e jingles poderiam render fortunas. Até 1969, Gilberto Gil e Caetano Veloso recebiam 50 mil cruzeiros por mês para aparecer nos carnavalescos desfiles de moda da Rhodia, que incluíam shows musicais em todo país. Pouco tempo depois, a Rhodia contrataria Rita Lee e Elis Regina para serem sua imagem nesses desfiles.

Os cachês por show podiam ser suficientes para se comprar dois fuscas novinhos, como eram os casos de Roberto Carlos e Simonal. Maysa só saía de casa por 10 mil cruzeiros. Eliana Pittman e Elis Regina, por 8 mil cruzeiros. Os mais populares, adeptos da música cafona, que atraíam multidões e eram a principal fonte de renda das gravadoras, curiosamente estavam na parte de baixo da tabela. Jerry Adriani, Agnaldo Timóteo e Antônio Marcos pediam 4 mil cruzeiros por apresentação. Paulo Sérgio, Ângela Maria e Clara Nunes topavam por 2,5 mil cruzeiros. Além das passagens de avião, hotel e alimentação, tinham direito a proteção policial contra fãs obsessivos. Tudo estava no contrato.

Outra determinação costumava dar bastante confusão. A maioria dos artistas exigia receber ao menos metade do pagamento na assinatura do acordo e a outra no hotel, antes do show. Ou era assim ou não teria espetáculo. Afinal, os problemas e riscos corriam por conta dos empresários e agentes contratantes – donos de clubes, organizadores eventos como feiras e exposições etc. Era comum, portanto, não ocorrer o show porque o dinheiro não foi entregue como combinado. Por causa dos gordos cachês, disse *Manchete*, Chico Buarque tinha pago recentemente 300 mil cruzeiros à vista por um apartamento na Lagoa Rodrigo de Freitas. Era dinheiro suficiente para comprar cinco Opalas na loja.

Mas quem vendia discos mesmo era o filão de músicas com letras exageradamente melodramáticas sobre frustração ou abandono amoroso, marcadas por arranjos que flertavam com boleros e o ritmo roqueiro da jovem guarda, que na verdade, como foi dito, surgiu na década de 1940, quando Vicente Celestino gravou *O Ébrio*. E o gaúcho Lupicínio Rodrigues criou a chamada música de "dor de cotovelo", numa referência aos boêmios que, chorosos depois do fim de algum relacionamento, apoiavam o queixo na mão aberta, a partir da dobra do cotovelo sobre a mesa e afogavam suas lágrimas na bebida e na dor.

Cantores como Maysa e Dolores Duran ou compositores tipo Antônio Maria (*Ninguém me Ama*) deram contribuições importantes para afundar ainda mais o tom, em músicas que eram classificadas como "fossa" – em parte por causa do meio aristocrático onde viviam, esses artistas foram recebidos com tolerância em que a interpretação se sobrepunha às letras exageradamente cafonas. Assim, acabavam compreendidos de outra forma. Intérpretes mais populares, de origem humilde e entonação menos impostada, como Orlando Dias e Anísio Silva, contemporâneos de Maysa.

Os dois cantores começaram a fazer sucesso com letras no mesmo tom, porém com menos impostação na voz e mais próximas do bolero e guarânia. O termo "fossa", na verdade, surgiu no Brasil graças aos artistas plásticos de Ipanema Alfredo Ceshiatti e Liliana Lacerda de Menezes. Eles viram o filme *Na Cova da Serpente* na Itália, onde se chamou *La Fossa de La Serpente*, e lançaram a gíria na extinta boate Zeppelin. O cronista Paulo Mendes Campos confirmou essa informação no livro *Os Bares Morrem Numa Quarta-Feira*.

A jovem guarda, de certo modo, segmentou a ideia de que letras sobre o amor não precisavam de elaboração. Deveriam ser divertidas e leves, juvenis até, embora *Quero Que Vá Tudo Pro Inferno*, de Roberto Carlos, apontasse para algo mais radical que a música cafona adotaria – e bem poderia ter sido gravada por Waldick Soriano ou Lindomar Castilho. Mas a canção roqueira de Roberto seria considerada poeticamente ousada e inovadora, décadas depois, ao usar uma rima sobre o amor em que se mandava todo mundo para o inferno. Até que surgiram nomes como Soriano, ex-caminhoneiro semialfabetizado do sertão baiano que estourou com *Eu Não Sou Cachorro Não*.

Soriano trazia um elemento a mais: a estética berrante, vulgar, se vista do ponto de vista da elite, que se estendia às suas roupas, de cores fortes, que destoavam do hábito masculino de usar ternos escuros – ele usava cabelos grandes e óculos escuros. Esse visual denunciava sua origem social e tal postura foi chamada de estética do mau gosto. As gravadoras, no entanto, não estavam nem aí. Resistiram até que as pequenas empresas do setor deram voz a esses cantores e perceberam o potencial dessas músicas para atingir uma faixa de público que começava a consumir bens antes inacessíveis, como radiolas, vitrolas e televisores.

E foram à caça de potenciais vozes em que pudessem investir. Acertaram na mosca pois, até o começo da década de 1980, artistas como Agnaldo Timóteo, Nelson Ned, Paulo Sérgio, Cláudia Barroso, Waldick Soriano, Lindomar Castilho, Reginaldo Rossi, Odair José, Fernando Mendes, José Ribeiro, Benito de Paula, Carmem Silva, José Augusto, Carlos Alexandre e muitos outros apareceriam nas listas das mais altas vendagens do mercado fonográfico e seus discos batiam recordes de execução em rádios e programas de TV, como Chacrinha e Bolinha.

RÓTULO

O termo "cafona", usado para definir o que faziam Soriano, Castilho, Timóteo e companhia era de origem italiana, aportuguesamento de caféne, que quer dizer indivíduo humilde, vilão, tolo. Teria sido popularizada pelo jornalista e compositor Carlos Imperial, uma das figuras icônicas dessa época. A *Enciclopédia da Musica Brasileira* o define como "coisa barata, descuidada e malfeita" e a "música mais banal, obvia, direta, sentimental e rotineira possivel, que não foge ao uso sem criatividade de clichés musicais ou literários". A palavra "brega", que seria adotada para definir o gênero, só começou a ser usada na segunda metade da dos anos de 1970, principalmente em estados da região Nordeste.

Depois, como narrou Paulo César de Araújo, seria absorvido pela imprensa nos anos de 1980. Para o jornalista e pesquisador musical Sérgio Martorelli, o uso da expressão "brega-chique", pelo cantor Eduardo Dusek, na década de 1980, ajudou muito na difusão da palavra. "Até então, o termo 'brega' era bem pouco conhecido no Sudeste – tanto que, quando Marília Gabriela entrevistou Dusek, na época, em um programa de TV, perguntou se ele tinha inventado a palavra".

Não deixa de ser curioso que as maiores gravadoras do mercado brasileiro acabaram por criar dois grupos de cantores/ compositores claramente separados pelo abismo social e cultural, na opinião de Paulo César de Araújo. Cada um tinha seu selo de identificação. Havia, explicou o pesquisador, os artistas de "prestigio", que davam status à gravadora e alimentavam sua imagem de produtora de objetos culturais, e aqueles considerados meramente "comerciais", formado por artistas que, de fato, davam retorno financeiro grande e imediato.

Araújo ressaltou ainda: "Observa-se, contudo, que, para os primeiros realizarem os seus discos artísticos e exercerem a pretendida 'missão educadora do povo brasileiro', era necessário o respaldo financeiro proporcionado pelas vendagens dos segundos, aqueles dos discos que não 'ensinam nada'". Prosseguiu ele: a partir da lógica de que gravadora existia para vender disco e render lucro aos acionistas, não para educar o povo, a manutenção de um elenco de cantores de "prestigio" na maioria das gravadoras do Brasil tinha sido financiada pelas vendas elevadas dos cantores "comerciais".

O pesquisador acreditava que João Gilberto, por exemplo, talvez só tenha conseguido liberdade de criação para gravar seu primeiro disco de bossa nova, na Odeon, em 1958, porque lá existia outro baiano chamado Anísio Silva, que, com seus boleros sentimentais, chegou a vender na época a fabulosa marca de dois milhões de discos. Na Phonogram, que pertencia à multinacional Philips, ao longo da década de 1970 faziam parte da "faixa de prestigio" Chico Buarque, Caetano Veloso e Elis Regina, cujos discos saíam pelo "Selo Azul" (referia-se ao rótulo no meio do disco, da cor azul), com a marca Philips. A turma da "faixa comercial" tinha nomes como Odair José e Marcus Pitter, cujos LPs circulavam pelo "Selo Vermelho", com a marca Polydor.

Da mesma forma, a RCA-Victor tinha entre os seus elitizados João Bosco e Ivan Lins e, no outro extremo, Waldick Soriano e Lindomar Castilho. Araújo ressaltou ainda que, no fim dos anos de 1960, Agnaldo Timóteo era o maior vendedor de discos da Odeon. A receita financeira que vinha dos seus discos abriu portas para os novatos Milton Nascimento e Paulinho da Viola gravarem seus históricos discos de MPB e de samba considerado mais refinado ou de raiz.

O caso de Waldick era emblemático desse novo filão de música popular. Com talento para compor e cantar fora do comum, ele desbravou um filão e virou um produto de consumo capaz de atrair a atenção até da classe média, que não fazia maiores distinções e discriminava tipos mais popularescos, adeptos da música cafona nos primeiros anos desse fenômeno – tanto que entravam nos top hits de vendedores de discos dos mais importantes jornais e revistas do país. Sua postura pública do confronto de classes, aliás, ajudou nesse sentido. Tanto que Waldick foi capa da elitizada revista *O Cruzeiro,* quando a publicação decidiu contar o namoro do cantor de baixa instrução escolar com a socialite e atriz turca Beki Kablin, um escândalo na época que rendeu bastante fofocas.

A intenção aparente de *O Cruzeiro* era de apenas destacar a curiosa relação de tipos sociais de origens tão diferentes. Mas o preconceito estava claro nas entrelinhas. "O amor colocou dois planos sociais no mesmo balão de sonhos, soprado pelos ventos de todas as fofocas". A revista descreveu o cantor de *Eu Não Sou Cachorro Não*: "A ideia primeira era mostrar o fenômeno Waldick Soriano, na sua solidão povoada. O folclore do seu bolero. Um sujeito que guiava caminhão, foi garimpeiro, lapidário, tocador de sanfona e uma porção de grandezas, acabando como sucessor de Vicente Celestino – o maior vendedor de discos do Brasil. (...) Era essa a ideia se Beki não aparecesse para participar. Para tornar milionário um assunto de pobre".

A ricaça Beki era aparentemente bem mais velha que o cantor – tinham doze anos de diferença: ela nasceu em 1921, e ele, em 1933. Ao que pareceu, encantou-se pelo seu jeito rude de machão latino, mas que, contraditoriamente, cantava melodramas musicais que atraíam mulheres e inspiravam homens. E se jogou no romance polêmico sem se preocupar sobre o que iam dizer. Nem mesmo na família. Seguia a mesma reportagem, sobre a intimidade do casal: os dois passaram a viver juntos, a partir da bonita casa que o astro tinha na Ilha do Governador. Ele recebeu a revista não de terno, como se esperava de um lorde da alta sociedade, mas de sunga listrada e cigarro de palha na boca – o que *O Cruzeiro* fez questão de enfatizar. "Já conheci muitas mulheres, mas nenhuma chega perto dela. Beki é a mais meiga, delicada e compreensiva que conheci. Ela me tolera em tudo e é a minha maior admiradora".

Nas entrelinhas da matéria, que trazia fotos dos dois se beijando na boca, a intenção era mostrar, de certo modo, a invasão dos novos ricos no mundo da música, todos eles de origem humilde, mas com encanto e fascínio para seduzir mulheres de classes mais abastadas. Além de Waldick, Simonal era outro intruso no meio que fazia aflorar ainda mais o preconceito, por causa da cor da pele, ao se relacionar com mulheres brancas – Marília Pêra foi uma de suas namoradas famosas. Parte do ostracismo a que seria enxotado tinha a ver com isso, embora fosse preferível dizer depois que apenas foi acusado de delator da Ditadura Militar, em um episódio jamais esclarecido e provado.

Waldick era branco, mas com traços de sertanejo, que disfarçava – com óculos escuros e chapéu de caubói – uma timidez brejeira de rapaz humilde do interior. Assim, confundia todo mundo. Desenvolveu para si um estilo corajoso de sujeito despojado e desleixado, apesar do cabelo ensebado de brilhantina, uma de suas marcas, diferente do que Evaldo faria quando o sucesso o abraçou. Este adotaria um estilo impecável de usar ternos, mesmo com as correntes, que amenizava pela simpatia com todos, e se limitar, nas entrevistas, a falar que suas letras diziam o que o povo queria ouvir – quando era criticado – e que tinham a ver com sua origem sofrida e humilde de criança órfã.

O cantor baiano, com petulância e audácia, ao desdenhar a nobreza intelectual, transformou-se no *enfant-terrible* da MPB, o insultador da elite endinheirada e preconceituosa, com opiniões fortes e contundentes, sem se preocupar com o que iam dizer dele. Criticava abertamente Caetano, Gil, Gal e Bethânia, baianos como ele, mas que não vendiam "nada", como disse na histórica entrevista ao jornal *O Pasquim*, em 20 de junho de 1972. "Eu não gosto desse gênero de música, para mim não dizem nada", disparou, depois de dizer que eram todos seus amigos e que os adorava como colegas e conterrâneos.

Um exemplo do seu jeito provocador para se manter no noticiário foi a reportagem que a revista *Cartaz* publicou sobre ele, em fevereiro de 1973, uma semana depois da morte de Evaldo. O título indicava que Waldick continuava com a língua afiada e não perdia oportunidades para insultar: "Meu negócio é faturar, com ou sem malhação". O sentido de "malhação" aqui nada tinha a ver com cuidar da saúde, mas de ser "malhado" pela crítica, como aconteceu em todos os seus trabalhos. A revista escreveu: "Waldick Soriano está preocupado. É que seu novo LP está sendo elogiado e ela acha que isso dá azar. Prefere ser criticado".

Outro que incomodava a concorrência era Agnaldo Timóteo, ex-motorista da cantora Ângela Maria, um dos grandes nomes da música romântica da década de 1950 e que continuava na ativa naquela virada de década. Timóteo emplacava, desde 1967, um sucesso atrás do outro nas rádios e nos programas televisivos. O que a maioria dos seus fãs não sabia era que aquele vozeirão jogava com dados viciados a seu favor. Ou seja, a maior parte das suas músicas eram versões de sucessos estrangeiros, haviam sido testadas antes em seus países, principalmente nos Estados Unidos e na Itália e eram estrondosos êxitos, compostos por nomes como Simon and Garfunkel e Paul Anka, entre outros.

Assim, a chance de repetir os mesmos resultados em português era imensa. E não deu outra. Timóteo era um exímio intérprete, na escola aberta por Renato Guimarães. Tinha uma voz potente que fazia ecoar nos estúdios. Se não bastasse isso e o truque das versões, ele sabia se vender bem. Sua gravadora, a Odeon, criou para ele um estilo próprio de se vestir, com ternos de cores fortes ou berrantes, em sintonia com o psicodelismo da época, calças boca-de-sino copiadas da moda negra dos guetos norte-americanos e de filmes de *blaxploitation* como *A Máfia Nunca Perdoa*, blusas de malha que escondiam o pescoço e medalhões no peito. Aos 34 anos, em 1970, o cantor trazia consigo uma história de vida difícil, porém marcada pela superação, semelhante à de Evaldo Braga. E sabia hipnotizar o público com estilo mais popular e dramático para representar frustrações e decepções amorosas.

Timóteo tinha nove anos a mais que Evaldo, nasceu em 1936. Começou a cantar ainda em Minas, nos programas de calouros das rádios de Caratinga, Governador Valadares e Belo Horizonte. Em pouco tempo, ganhou o apelido de "Cauby mineiro", em referência ao astro Cauby Peixoto. Mudou-se para o Rio e, para se aproximar do mundo da música e gravar discos, pediu emprego a Ângela Maria, que o transformou em seu empregado. Nas horas vagas, cantava na noite, bares e boates de pouca expressão do Rio. A primeira oportunidade para fazer seu disco não foi desperdiçada. E estourou com *Meu Grito*, composição de Roberto Carlos. Depois disso, vieram vários sucessos românticos como *Ave-Maria, Mamãe* e *Os Verdes Campos De Minha Terra*.

RESISTÊNCIA

Por preconceito, aliás, historiadores, críticos e jornalistas de música popular deixariam de lado esse fenômeno musical extremamente rentável para as gravadoras e importante para a memória emotiva e afetiva ao brasileiro – e não apenas à maioria que se localizava entre as camadas mais pobres ou da classe média do interior e das capitais. Mais que isso, passaram a destratar esse gênero como algo menor e risível, que não merecia ser levado a sério, mas que financiava os artistas de elite das grandes gravadoras, como lembrou o produtor Jairo Pires, na época produtor da Polydor. Ajudava, nesse sentido, o fato da maioria desses artistas ter vivenciado uma das grandes mazelas do pais, o trabalho infantil, a falta de educação escolar, o abandono dos pais. Em seu livro *Eu Não Sou Cachorro Não – Música Popular Cafona*, o musicólogo Paulo César de Araújo, biógrafo de Roberto Carlos, observou que esses artistas "produziram uma obra musical que, embora considerada tosca, vulgar, ingênua e atrasada, constitui-se em um corpo documental de grande importância, já que se refere a segmentos da população brasileira historicamente relegados ao silêncio".

De acordo com sua pesquisa, entre 1970 e 1976 a indústria do disco cresceu em faturamento, no Brasil, nada menos que precisos 1.375%. Na mesma época, a venda de LPs e compactos passou de 2.5 milhões ao ano para 66 milhões de unidades no mesmo período. O consumo de toca-discos, entre 1967 e 1980, aumentou em 813%. "Favorecido pela conjuntura econômica em transformação, o Brasil alcançou o quinto lugar no mercado mundial de discos. Nunca tantos brasileiros tinham gravado e ouvido tantas canções", observou Araújo.

A música popular se firmava, assim, na sua opinião, como o grande canal de expressão de ampla camada da população que, neste sentido, não ficou calada. Ao contrário, pronunciou-se por meio de sambas, boleros e, principalmente, baladas, no decorrer da Ditadura Militar que asfixiou o país entre 1964 e 1985. Evaldo passou a fazer parte, com as primeiras gravações, do grupo de cantores populares que, segundo Araújo, viria a se expressar através do ritmo da balada e teria como seus principais representantes, além dele, Waldick Soriano, Lindomar Castilho, Paulo Sérgio, Odair José, Agnaldo Timóteo e companhia. Seriam continuadores do estilo romântico consagrado por Roberto Carlos e a turma da jovem guarda nos anos de 1960.

A própria classificação de Araújo parecia precipitada e genérica demais. Havia, sem dúvida, subdivisões dentro do gênero, com extremos bem distintos. Em canto havia Waldick Soriano, Lindomar Castilho, Paulo Sérgio e Reginaldo Rossi. Se colocasse Roberto Carlos na outra ponta da música romântica – sem classificá-lo como cafona –, encontrava no meio termo cantores menos radicais, com discos mais bem cuidados e apuro técnico, como Nilton César, Agnaldo Timóteo, Altemar Dutra e Evaldo Braga.

De qualquer modo, esta geração de artistas "cafonas" se expressou basicamente através de gêneros musicais já bastante testados e consolidados no gosto do público ouvinte de rádio AM e de discos. A pureza sonora do FM só se popularizaria no país dez anos depois, e havia horários do dia não preenchidos pela TV em que as "AMs" ainda ocupavam. É preciso lembrar que os canais saíam do ar no começo da madrugada e alguns voltavam às 10h30 da manhã de segunda a sexta e, às 8h30 nos fins de semana. Os disc-jóqueis, que apresentavam músicas e liam cartas de amor aparentemente enviadas pelos ouvintes – a maioria de tristeza e finais infelizes, inventadas por redatores – eram celebridades por causa da audiência que tinham, principalmente pela manhã e à tarde.

Uma reportagem de *Cartaz*, publicada em 7 de fevereiro de 1973, dava uma ideia do quanto o rádio ainda estava presente no cotidiano das pessoas. "Ninguém pode negar a influência do disc-jóquei na carreira de um cantor e no mercado da música popular brasileira. Com uma simples pergunta eles podem decidir o destino de um disco", dizia a revista. Paulo Giovanni, da Globo, disse acreditar que o rádio passava por uma redescoberta pelos artistas que perceberam que a televisão, sozinha, não fazia sua fama. Em especial porque só convidava para se apresentarem aqueles com nomes "feitos" e, mesmo assim, esporadicamente, "enquanto o rádio o executa diariamente, de manhã à noitinha". A crítica estava na semelhança dos programas, que tinham formato consagrado pelos ouvintes. Um detalhe curioso apontado por Giovanni era que a maioria das rádios de todo país se espelhava nos modelos de programas e nas músicas apresentadas pelas rádios cariocas Globo e Tupi para fazerem sua grade. O cantor que se destacasse na capital fluminense tinha chance maior de alcançar sucesso em outros estados, quase sem nenhum esforço de divulgação. O quadro criado por Giovanni, *Loteria Musical*, chegava a ter 10,37 pontos no Ibope, o que significava mais de 500 mil ouvintes na Guanabara.

Ele também apresentava outras atrações, como *Classificados do Amor, Grande Parada, Hora do Recado* e *Coisas que a Vida Conta*, entre outros. Valia qualquer esforço para se diferenciar da concorrência. Na Tupi, por exemplo, Paulo Barbosa, que ficava no ar das 9h às 13h, usava uma gaita. "A função do disc-jóquei é defender o cantor. Tocar para malhar é só para um cara especializado, como Zé Fernandes, que é meu jurado", observou Barbosa. "Não tenho dúvidas de que é o rádio que faz o sucesso do artista", completou ele.

Cartaz queria saber o que os apresentadores de rádio representavam para o mercado musical – para gerar shows, por exemplo – e para as gravadoras. Paulo Genaro Santos Barbosa, gerente de promoção e vendas da Phonogram, disse que, na sua opinião, esse profissional era "vital para a permanência do artista na onda" – ou seja, estar em evidência, ter suas músicas mostradas para os ouvintes. O rádio, acrescentou ele, "é o ponto de sustentação do artista e uma visita periódica às emissoras é importante, tanto para eles quanto para os disc-jóquis, que se sentem apoiados e demonstram maior interesse na divulgação do artista".

Na maioria das vezes, os disc-jóqueis tocavam as músicas sem comentá-las ou criticá-las. Essa postura, claro, agradava aos cantores e as gravadoras. O simples ato de apresentar a canção significava aprovação e recomendação para os ouvintes, dentro do critério de atender supostamente o que o povo gostava de ouvir. *Cartaz*, no entanto, citou quatro desses profissionais que se manifestavam sobre as músicas: Humberto Reis, José Messias, Vitório Braga e Afrânio Rodrigues, que apresentavam juntos, na Rádio Nacional, um programa das 15h às 17h. Segundo Reis, a maioria dos colegas não sabia o que falar porque "nada conhecia de música". Assim, quando acontecia um sucesso, este se devia a uma engrenagem especial, cujo resultado era um mercado saturado de artistas "onde, muitas vezes, os ruins tomam o lugar dos bons".

A Nacional, no entanto, não obedecia ao sistema de listões e de placar, um acordo entre as gravadoras, as emissoras e os discjóqueis que Roberto Menescal, produtor da Philips, defendia como a melhor método de divulgação universal. Ele explicou que se não existisse o placar, cada emissora poderia tocar uma faixa diferente de um mesmo LP. Pelo sistema das listas, as gravadoras apontavam as chamadas músicas de "trabalho", que as rádios deveriam testar diante do gosto popular. Com isso, a chance de consolidar um sucesso do cantor era maior e mais interessante. O placar significava que quem tinha seu nome citado em maior quantidade nos pedidos de cartas e telefonemas, aparecia mais.

A maioria seguia essas regras. "Estou na Continental desde maio do ano passado, onde toco as músicas que os ouvintes pedem por telefone", garantiu Luís de Carvalho, que até o começo de 1972 era uma das atrações da Rádio Globo, onde entrou na década de 1950 e que ajudou bastante Evaldo, segundo Jairo Pires. Eram, em média, 300 telefonemas por dia. Roberto Carlos, disse ele, era o mais requisitado. Por isso, tocava ao menos três músicas dele por dia. "Gosto muito de atender o público porque sou contra os listões e placares que existem por aí. O disc-jóquei não deve programar, ficar preso a esses esquemas, mas oferecer ao público o que ele realmente quer ouvir".

Para Carvalho, o "mal" de sua profissão era tocar através da insistência dos artistas, correndo o risco de divulgar músicas de baixa qualidade, que normalmente não seriam programadas dentro de uma seleção criteriosa de qualidade. A reportagem não falava do mal que corrompia o rádio desde a década de 1930, inicialmente chamada de caitituagem e depois rebatizada de jabá ou jabaculê. Na prática, significava fazer mimos com presentes e viagens a programadores e locutores para que tocassem determinadas músicas ou boicotassem algum concorrente. Em alguns casos, chegavam-se ao ponto de pagar em dinheiro para que isso ocorresse.

Evaldo pegara a manha do funcionamento dessa engrenagem das rádios desde que começou a promover as músicas de Nilton César e Lindomar Castilho. Sabia que, como era iniciante, não tinha dinheiro e a gravadora não pagaria por ele com presentes e agrados, a camaradagem poderia ajudá-lo bastante na promoção de seus discos. E se revelou com habilidade acima da média para incluir suas músicas nos principais programas da Globo e da Tupi. Mas, é preciso ressaltar, se sua música não tivesse qualidade e méritos, assim como ele, na voz e na interpretação, de nada adiantaria convencer a turma do rádio a tocá-lo.

Nesse contexto, havia uma guerra quase declarada das gravadoras. Os passes de Waldick Soriano, Lindomar Castilho e Nilton César pertenciam à RCA-Victor. Agnaldo Timóteo pertencia à Odeon. A Polydor/Phonogram/Philips tinha Odair José, que acabara de contratar. Mas Timóteo, de todos eles, era o que mais incomodava as gravadoras concorrentes. E foi por isso que o produtor Jairo Pires pediu ajuda a seus divulgadores para encontrar um cantor negro de vozeirão que pudesse contratar imediatamente.

E, assim, Evaldo estava próximo de "acabar com o baile!", como disse depois que recebeu seu primeiro cachê, três anos antes.

Capítulo 7

ESCONDA O PRANTO NUM SORRISO

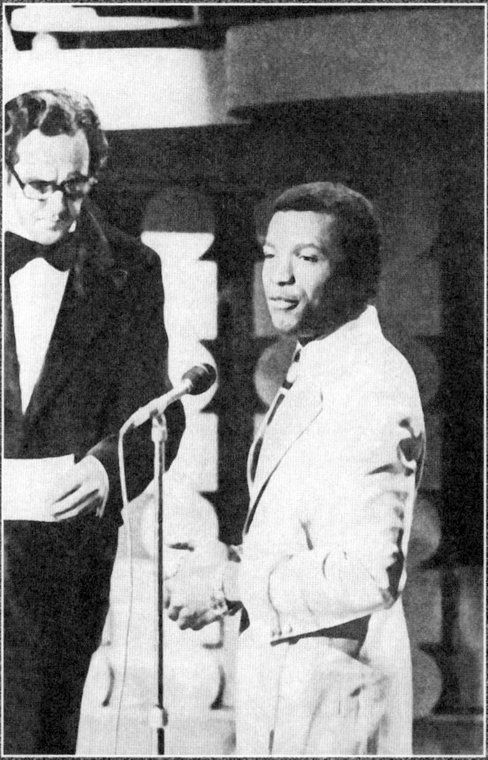

Ainda apelidado por radialistas e apresentadores de TV como "O Professor Apaixonado", Nilton César começou uma nova etapa na sua carreira de cantor, em 1969, quando chegou a ameaçar a hegemonia de Roberto Carlos como um dos maiores vendedores de discos do país. Nesse caso, era a guerra das gravadoras que se estabelecia nos bastidores: RCA-Victor contra a poderosa multinacional americana CBS. No bolo, Odeon, Copacabana e Phonogram. As emissoras de rádio tocavam incessantemente sua canção *Férias na Índia*, com uma letra boba e meio sem sentido, sobre o sujeito que foi à Índia "passear" e se apaixonou por uma mulher e agora desejava voltar para revê-la.

Simples assim. Era, porém, melódica e dançante o suficiente para virar chiclete na cabeça do público sem bicho-grilo, como se dizia na época. A canção começava com uma espécie de mantra indiano para virar um rockão acelerado delicioso, dançante, marcado por uma "orquestra" de sopros irresistível. A música fazia parte do disco *Dois Num Só Coração*, lançado no mês de setembro do ano anterior e que demorara para "acontecer" – pelo menos essa faixa.

A música se tornou um sucesso inesperado, com mais de 500 mil compactos vendidos em seis meses. A façanha ajudou a alavancar o LP, que passou dos 300 mil exemplares e deu a Nilton César três discos de ouro, além de outros prêmios, ao mesmo tempo em que projetou o cantor de vez como intérprete romântico, que seria consolidado no ano seguinte com o maior êxito de sua carreira, a belíssima *A Namorada Que Sonhei*, gravada ainda em 1969 e composta pelo fértil Osmar Navarro a partir de um tema sugerido pelo próprio cantor, segundo revelou para este livro. Começava assim: *Receba as flores que lhe dou/E em cada flor um beijo meu...*

Era comum para Nilton César fazer aparições semanais em programas de auditório da TV, para cantar suas músicas ou participar como celebridade em júri de programas de calouros. ou para dar entrevista sobre sua carreira. A boa imagem de galã blasé e discreto do cantor, sempre gentil e atencioso, arrebatava os corações das fãs de todas as idades – e contrastava com o estilo de cores berrantes e extravagantes de concorrentes não tão diretos como Lindomar Castilho (e seu inconfundível cavanhaque) e Waldick Soriano, com seu chapéu de caubói e óculos à Elton John.

Nessa época, por causa do lançamento do primeiro compacto, começou um processo quase natural de desligamento dele com Evaldo, que passou a cuidar da própria carreira. Mas até o primeiro trimestre de 1970, mesmo com a repercussão de seu único disco, Evaldo continuou a trabalhar com Nilton e Lindomar. A parceria com os dois começou a morrer a partir do momento em que saiu o segundo compacto, por volta de maio. E sacramentou quando ele assinou, aos 23 anos, em outubro de 1970, o promissor contrato com a Polydor, que trouxe adiantamento em dinheiro suficiente para ele alugar um pequeno, porém confortável apartamento na Rua Marques de Pombal, 171, apto 909, região central do Rio, exatamente ao lado do prédio da Rádio Globo, na mesma quadra. Coincidência? De bobo Evaldo não tinha nada. Ali, viveria por quase três anos.

Era uma posição estratégica para o cantor, segundo Jairo Pires. Evaldo estava sempre por perto da emissora líder em audiência no Rio de Janeiro e uma das mais influentes no país. Os dois compactos que ele gravou pela RCA-Victor, que teriam vendido perto de 40 mil cópias juntos, ainda tocavam nas rádios quando sua vida deu uma guinada. Ele ainda esperava um sinal verde da gravadora para fazer o sonhado álbum de estreia, quando os disquinhos se tornaram chamarizes para que a Phonogram o convidasse para assinar o contrato que lhe renderia o LP, programado para depois do Carnaval de 1971 – sairia somente em maio.

Evaldo se tornou o nome que a Phonogram tanto procurou nos últimos quatro anos para competir com Agnaldo Timóteo, pois ambos, além de negros, tinham vozeirão e gênero musical parecido em seus discos. Com a gravadora sob o comando de André Midani, que se tornaria uma lenda na história da música brasileira, ele teria à sua disposição toda a constelação de produtores, técnicos e músicos que precisasse para fazer os melhores discos. Era preciso porque os de Timóteo se mostravam impecavelmente bem produzidos e tecnicamente gravados, com o suporte de uma grande orquestra e coral feminino.

A percepção era de que Evaldo não fizesse concorrência direta, portanto, com o estilo mais despojado e "vulgar" de Waldick Soriano e Lindomar Castilho, tarefa que cabia, claro, a Odair José. Um de seus alvos seria o ex-patrão, Nilton César. Além da produção artística de alta qualidade, Evaldo teria vasto *know-how* na produção e direção de eventos, divulgação, marketing e agenciamento artístico.

Em entrevista para este livro, o diretor de produção Jairo Pires, que produziria os discos de Evaldo, ainda em atividade em 2016, afirmou que a ideia de chamar o cantor foi dele, embora não soubesse exatamente de quem se tratava, tamanho o envolvimento que tinha com o número imenso de contratados dos selos Philips e Polydor, entre cantores e bandas. Ele lembrou que, na época, Nilton César e Agnaldo Timóteo ocupavam o topo da lista dos cantores que mais vendiam no segmento "popular" e tinham sucessos na parada, atrás apenas de Roberto Carlos. "Timóteo era da Odeon e estava sozinho no mercado, contra uma concorrência que não era fácil, liderada por Roberto Carlos, da CBS. Então, pedi ajuda ao pessoal da gravadora para encontrar alguém capaz de concorrer com ele".

À equipe foi feita uma convocação. "Haylton Souza, que era um de nossos divulgadores, nos trouxe Evaldo. Ele o conhecia como divulgador de Nilton César e tinha gravado dois compactos". Haylton levantou a mão e disse: "Eu sei de um, que é perfeito, exatamente como você quer. Ele se chama Evaldo Braga, um crioulo ousado e cheio de ambição". Jairo rebateu: "Traga-o aqui, imediatamente",

disse Pires. E foi prontamente atendido pouco tempo depois. "Mostrou-me aquele com a música *Dois Bobos* e ouvimos na minha sala. Quando terminou a segunda música, com absoluta segurança, eu disse: 'É esse que eu quero. Traz ele aqui já'".
Pouco depois, "entra na minha sala aquela energia toda que era Evaldo. Senti uma força impressionante nele que até me assustou, um feeling de que ele era a pessoa que eu estava procurando, algo que agora me parecia inexplicável para que me desse a certeza de que havia encontrado o cantor que procurava. Evaldo chegou falante, com carisma forte, impressionante. Trazia o compacto simples e ouvimos de novo. Falei que gostei da sua voz e, imediatamente, ali mesmo, assinamos um contrato e levei ele para o estúdio".

ESTRUTURA

Quando Evaldo passou a fazer parte do time da Phonogram, tinha continuidade o bem-sucedido processo de reestruturação depois que a gravadora quase foi à falência quatro anos antes. A sede da empresa ficava no nº 311 da charmosa Avenida Rio Branco, no gigantesco Edifício Brasília, bem em frente ao Palácio Monroe, onde ficava também o Consulado de Angola. O prédio era alugado e situado na esquina com a Presidente Wilson. Sua história começou a mudar quando André Midani recebeu um telegrama da Holanda, em que era convidado a ir à cidade de Amsterdã para conversar com os diretores da Phonogram, nome da gravadora da Philips holandesa.

Midani viajou imediatamente. "Cheguei em pleno inverno e, para esquentar meu coração, me ofereceram o posto de gerente-geral da empresa no Brasil, no final de 1967", recordou ele em sua autobiografia. A Phonogram era dona, no país, da Companhia Brasileira de Discos e perdia dinheiro havia cerca de doze anos. A matriz havia "estabelecido um prazo" de três anos ao futuro gerente para reverter a situação ou fecharia a gravadora. Pelo contrato assinado com Midani, em caso de fracasso, ele não deveria se preocupar com o futuro, porque seria transferido para outro país.

E continuaria vinculado ao grupo, claro. Ele topou a empreitada na hora. "Aceitei imediatamente a proposta, confiante de que daria um jeito de tornar a companhia lucrativa no Brasil. Meu antecessor na CBD era o francês Alain Troussat, tipo bem sensível e inteligente, porém muito atrapalhado, que ainda permaneceu mais três meses (ou teriam sido três anos) cuidando do dia a dia, enquanto eu me familiarizava com a companhia, através do estudo do balanço contábil e da política artística, que era bem complexa de se entender e definir, pois havia perto de 155 artistas contratados".

O novo executivo concluiu que era impossível administrar adequadamente a carreira de tantos talentos, com pouca gente para cuidar da parte criativa. Pela perversidade da situação, observou ele, os artistas que não faziam sucesso passavam os dias na gravadora, reclamando e consumindo o tempo do diretor artístico Armando Pittigliani, de seus produtores, promotores e divulgadores, que, por sua vez, não tinham tempo para cuidar dos artistas de sucesso. Estes se sentiam abandonados à própria sorte. "Nunca fui diretor artístico, muito menos produtor musical. Não tenho e nunca tive talento para sê-lo", observou. Mas precisava aprender rápido e fazer ao mesmo tempo.

Midani sempre achou que esse título que lhe atribuíram era injusto com diretores e produtores com quem trabalhava. Segundo ele, eliminava o valor do trabalho deles dentro e fora do estúdio. Ao mesmo tempo, minimizava a importância do seu papel junto aos artistas, reduzia a nada sua relevante contribuição nas decisões que lhe cabiam tomar nos investimentos da gravadora em geral. "Fui um presidente de empresa sempre muito presente por reconhecer que todo setor criativo era o centro nevrálgico de uma companhia de discos, ao contrário de muitos dos meus competidores, cuja prioridade era controlar os ativos fixos, tais como a fábrica, os estoques etc.".

Para trazer alguma solução urgente àquela situação que chamava de "inflacionária" de artistas, Midani passou três ou quatro semanas ouvindo os discos de cada um deles e checando os números de suas vendas. Em seguida, chamou Armando e seus produtores, individualmente, e solicitou que fizessem comentários sobre o futuro da carreira de cada artista. Fez o mesmo com os promotores de rádio e imprensa da empresa. "Ali, começou o penoso processo de decisão de quais artistas seriam cortados, processo esse que eu tinha que comandar. Selecionei aqueles cujos discos tinha gostado muito, descartei aqueles cujos discos eu realmente não tinha gostado, e entrevistei outros, quando ainda sentia necessidade de mais subsídios para a decisão final".

Ao término dessa fase da operação, o quadro tinha sido reduzido a um terço. Ou seja, restaram pouco mais de cinquenta contratados. "Tornou-se claro que o comprometimento artístico e promocional da companhia era quase inteiramente voltado para os importantes festivais da época, política adequada, pois pairava no ar uma revolução musical que iria, em algum tempo, tornar a bossa nova uma música do passado". Troussat finalmente foi transferido para a Itália e abriu caminho para Midani tomar conhecimento do que cada diretor e gerente fazia, da organização e dos métodos de trabalho da empresa.

Tudo tinha de ser rápido pelo cronograma de recuperação da empresa. "Pouco a pouco, conheci cada um dos 50 artistas sobreviventes, para estabelecer uma relação pessoal e profissional, segundo a qual as portas do meu escritório e da minha casa estariam abertas para eles, a qualquer hora do dia ou da noite, para propor, reclamar, resolver, planejar, conversar, almoçar e jantar. Minha prioridade seria sempre atendê-los pessoalmente".

Mas havia um calcanhar de aquiles no departamento de relações públicas, que Fernando Lobo chefiava. Para Midani, era um exímio jornalista, às vezes bom compositor, dotado de uma inteligência brilhante, que, como Mario Gil, no México, funcionava bem até a hora do almoço.

O problema era que Lobo voltava frequentemente com muito álcool na corrente sanguínea, o que atrapalhava seu trabalho. "Além do mais, era pai de um extraordinário compositor e intérprete, Edu Lobo, contratado da gravadora. Essa situação gerou conflito de interesses quando Fernando percebeu que o sucesso dos tropicalistas poderia significar perigo para a carreira de Edu". A partir desse momento, e na volta desses almoços, contou o executivo, Fernando começou a protestar "violentamente" com ele contra a existência dos tropicalistas no elenco da gravadora.

Até que veio um incidente que selou seu destino na companhia. "Todos os dias de manhã, a caminho do escritório, eu lia o 'Caderno B' do *Jornal do Brasil*. Para minha surpresa, (certo dia) lá estava, na primeira página, com destaque, uma entrevista com o diretor da gravadora Companhia Brasileira de Discos, Fernando Lobo, declarando que os diretores das sociedades de autores (que recolhiam direitos autorais) eram todos uns ladrões que roubavam os compositores". Midani tomou um susto e pressentiu problemas. "Mal cheguei no escritório, havia várias ligações de jornalistas e, sobretudo, dos diretores das diversas sociedades, que me perguntavam se Fernando tinha falado em seu próprio nome ou em nome da companhia".

Por concordar "fundamentalmente" com a declaração do Fernando, "mesmo que tivesse sido feita sob a influência da bebida, na tarde do dia anterior, e pensando ingenuamente que era uma ocasião de se abrir o debate sobre o direito autoral no país, respondi que sim, que ele tinha falado em nome da companhia". O compositor Humberto Teixeira, diretor de uma dessas sociedades, famoso pelas parcerias com Luiz Gonzaga e que Midani conhecia bem, procurou-o para aconselhar que fosse prudente em suas declarações porque, em tempos passados, pessoas haviam sido assassinadas por desafiar essas mesmas sociedades. Mexia, portanto, com um vespeiro difícil de mensurar o tamanho.

Nesse ambiente tumultuado, o presidente da Phonogram foi convocado para uma reunião com a diretoria das sociedades. Acompanhado do seu advogado, João Carlos Müller, Midani ouviu "as lamúrias e saí, deixando o hábil João Carlos resolver o problema que, como muitos outros em nosso país, infelizmente, não deu em coisa alguma". Essa era, na sua opinião, a oportunidade para despedir Fernando, pois o executivo não lhe reconhecia o direito de falar em nome da companhia sobre assunto tão sério sem ter consultado o presidente da companhia. "Transferi o Armando Pittigliani da direção artística para o posto de Fernando, e contratei meu velho amigo Menescal para o lugar de Armando".

No mesmo dia, Heleno Oliveira foi promovido de contador da empresa a responsável pela gerência de vendas e pela coordenação da divulgação de discos nas emissoras de rádio. Era essencial estabelecer a harmonia entre o trabalho dos vendedores e o dos divulgadores de rádio, pois era frequente que os divulgadores trabalhassem um disco e os vendedores, outro. "Jairo Pires, produtor musical de sucesso na área de música popular na CBS, veio espontaneamente se juntar a nós, de modo que pude dar o toque final, dividir em dois setores as áreas artísticas, promocionais e comerciais da gravadora, com suas marcas distintas e com personalidades próprias: a Philips, a marca de prestígio; e a Polydor, a marca popular, que por anos nos deu os lucros necessários para manter nossa política quase deficitária na MPB". Elis Regina, Gilberto Gil, Caetano Veloso, Gal Costa e Os Mutantes vendiam, em 1968 e 1969, apenas entre cinco mil e dez mil cópias de cada um de seus lançamentos em LP, segundo Midani. Mas representavam um prestígio imenso para a companhia. E foram mantidos e bancados na reformulação. O executivo apostava na jovialidade de seus funcionários. "Sua companhia mais parece um jardim de infância do que uma companhia de discos!", observou o presidente mundial da Polydor/Deutsche Grammophon, em visita ao Brasil. "Ele ficou espantado com a juventude da equipe e o nosso incrível ambiente de trabalho". Não havia exagerado.

A idade média dos empregados da companhia estava na faixa dos 25 anos e o quadro era dos mais enxutos. "Éramos todos tão jovens, tão entusiasmados com nosso trabalho, tão orgulhosos com nosso sucesso, que queríamos gritar aos quatro cantos do mundo. Decidimos, então, comprar a página dupla central da revista *Manchete*, fotografando ao vivo todo o nosso *cast* – ficaram de fora os artistas que estavam exilados, como Caetano e Gil –, reunido especialmente para essa ocasião nos imensos estúdios de fotografia da revista".

A imagem era hollywoodiana, observou Midani. Mas necessitava de um título provocativo, que, após reunião com a cúpula nacional, ficou assim: "Só nos falta Roberto Carlos... Mas, também, ninguém é perfeito". Tirar da CBS o cantor que começava a ser chamado de Rei e que era o maior vendedor de discos do país parecia algo impossível. E era. Mas não custava tentar. "A gente não conseguiu contratar Roberto, porém o efeito da bravata no meio do *music business* tupiniquim foi tremendo, e passamos a ser considerados uma grande companhia, que vendia qualidade, com grande sucesso".

A contratação de Evaldo no final de 1970, portanto, mostrava prestígio e aposta em seus talentos vocal e musical. Além do Carnaval, claro.

FUNCIONAMENTO

Em 1970, a entrada do prédio da Phonogram, na Avenida Rio Branco, ficava sempre cheia de fãs, que esperavam os artistas chegarem para tietagem e pedidos de autógrafos – às vezes, os cantores vinham sozinhos, sem seguranças. A gravadora mantinha três estúdios, que funcionavam 24 horas por dia, de segunda a domingo, em turnos de revezamento de produtores, técnicos e músicos. Um desses espaços ficava no edifício vizinho, parede com parede, no 277, chamado de Estúdio Rio. Outro estava instalado no prédio 183, próximo à Rua Marques de Herval, a um quarteirão da sede da empresa. O terceiro, na Visconde da Graça, atrás da Central do Brasil.

Toda a gravadora ocupava quatro andares do edifício 311: 3º, 4º, 6º e 13º. No terceiro, ficavam a direção geral e de núcleos e o setor de relações públicas, promoção e imprensa. O quarto reunia administrativo, departamento de artes gráficas, recursos humanos, gerências, vendas, cobranças, serviços gerais e caixas para pagamentos. No sexto, funcionava o Departamento Internacional – que cuidava das estrelas mundiais da Philips – e o centro de "processamento de dados". No treze, o gerenciamento de discos instrumentais e de música clássica, bastante prestigiados na organização para fortalecimento e reputação da companhia. "O prédio tinha uma entrada linda, com portões pesados, hall grande, corredores enormes, onde se pegava os elevadores", lembrou a assessora de imprensa da gravadora na época, Maggy Tocantins.

Ela contou que, sem dúvida, na primeira metade da década de 1970 aconteceu a grande explosão da Philips no mercado fonográfico nacional, graças à reestruturação e ao comando do "gênio criativo" de Midani. "Ele trouxe muita gente boa para o selo, com a ajuda de Menescal – que conhecia toda a nata da MPB e fora um dos principais nomes do movimento musical da bossa nova – e de Jairo Pires, que conhecia também bastante artistas, entre os mais populares e que vendiam discos em grandes tiragens". Vários deles, a partir de determinado momento, queriam participar da gravadora, "fazer parte do nosso time, ter seus discos por lá porque dava prestígio. Coisas importantes foram feitas e lançadas até a primeira metade da década de 1980".

A concorrência não estava distante em qualidade e estrelas. As gravadoras CBS, Odeon e Copacabana ficavam no Rio de Janeiro, e a RCA-Victor, em São Paulo. A CBS, na Visconde do Rio Branco. A pequena Caravelle, que quase lançou o primeiro compacto de Evaldo, ficava na Rua Evaristo da Veiga, ao lado da gafieira Bola Sete, atrás do Teatro Municipal. Depois, mudou-se para a Rio Branco, 39 e 43, mesmo endereço da Copacabana, que a adquiriu em 1970. A Odeon tinha escritório no prédio grudado ao da Phonogram, na Rio Branco, 277, onde a vizinha tinha sala alugada e funcionava seu estúdio. "Ali, havia um café chamado Galeria dos Compositores, onde quem compunha ficava circulando, batendo papo, à espera de algum cantor, com fitas que entregavam na esperança de que fossem gravadas", recordou o produtor de arte e capista da Phonogram, Aldo Luiz de Paula Fonseca.

Fonseca contou que artistas como Evaldo ou mesmo nomes mais consagrados iam regularmente à sede da gravadora. Chegavam e saíam sozinhos, atendiam os fãs, sem o distanciamento e as barreiras que ocorreriam nas décadas seguintes. "O cantor subia, frequentava os corredores de todos os andares, havia interação grande, entrava nas salas, conversava com as pessoas comuns, sem estrelismos, ficava amigo da gente. Não havia ainda as figuras onipresentes do empresário e do assessor de imprensa. Existia um banquinho do café em frente aos elevadores, no quarto andar, ao lado da sala de produção nacional, servido por Tia Dagmar (Dag) e Tia Antônia, que todo mundo fazia questão de parar e beber. Éramos, sem dúvida, um grande time, que trabalhava redondo".

Roberto Silva, que começou na Phonogram em 1972 com 15 anos de idade, como office-boy, e sairia da empresa 35 anos depois na função de gerente de planejamento, não esqueceria do encanto de pessoa que era Evaldo dentro da gravadora. Ele adorava brincar com todos e até lhe deu um apelido, Arroz, por causa da cor branca e sem bronzeamento que o rapaz mantinha. "Ele me chamava assim e disse para apelidá-lo de Feijão, por causa da sua cor negra. Essa foi a forma para quebrar minha resistência de adolescente tímido e retraído. E era ele aparecer que logo só se falava Arroz para cá, Feijão para lá. Uma pessoa iluminada, sem dúvida". Roberto entrou na empresa graças ao fato de seu pai trabalhar na Philips Aparelhos e o Departamento de Recursos Humanos da Phonogram era o mesmo.

"Ele soube da vaga para estagiário e eu fui fazer a entrevista e fiquei".

Um dos maiores produtores musicais da história da Música Popular Brasileira, Jairo Pires cuidaria pessoalmente do primeiro disco de Evaldo. Ele nasceu em Ribeirão Preto, interior paulista. Tinha sido o responsável pela produção do primeiros discos de Roberto Carlos e trabalhou com Tim Maia na realização de nada menos que 13 discos. Pelas suas mãos passaram, ao longo de dez anos, uma constelação de astros; a maioria estreou com discos produzidos por ele: Alcione, Amelinha, Ângela Rô Rô, Baby Consuelo, Eduardo Dusek, Elba Ramalho, Erasmo Carlos, Fafá de Belém, Fagner, Jerry Adriani, Jorge Aragão, Lecy Brandão, Peninha, Pepeu Gomes, Reginaldo Rossi, Renato e seus Blue Caps, Robertinho do Recife, Sidney Magal, Wanderléa, Wilson e Soraya e Zé Ramalho, entre outros.

De rara sensibilidade musical e *feeling* para tirar o máximo dos artistas, Jairo era mago dos estúdios. Fazia arranjos como ninguém, entendia de música como poucos. Sabia sugerir o repertório certo, o arranjo ideal, o melhor instrumento, o detalhe preciso, perfeito. Amava rock e música negra americana. Era inventivo, criativo, além de paciente e negociador dedicado. Conseguia explorar cada um dos instrumentos e dos músicos que dispunha nos seus estúdios. Ele havia iniciado sua carreira na CBS, onde atuou como produtor e diretor artístico – e cuidou de Roberto Carlos. Ao longo de sua carreira, desempenhou as mesmas funções na Phonogram e na Continental/WEA. Foi premiado com vários discos de ouro, platina e diamante.

Quem fazia os arranjos de boa parte dos discos do selo Polydor – e cuidaria dos discos de Evaldo – era o maestro Edmundo Perucci (1918-1975), que trazia no currículo ter arranjado discos de nomes como Orlando Silva, Miltinho, Wilson Simonal e Clara Nunes, entre tantos outros. Natural de Santos, além de arranjador e respeitado flautista e trombonista, era também compositor. Sua carreira teve início em 1932, aos 14 anos, como trombonista de espetáculos circenses. Em 1935, trocou o instrumento pela flauta e, dez anos depois, fundou a Perucci e sua Orquestra, que acompanhava cantores em programas da Rádio Gazeta, de São Paulo, e se apresentava em bailes realizados na Grande São Paulo.

No mesmo ano, o grupo gravou o primeiro disco, pela Continental, com o choro *Perigoso* (Ernesto Nazareth) e a valsa

Em Pleno Estio (R. Firpo). Seguiram-se outros trabalhos, alguns de sucesso, como o samba-boogie *Dança do Boogie-Woogie*, de Carlos Armando, e o samba *Não Tenho Lar*, de Carlos Armando e Orlando Barros, ambos com vocal de Armando Castro. Em 1951, Perucci foi contratado pela Rádio Mayrink Veiga, onde ficaria por dez anos, no comando de várias orquestras radiofônicas. Ainda nesse ano, pelo selo Elite Special, lançou com sua orquestra os mambos *Italianinho* (Willy Franck e Gilberto Gagliardi) e *Caruaru*, parceria sua com Claribalte Passos.

Ao longo daquela década, Perucci gravou vários discos seus e de diversos cantores, que lhe deram cancha para se tornar respeitado arranjador nos anos de 1960 e 1970 – até morrer, em 1975. Entre 1957 e 1958, dirigiu a gravadora Discobras. Nesse ano lançou, ainda com sua orquestra, pela Polydor, o samba-rock *Rock sambando*, de Carlos Armando e Aires Viana, e o clássico do samba *Agora é Cinzas*, de Bide e Marçal. Em 1959 fez a trilha sonora do filme *Depois do Carnaval*, de Wilson Silva. Por fim, foi contratado pela Polydor para cuidar dos artistas na linha mais popular. Seu domínio e interesse por sopros fariam a diferença nos discos de Evaldo.

RITUAL

Jairo Pires recordaria os acertos para a primeira gravação de Evaldo. Na rotina da companhia, quando se ia decidir o repertório dos discos, "marcávamos uma reunião na minha sala, com a presença de Léo (Eliomar) Soares, que era o responsável na gravadora por receber os compositores e selecionar as músicas que ele achava que combinavam com nossos cantores". O elenco da Phonogram, explicou Pires, era enorme, por isso precisávamos fazer esse tipo de filtro e direcionar melhor as coisas. "Por isso, estabeleci que teríamos um funcionário que entendesse bastante de música para fazer esse trabalho tão relevante".

Não por acaso, portanto, a gravadora teve a dimensão que alcançou. "Léo recebia toda a minha grade de programação anual e cuidava de ir preenchendo, à medida que cada data de produção se aproximava ele fazia contatos com os compositores que conhecia ou falava com os novatos". Era um serviço de paciência e garimpagem. O funcionário precisava entender de música e do perfil da gravadora e de cada artista. "Eu exigia dele não trazer músicas com os nomes dos autores identificados para não me deixar influenciar, pois poderia passar algo realmente bom de um desconhecido", observou o produtor.

E funcionava bem o esquema. "Ele também ia atrás dos que conhecia, quando precisávamos completar um disco. Normalmente, trazia para a reunião de 30 a 40 composições. Ouvíamos pacientemente uma por uma, discutíamos possibilidades de arranjo. Se o disco estivesse ali, naquele bloco, tudo certo. Senão, Leo cuidava de completá-lo, ia atrás de outras composições". Em seguida, era feita reunião com o maestro Perucci. "Passávamos nossas ideias de como poderia ser cada arranjo. Ele anotava tudo, tínhamos liberdade para propor qualquer coisa, discordar ou debater o que dizia e quase sempre tudo fluía com tranquilidade e bastante entrosamento. Mas, por fim, deixávamos tudo à mercê de sua criatividade e do seu papel em escolher que instrumentos usar e quais músicos escalar. Havia confiança total nele nesse sentido porque Perucci era ótimo. Na hora de gravar, fazíamos os últimos ajustes dentro do estúdio".

Na época, a Phonogram tinha a mais moderna tecnologia em gravação do país, com estúdios de quatro canais. Tudo que se ouviu depois no primeiro disco de Evaldo foi proposital e cuidadosamente pensado, discutido, acertado, com a concordância de Pires. "Timóteo e Nilton César usavam bastante metais em suas gravações e fizemos do mesmo modo porque a intenção era mesmo termos nosso artista para fazer frente a ele. Como Evaldo trazia uma força muito grande na voz, algo absolutamente fora do comum, a gente dava aquelas paradas nas músicas, como marcação de efeito para que o resultado fosse o melhor possível. E deu certo, ficou ótimo".

Bastava, segundo ele, prestar atenção para perceber que seu *groove* (forma de ritmo) era muito forte. "Ao cantar, Evaldo ia bastante para frente, precisávamos acompanhá-lo ou freá-lo. Era muita voz para se sustentar com o arranjo. Assim, as respostas com os metais funcionavam de modo bem positivo". O produtor e o cantor sentavam com o maestro e pediam arranjos nesse sentido. "Tornou-se uma característica marcante nele. A gente estabeleceu uma linha bem definida para Evaldo, observe que suas músicas sempre tinham uma historinha com começo, meio e fim, com letras e refrãos fortes para combinar com o embalo que trazia no modo de cantar", observou Jairo.

Waltel Branco, que fazia os arranjos com Perucci, contou depois que criou as batidas marcadas pelo baixo (no jargão da época, o "pracundum"), tão presente em suas canções, para estabelecer uma divisão vocal que só Evaldo tinha. O cantor fez exatamente como combinaram e ficou perfeito. A voz também foi treinada – e melhorada – o que se perceberia com clareza de um disco para o outro. Até Nelson Gonçalves serviu de exemplo oposto para definir seu jeito de interpretar. Enquanto este fazia registros mais agudos, Evaldo impôs os seus mais graves, com orientação do produtor.

Mas como defini-lo musicalmente? Havia sinais de que Evaldo era essencialmente um roqueiro, como se notaria na maioria das faixas que gravou? "Evaldo tinha uma veia de roqueiro, sem dúvida, mais do que sambista ou outro gênero qualquer. Ele passava o tempo com aquela intensidade que emanava dele", ressaltou Jairo Pires. "Havia um estilo singular nele, a personalidade forte, condizente com a voz e a energia, a emoção que ele imprimia em cada música. Afinal, estamos falando de um fenômeno musical. Fenômenos são raros. Nunca existiu outro cantor ou cantora assim, nem antes nem depois dele", afirmou o produtor.

Após alguns testes de estúdio, a equipe de produção de Phonogram começou o planejamento do primeiro disco. Evaldo tinha pressa, estava ansioso, queria gravar logo e se mostrou colaborador todo tempo, estava aberto a aceitar sugestões de todos porque sabia que estava em boas mãos no meio de "feras" do mercado musical em todas as etapas da gravação. A Phonogram, acreditava, tinha brilho próprio no meio de todas as companhias, fazia o novo, o diferente, o ousado, sempre com a melhor qualidade possível, porque tinha uma marca em reconstrução, respeitada e, como queria Midani, tornou-se temida. "Não foi difícil escolher o repertório, pois ele mesmo foi atrás da maioria das canções", observou Jairo.

Algumas músicas vieram da sugestão de Léo Soares. "Evaldo tinha uma confiança tremenda, sabia o que queria cantar e fazia as coisas parecerem fáceis. Ao perceber isso, fizemos a base e a orquestração de todas as músicas. Fechamos tudo em uma semana e ele colocou a voz em apenas dois dias, em sessões que duravam seis horas", recordou o produtor. O próprio Jairo sugeriu o nome do disco *Evaldo Braga – O Ídolo Negro*, título que valeu ao cantor o apelido pelo qual ficou popularmente conhecido. As gravações foram realizadas no estúdio que ficava na Visconde da Graça, atrás da Central do Brasil, com direção de produção da dupla Jairo Pires e Eustáquio Sena. Os arranjos ficaram com o talentoso Waltel Branco, sob a coordenação do maestro Perucci. Na direção de estúdio, atuou um garoto que seria fundamental para a história da música brasileira nas três décadas seguintes, principalmente no rock: Marco Mazzola. Ele fez também a função de técnico de gravação, juntamente com "Toninho" – seu nome não aparecia completo na ficha. Para cuidar da foto da capa e da contracapa, o diretor de arte Aldo Luís chamou um dos muitos fotógrafos free-lancers da Phonogram, que assinava apenas como Tobias. "Havia poucos estúdios de qualidade no Brasil. Por isso, quem estava começando gravava no turno da madrugada. Mas havia aqueles nomes importantes que também preferiam esse horário", observou Maggy Tocantins.

FAIXAS

Mais do que cantor de voz singular, forte e marcante, Evaldo apareceria bem como compositor, o que o diferenciava, por exemplo, de Timóteo, que não compunha o que gravava. O resultado seria um disco essencialmente autoral. Ele fez sozinho *Eu Nunca Pensava, Hoje Nada Tens Pra Dar* e *Quantas Vezes* – a mesma que registrou para o compacto na RCA-Victor e que acabou engavetado. Na faixa *Só Quero*, que seria seu primeiro hit pela Polydor, ele dividia a autoria com Carmem Lúcia pela terceira vez. E compôs *Meu Deus*, com César Saraiva da Silva, o Cesão. Era um disco quase conceitual, em que todas as músicas falavam entre si, interligadas por elementos que, mesmo sendo de outros autores, traziam ecos da infância do cantor, marcada pela pobreza extrema e pelo abandono de amor.

A abertura do lado A trazia *Meu Deus,* de Dante e Alcides de Oliveira. A canção tinha na introdução uma batida próxima à que Osmar Navarro, arranjador da RCA-Victor, fazia para Waldick

Soriano. Até entrar a orquestra, ele soltar a voz e passar a fazer a marcação de modo marcante, no final de cada verso, quase como um soprano. A música se mostraria a escolha acertada para abrir o disco, pois foi a primeira a ser trabalhada na divulgação, quando o LP saísse, pois seria precedido de um compacto.

No meio da primeira música, uma misteriosa voz de um suposto locutor de rádio, amigo de Evaldo, recitava um trecho da letra – a mesma pessoa faria isso em mais cinco das doze faixas do disco – as três primeiras do lado A e duas do B – e reaparecia no segundo LP; isso se tornaria uma marca registrada de Evaldo, além de criar um mistério sobre sua autoria, alimentado por jornais, revistas e apresentadores de rádio e de TV. A identidade ficaria desconhecida pelas quatro décadas seguintes. Jairo Pires disse depois que se tratava de um amigo de Evaldo, Carlos Guarany, diretor de programação da Rádio Globo e que, depois, dirigiria a RCA-Victor. Abençoado com uma das mais belas vozes do rádio e da TV, Guarany fazia apenas locução, jamais trabalhou como disc-jóquei.

O tema da letra de *Meu Deus* era o sofrimento de alguém que sentia a falta da mulher amada e pedia ajuda ao Todo-Poderoso para que ela retornasse a seus braços. Poderia até ter sido composta por Evaldo, tamanha a identidade de seu estilo com a música. Sua interpretação se revelou arrebatadora e cumpriu bem sua função de causar impacto como primeira faixa do disco:

> *Meu Deus!*
> *Ela me deixou chorando*
> *E hoje vivo lamentando*
> *Pelo seu sincero amor*
> *Eu sei, que viver sem este amor*
> *É uma longa tortura*
> *Eu prefiro morrer*
> *Na terra aqui se faz, aqui se paga*
> *Pois bem sei que estou pagando*
> *O que fiz à minha amada*
> *Meu Deus!*
> *Eu pergunto a todo mundo*
> *Por onda anda meu amor, eu não sei*
> *Brigamos sem querer por nada*

O seu nome trago no meu pensamento
Isso para mim é um sofrimento
Eu a chamava de querida, meu amor
Quero que digas a ela, Meu Deus!
Que ela volte, por favor

    A segunda faixa, *Vem Cá*, foi composta por Isaías Souza e oferecida a Evaldo por Léo Soares. Isaias não era dos compositores mais conhecidos, embora tivesse iniciado sua carreira artística no começo da década de 1960. Precisamente em 1963, quando seu bolero *Ainda Podemos* foi gravado pelo cantor Carlos Alberto, em LP, pela CBS. A balada *Que Vida Levo Eu*, gravada por Roberto Livi, foi incluída no LP *As 14 mais - Vol. XVII*, lançado em 1965 pela CBS. No ano seguinte, a também romântica *Ela Tem que Ser Meu Bem* apareceu no disco de Sérgio Murilo, outro astro da RCA-Victor. Dois anos depois, teve duas músicas lançadas por Carlos Nobre no LP *O Seresteiro Moderno: Um Grande Amor no Carnaval*.

    Mas seria com Evaldo a revelação do talentoso Isaias como especialista em compor hits ao gosto das massas. No caso de *Vem Cá*, a canção era mais positiva e falava de saudade, sem entrar no drama da perda e do abandono, abordagens que Evaldo tanto gostava, como se veria nesse e no próximo disco – além dos dois compactos anteriores. Era patente na gravação a presença de coral feminino da Phonogram para marcar a introdução – na verdade, tratava-se do Coral de Joab, grupo que se consagrara por causa da Copa do Mundo de 1970, no México, com a marcha *Pra Frente Brasil,* acompanhado da Orquestra de Guerra Peixe. Embora a letra trouxesse versos simples, a impostação de voz exigiu bastante de Evaldo, em uma de suas melhores performances no álbum:

Vem que o amor te espera
Ternura e quimera
Tudo de bom que existe
Trago para te dar
(Refrão)
Venho pra dizer que amo
Tua ausência reclamo
Já cansei de chorar

(Refrão2)
Vem já me sinto cansado
Vou sofrendo calado
Já não posso lhe ver
(Refrão)
(Solo)
"Vem cá meu bem, eu te quero para mim"
"Vem meu amor, seja humilde como uma flor"
(Refrão2) (Refrão)

  Outra parceria que Evaldo deu a Carmem Lúcia, *Quantas Vezes* fora gravada para o compacto da RCA-Victor, junto com *Eternamente*, mas cancelado pela gravadora, como já foi dito. Evaldo resolveu reaproveitá-la na Polydor. Essa foi uma das poucas músicas do primeiro disco que não virou sucesso. A letra era estranhamente macabra e uma das várias de seu repertório que falava como se a vida fosse breve e a morte próxima demais, como aconteceria no seu caso. Em uma das passagens, ele cantava: "Quantas vezes tu choraste por meu amor, quero saber muito antes de partir". A partida, nesse caso, era para sempre, significava a morte, como se via no conjunto dos versos:

Quantas vezes tu choraste por meu amor
Quero saber muito antes de partir
Quantas vezes tu deixaste de dormir
Fique sabendo que em minha vida isto eu vou sentir
(Refrão)
Meu amor neste momento eu vou perder
Mas isto é bom para que eu possa em vida entender
Que um grande amor não se maltrata
Pois eu tenho um dever minha amada
Que não fazer te sofrer
Agora que eu estou tão arrependido
Em ter teu coração ferido
Sem merecer o teu perdão
(Refrão2)
Quando estiveres distraída
Pense só em mim, querida

Quero estar sempre em teu coração
(Solo)
Quantas vezes tu choraste por mim
Quero saber muito antes de partir
Quantas vezes tu deixaste de dormir
Fique sabendo que em minha vida isto eu vou sentir
Quantas vezes, quantas vezes meu amor
(Refrão) (Refrão2) (Bis)

O conflito de classes, tão presente na chamada música cafona ao longo da década de 1970 nas composições de Odair José, Fernando Mendes, José Augusto, José Ribeiro, Lindomar Castilho e Reginaldo Rossi, marcou os versos de *Eu Amo a Sua Filha, Meu Senhor*, mais uma composição do produtivo e incansável Osmar Navarro – que cedia músicas para Evaldo, embora fosse produtor da RCA-Victor.

Cantada em ritmo de balada, a letra falava do sujeito humilde que se queixava do desprezo por causa de sua condição social e "de cor" que recebia do pai da moça por quem estava apaixonado – e era correspondido. "Sou humilde, sem fortuna, reconheço/Mas honrado, otimista e bom amigo", dizia um trecho. Por isso, o apelo que ele fazia ao futuro sogro, nesse melodrama musical que virou referência no gênero:

Eu não sei, porque seus pais não compreendem
Que nós dois, nos adoramos de verdade
Não concordam com a nossa união
Simplesmente por orgulho ou vaidade
Sou humilde, sem fortuna, reconheço
Mas honrado, otimista e bom amigo
Seu desprezo pouco caso eu não mereço
Vou mostrar com meu valor, o que eu consigo
(Refrão)
O amor não tem pátria ou preconceito
É divino, puro e simples, meu senhor
Nesta vida todos nós temos direito
De escolher alguém pra ser o seu amor
Sua filha me quer bem, estou contente

> *Para mim, é joia de grande valor*
> *Se o senhor, vai dá-la a alguém futuramente*
> *Seja prudente, dê pra quem lhe tenha amor*
> *(Refrão)*
> *Se o senhor, vai dá-la a alguém futuramente*
> *Seja prudente, dê pra quem lhe tenha um grande amor*

O maior hit do disco e uma das músicas mais importantes de toda a carreira de Evaldo estava reservado para a penúltima faixa do lado A, com a "arrasa-quarteirão" *A Cruz Que Carrego*, de Isaías Souza, para alguns seus maiores sucessos e, sem dúvida, a melhor interpretação. Destaque absoluto do disco, a faixa era interpretada com impressionante maturidade e personalidade por ele, com arranjo perfeito em que a letra se encaixava perfeitamente. Não seria exagero afirmar que talvez a carreira de Evaldo tivesse tomado outro rumo se seu LP de estreia não trouxesse essa canção.

O trabalho de Perucci, sem dúvida, fez toda a diferença. De tudo que Evaldo gravou, essa foi a letra mais elaborada e poética, dentro do modelo musical que ele ajudou a consolidar e a consagrar, entre o cafona desbocado de Waldick, Lindomar e Odair e a fossa contida de Timóteo e Nilton César, com certa ambição para falar de alguém que está cansado de sofrer por um amor que já morreu – no sentido de ter acabado, não da morte de verdade. Parecia ter sido feita pelo próprio Evaldo, com carga dramática e autobiográfica impressionantes que imediatamente poderiam ser remetidos à sua solidão infanto-juvenil de órfão e que ganharia mais força quando o público soube da vida difícil do cantor.

A identificação que a multidão de admiradores teria com seus versos e o ritmo de balada tornaram esse clássico uma das músicas mais tocadas da década de 1970:

> *Sinto que é grande a tristeza*
> *E intenso o inverno*
> *O meu destino cruel*
> *Me expõe ao inferno*
> *Em nada mais posso crer*
> *Para mim nada existe*
> *Somente eu sei dizer*

Por que vivo tão triste
Sinto a cruz que carrego bastante pesada
Já não existe esperança
No amor que morreu
A solidão, amargura
Desprezo e mais nada
Vou amargando a sorte
Que a vida me deu
Vou caminhando tão triste
Na noite escura
Meu coração vai sofrendo
Minha alma murmura
Quem de amor me chamava
Na hora da ceia
Quem de mim tanto gostava
Agora me odeia
Sinto na cruz que carrego bastante pesada
Já não existe esperança
No amor que morreu
A solidão, amargura
Desprezo e mais nada
Vou amargando a sorte
Que a vida me deu

Um acordeom abria a claramente erotizada balada *Não Atenda*, que, não se sabe o motivo, a censura deixou passar, uma vez que sexo era uma obsessão para os senhores da tesoura. Em sua letra, o narrador pedia (insinuava) à amada para não o abandonar (na cama) para ver quem tocava a campainha de sua casa – seria o "outro" um velho amor ou o namorado "oficial" da jovem? – para não atrapalhar o intenso momento de amor (e sexo?), que os dois viviam naquele momento. O tom de apelo e drama por causa do amor incompleto, mesmo assim, estava presente. Sem dúvida, uma das mais fracas composições do disco. Menos pela melodia e belo arranjo e mais pela letra, em que a história contada não se amarrava e o tema parecia forçado:

Não atenda a campainha, por favor

Não atenda a campainha, meu amor
Agora eu vou pedir um favor
Não quero que você atenda a porta
Pois isso pode atrapalhar nós dois
E essa campainha que espere
A gente pode ver quem é depois
O tempo é muito pouco pra quem ama
Por isso a gente tem que aproveitar
E esse alguém que use o telefone
Ou volte então depois a nós chamar
(Refrão)
Quero estar com você
Isolado do mundo
Quero dar pra você
Meu amor mais profundo
Olha nos meus olhos e compreenderá
Que há muito tempo eu desejava te beijar
Peço-lhe o favor tente compreender
Se você sair eu vou sofrer
(Refrão)
Não atenda a campainha, por favor
Não atenda a campainha, meu amor

OUTRO LADO

O lado B do disco abria com a transposição para o português que Sebastião Ferreira da Silva fez do sucesso internacional *Lucky People*, de A. Chinick, rebatizada de *Eu Desta Vez Vou Te Esquecer*. Apenas a melodia original foi preservada. O resto fazia parecer que se tratava de uma das composições do próprio Evaldo, uma façanha dos produtores do disco, com a temática que ficaria conhecida em quase toda a sua obra: a vingança ou a superação de quem fora abandonado pelo grande amor de sua vida:

Eu desta vez vou te esquecer
Cansei de tanto esperar em vão
E nunca mais quero te ver

> *Você não merece meu coração*
> *(Solo)*
> *Por te querer sofri demais*
> *Por teu amor até chorei*
> *Sei que agora quer voltar*
> *O que passei me fez jurar*
> *(Refrão)*
> *Milhões de vezes te avisei*
> *Que o nosso amor iria ter fim*
> *Você não quis acreditar*
> *Agora vai ter que chorar*
> *(Refrão) (Bis)*

Cantor, compositor, violonista e percussionista, Eustáquio Sena foi assistente de produção de Jairo Pires nesse LP – no ano seguinte, iria para a gravadora Som Livre, onde assinaria a produção musical do disco *Acabou Chorare*, a obra-prima do grupo Os Novos Baianos e um dos clássicos da MPB. No disco de Evaldo, ele participou também com a sua composição *Eu Nunca Pensava*, uma das poucas que não fizeram sucesso do disco. Mesma assim, era uma bonita balada sobre abandono e sofrimento:

> *Ela me amava*
> *E eu a queria*
> *E me encantava*
> *Quando sorria*
> *Depois foi embora*
> *Deixando o sofrer, o sofrer, o sofrer*
> *Eu vivo esperando*
> *Que ela volte a mim*
> *Eu nunca pensava*
> *Que ela pudesse*
> *Sair com outro*
> *Sem que eu soubesse*
> *Deixou-me sozinho*
> *Sempre a sofrer, a chorar, a esperar*
> *Um amor impossível*
> *Dela para mim*

(Refrão) (Bis)
Não, não me esqueço
Das juras de amor
Tudo fiz, muito fiz
E ela me deixo o-ô-o rro-rro-rro-rro-rrou
Não, não mereço
Ficar a chorar
Tão triste
E por ela, esperar

Esmero e capricho não faltaram à gravação de *Por que Razão*, de Haylton Ferreira – aquele mesmo que divulgou os dois compactos que Evaldo lançou pela RCA –, um baladão romântico orquestrado, com a participação, mais uma vez, das sopranos do Coral de Joab. Clássico da fossa e da cafonagem *soft*, a música chegou a ser razoavelmente tocada nas rádios e apreciada por quem gostava de ouvir todo o disco:

Por que razão já não me queres mais
Por que razão você mudou demais
Por que razão quero saber amor
Se de você não esquecerei jamais
A vida inteira eu sofri assim
Será meu Deus que isto não vai ter fim
Por que razão eu já não sei porque
Por que razão só penso em você
(Refrão) (Bis)
Por que razão amor, já não, não suporto mais
Por que razão eu lhe pergunto
Será que existe outro rapaz
Meu bem, espera
Você voltar
Mais se não acontecer amor
Eu vou chorar

A drástica *Meu Delicado Drama*, outra composição de Isaías Souza – que pareceu ter incorporado o estilo de compor de Evaldo –, era uma pérola em dramaticidade e frustração amorosa. Chegava a falar em suicídio por causa de uma desilusão amorosa. Um Evaldo mais leve em algumas passagens, em contraposição às subidas de tom, quase aos gritos, trazia um arranjo dançante que parecia mais uma valsa:

> *Vou acabar a minha vida*
> *Que só me dá desgosto*
> *Lágrimas no meu rosto não param de rolar*
> *O mundo sente meu delicado drama*
> *Meu coração em chamas cansado de chorar*
> *Ela me disse assim*
> *Procure esquecer*
> *O que passou, passou não quero mais te ver*
> *Oh meu deus*
> *Não há no mundo enfim*
> *Quem sofra como eu*
> *Ela gritou pra mim*
> *O nosso amor morreu*
> *Vou por aí*
> *Vou sem destino*
> *Sem esperança ainda*
> *Do nosso amor que finda*
> *Só pra me destruir*
> *Felicidade pra mim já não existe*
> *Vou caminhando triste*
> *Ao mundo vou fugir*
> *Ela me disse assim*
> *Procure esquecer o que passou, passou*
> *Não quero mais te ver*
> *Ohhhhhh meu deus*
> *Não há no mundo enfim quem sofra como eu*
> *Ela gritou pra mim*
> *O nosso amor morreu*

Composta a seis mãos, por Carlos Odilon, Jair Rodrigues e Orlando Marques Filho, *Hoje Nada Tens Para Dar* consolidou a amizade entre Evaldo e Jair. Os dois se conheceram nos bastidores do programa *Discoteca do Chacrinha*, da TV Globo, no ano anterior. O próprio Jair lhe ofereceu a música. Então, um dos mais queridos cantores do país, que chegou a ter um programa de TV com Elis Regina, *Dois na Bossa*, na TV Excelsior (nesse ínterim ele foi pra Record, rebatizado como *O Fino da Bossa*, e depois retornou à Excelsior com o nome original de *Dois na Bossa*), na década anterior, ele teve empatia imediata com aquele jovem negro quase menino, afinadíssimo, que impressionava a todos, pois parecia não fazer o menor esforço para cantar e tinha um astral que contagiava todo mundo.

Era, sem dúvida, uma das mais belas letras e canções do disco. Pode não ter tido o êxito esperado, mas marcou o álbum de estreia de Evaldo por sua qualidade e melodia, ao falar do sujeito que cobrava da ex-namorada as razões que a levaram a terminar a relação e o deixava tão mal, quase aos prantos e sozinho:

> *Por que razão já não me queres mais*
> *Por que razão você mudou demais*
> *Por que razão quero saber amor*
> *Se de você não esquecerei jamais*
> *A vida inteira eu sofri assim*
> *Será meu Deus que isto não vai ter fim*
> *Por que razão eu já não sei porque*
> *Por que razão só penso em você*
> *(Refrão) (Bis)*
> *Por que razão amor, já não, não suporto mais*
> *Por que razão eu lhe pergunto*
> *Será que existe outro rapaz*
> *Meu bem, espera*
> *Você voltar*
> *Mais se não acontecer amor*
> *Eu vou chorar*

O disco foi fechado com *Só Quero*, mais uma de Evaldo e Carmem Lúcia, que se tornaria um de seus clássicos, em que arranjo, letras e interpretação se combinavam com harmonia rara, em ritmo cadenciado que misturava rock com balada. Um dos destaques no acompanhamento foi a orquestra de fundo, com os contrapontos dos sopros que marcaria toda a obra do cantor. A letra era uma das mais dramáticas feitas por ele, em que um desesperado rapaz, de voz estridente, implora para ver um amor que não sabe onde está e sente bastante falta:

> *Eu só quero é lhe ver*
> *Para nunca mais chorar*
> *Pois distante de você*
> *Não consigo mais ficar*
> *Minha vida é vazia*
> *Já nem posso mais cantar*
> *Vivo sofrendo querida*
> *E a todos reclamar*
> *Que o destino acabou*
> *Todo nosso imenso amor*
> *E agora o que farei?*
> *Pois nem mais sei quem eu sou*
> *Nesta cidade, todos têm felicidade*
> *Só eu fico a lamentar*
> *Eu só quero é lhe ver*
> *Mas você onde andará*
> *Pois lhe dou minha palavra*
> *Só lhe peço, por favor*
> *Creia em mim sinceramente*
> *Em nome do amor*
> *Neste momento você*
> *Sei que está a me escutar*
> *Eu só quero é lhe ver*
> *Para nunca mais chorar*
> *Eu só quero é lhe ver*
> *Mas você onde andará*
> *Eu só quero é lhe ver*
> *Mas você onde andará*

CAPA

Assim que as gravações foram concluídas, Evaldo foi

encaminhado para conversar com o diretor de arte Aldo Luiz de Paula Fonseca, com quem deveria colaborar na produção da capa do LP. "Eu fazia capas para mais de duzentos de artistas naquela época, e Evaldo deveria ser apenas mais um deles, mas chamou minha atenção pelo jeito diferente como tratava a todos. Era expansivo, sem máscaras, à vontade, como se fôssemos velhos amigos, depois de cinco minutos de conversa. Chegou e disse que deixava tudo por minha conta", recordou Aldo Luiz, 45 anos depois. Após breve bate-papo, ele escalou o fotógrafo Tobias para fazer o ensaio e combinou para acompanhar a sessão de fotos, como gostava de fazer com todos os artistas, sempre que conseguia conciliar seu tempo.

O diretor de arte não se lembraria de Tobias nem do seu sobrenome. "Era muita gente trabalhando com a gravadora. Eu usava muitos fotógrafos, havia muitos deles em busca de trabalho e eu abria espaço para todos que nos procuravam. O sujeito chegava com um portfólio e eu dizia: 'Aqui funciona assim: quem fizer bem, fica; quem não trabalhar direito, tentamos uma segunda vez'". Era preciso passar o artista para a pessoa certa, explicou. No caso dos cantores da Polydor, Aldo buscava alguém que tivesse sensibilidade para lidar com samba ou "com a coisa do povão". Ele não se esqueceria da impressão que ficou de Evaldo. "Eu disse para Jairo Pires: 'Esse cara vai explodir, vai ser um sucesso arrebatador, Roberto Carlos que se cuide. Não deu outra".

E seu entusiasmo não diminuiria do primeiro para o segundo disco. "Evaldo era uma pessoa formidável, boníssima, simplíssima, nasceu daquele jeito, para ser artista, com uma voz fora de série, espetacular. Não posso fazer elogios de menos. Ele tinha umas certezas que só as estrelas possuíam. Ele dizia: 'Quero fazer assim, assado, vestir-me dessa forma'. A pulseira e o terço não foram adotados para, no futuro, virar a sua marca. Já eram desde o momento que os colocou. Tinha intuições sobre tudo, até das roupas que vestia. Os artistas com esse perfil são tão raros que chegam prontos. Evaldo era um *superstar*, daqueles que costumam ser meteóricos, passam, deixam sua marca e vão embora logo".

A Phonogram vivia naquele momento, segundo Aldo, o grande momento da sua história no Brasil, capitaneada por André Midani. "Ele tinha uma cabeça fantástica, diferente, e transformou a empresa em uma supergravadora". Uma de suas inovações foi criar o

Departamento de Arte, que depois seria copiado pelos concorrentes. Aldo contou inicialmente com dois arte-finalistas e um revisor. O convite a ele, feito pelo próprio Midani, veio de modo curioso.

Depois de cursar Belas Artes, Aldo foi estudar artes gráficas a partir da ideia do pintor Candido Portinari (1903-1962) de que essa área – impressão – podia multiplicar infinitamente o que a pintura trancava em um só quadro.

Em 1969, um tio seu, que era executivo do Banco Nacional, bem-intencionado e no esforço de abrir portas para o sobrinho, encomendou-lhe um cartaz sobre alguma atividade ou serviço da instituição. Não se deu conta que teria de passar pela agência de publicidade, que cuidava da conta do banco; esta reclamou e conseguiu que o pôster fosse imediatamente retirado das agências. Mas deu tempo para que Midani o visse e pedisse a um assistente que localizasse o autor, pois o queria na Phonogram para melhorar o visual dos discos. Ficou combinado, desde o começo, que o setor estabeleceria dois estilos de capas, de acordo com o perfil de cada artista. As mais elaboradas e sofisticadas – e com mais custos, claro – seriam feitas pelos cantores conceituados junto à crítica e que traziam o rótulo Philips.

Para os demais, da Polydor, deveria ser tudo mais simples, pois precisavam se comunicar mais facilmente com a faixa de público que comprava os discos do selo. Evaldo entrou nesse grupo, claro. Por isso, a capa azul do primeiro disco é de uma simplicidade que não passa seu jeito despojado e alegre de cantar, segundo Aldo. A compensação estava na contracapa, que bem poderia ter sido a principal. "Aquela pose de Evaldo em 3D, digamos assim, inclinado para o lado e com os braços abertos nasceu de uma brincadeira no estúdio. Ele gostava de dançar no Chacrinha, chamava atenção seu jeito, e pedimos para que fizesse alguns movimentos. Achamos que aquela foto tinha mais a ver com seu estilo. Infelizmente, não pudemos ousar mais porque havia uma pressão da direção para manter o padrão 'pobre' para os artistas mais populares". Por isso, o verso saiu em preto e branco. "Eu queria fazer uma capa superbacana de Evaldo, mas me disseram que o 'povão' não ia entender", acrescentou.

Aldo e Evaldo decidiram que teria um azul-claro ao fundo. "Eu conversava bastante com cada artista, principalmente os novatos.

Queria saber de onde veio, quem era, o que pensava. A ideia era ter uma noção da pessoa com quem estava lidando, para quem estava trabalhando e, daí, fazer a capa. No seu caso, ele não deu pitaco no resultado final, mas participou bastante das fotos". Quando vinha o segundo disco, observou o capista, tinha-se relação mais próxima com o cantor ou cantora. "O artista sumia, ia divulgar o disco, fazer shows. A gente se reencontrava na capa seguinte. Os cantores diziam que a minha presença descontraía e dava segurança na hora das fotos. O fotógrafo também gostava. "Sentia-se mais seguro para não errar porque corrigíamos tudo ali. Por isso, eu procurava não faltar e gostava dessa etapa da produção".

Talvez a gravadora tivesse alguma razão quanto à simplicidade para vender discos, pois Evaldo deixou a matriz da Phonogram na Alemanha bem feliz quando seu primeiro compacto, que veio antes de *O Ídolo Negro*, com a música *Só Quero*, passou os 250 mil exemplares vendidos em apenas três meses. Ele, sem dúvida, só precisava daquela oportunidade para fazer a gravadora virar de cabeça para baixo, como prometeu certa vez.

Capítulo 8

NÃO VOU CHORAR

EVALDO BRAGA

"NUNCA MAIS, NUNCA MAIS"
"MEU DEUS"
"A CRUZ QUE CARREGO"
"EU DESTA VEZ VOU TE ESQUECER"

Os olhos verdes da cor límpida e cristalina do mar, estampados na capa da edição da revista *Manchete* de 25 de novembro de 1967, na foto de Gil Pinheiro, fizeram da jovem Margareth Medeiros Tocantins uma celebridade nacional. Ao menos no decorrer da semana em que a revista circulou em todo país. A publicação de Adolfo Bloch havia desbancado *O Cruzeiro* naquela década e liderava as vendas entre as semanais. Havia um motivo especial para a jovem que acabara de sair da adolescência estar ali: tinha sido eleita, no dia 6 daquele mês, *Miss Senhorita Rio 1968*, no concurso promovido pelo jornal *O Globo* e patrocinado pela companhia aérea francesa Air France.

Não era das competições de beleza mais famosas, mas costumava mudar a vida da ganhadora graças à força do jornal e da emissora do mesmo grupo, a TV Globo. Maggy, como todos a chamavam, então, estudante de jornalismo e estagiária do diário que pertencia a Roberto Marinho (1904-2003), não viria se tornar uma atriz ou celebridade de projeção. Construiria, porém, a carreira de muitas das pessoas famosas. Principalmente da música – cantores e bandas.

Nascida na cidade gaúcha de Passo Fundo, em 11 de janeiro de 1948, e uma das três meninas do casal, ela tinha cinco anos quando toda a família se mudou para o Rio de Janeiro, em 1953, em busca de novas oportunidades de trabalho. Depois de fazer o ginásio e o básico, foi estudar jornalismo na Faculdade de Filosofia da UFFM, na Avenida Antônio Carlos, onde a formação era apenas uma cadeira de especialização do curso de Filosofia, pois não havia ainda cursos dessa área. Sua formatura aconteceu em 1969. Dois anos antes, no entanto, sua vida começara a tomar outro rumo quando se inscreveu no Senhorita Rio e se tornou uma das 40 lindas jovens cariocas classificadas para a final, todas na faixa de 16 anos de idade.

Sem qualquer experiência, elas enfrentaram a passarela da cervejaria Canecão, em busca do cobiçadíssimo título. O evento tinha sido criado havia poucos anos como parte do projeto de *O Globo* de se aproximar mais da comunidade. Logo se tornou prestigiado pela alta sociedade do Rio de Janeiro, de onde vinha a maioria das moças. Além de um prêmio de cinco mil cruzeiros, a campeã ganhava uma viagem com acompanhante para Paris, oferecida pela Air France. Em contrapartida, deveria participar de diversos eventos promovidos pelo jornal até o concurso seguinte. Da mesma forma que acontece com os concursos Miss Brasil e Miss Universo.

Maggy, excepcionalmente, também seria a garota-propaganda da Air France no Brasil durante o ano de 1968, com agenda extensa e mensal de eventos em Paris, para onde seria levada com cachês e hospedagem pela empresa aérea. Tudo surgiu por mero acaso. "O presidente da companha veio fazer um voo inaugural de uma nova linha no Rio com um de seus aviões mais possantes e acabou por acompanhar pessoalmente o concurso". Além de gostar da organização da festa, o executivo ficou encantado com o jeito extrovertido e falante da vencedora. "Por isso, fui várias vezes a Paris", contou ela.

A experiência nos eventos do jornal deu tão certo que Maggy virou funcionária contratada de *O Globo* e passou a fazer parte do departamento de promoções. A jovem, entretanto, não abriria mão de terminar a faculdade e a formação complementar em jornalismo, que a levou a ser estagiária da redação do jornal. Ali, aliás, nesse posto, viveria, entre 1969 e 1972, uma experiência das mais curiosas naqueles tempos de repressão. E estava ligada ao grave momento do país porque, em 13 de dezembro de 1968, o Regime Militar havia decretado o Ato Institucional nº 5, o apavorante AI-5, que deu poderes extraordinários ao Presidente da República, General Costa e Silva, que fechou o Congresso Nacional e suspendeu várias garantias constitucionais, cassou os direitos políticos de cidadãos por dez anos e suspendeu mandatos eletivos federais, estaduais e municipais. Se não bastasse, Costa e Silva estabeleceu a censura prévia em todas as formas de comunicação. Ou seja, nada podia ser publicado, irradiado ou televisado sem ser visto antes por censores da Polícia Federal. Assim aconteceu, claro, no jornal *O Globo*. Armando Nogueira, chefe de redação do diário, por sugestão dos colegas, deu a Maggy uma missão das mais desafiadoras: todos os dias deveria fazer com que sua simpatia e seus olhos verdes desviassem a atenção dos quatro censores que, pontualmente, às 19h, apareciam na redação para vistoriar as matérias do dia seguinte e vetar um bom número delas – trechos ou integralmente.

Brincalhona e expansiva, a estagiária sabia o que tinha que fazer. Falava muito, sorria, brincava, distraía os sisudos senhores – três agentes homens e uma mulher. E virou o encanto da famigerada Dona Solange Hernandez, uma das mais temidas e famosas censoras da Ditadura, que virou lenda do jornalismo carioca. "Ela me adorava, dizia que eu era 'maluquinha'", contou Maggy. Os outros censores, porém, desconfiaram que tinha alguma armação por trás daquela estagiária bonita e atraente, encarregada de intermediar um trabalho tão importante para o jornal e com tão pouca idade, quase uma menina. "A senhorita de novo?", reclamou um deles, no segundo dia.

Maggy não titubeou. "Sim, eu trabalho aqui. Vim hoje, virei amanhã e virei todo dia. Essa é a minha função, ganho para isso", disse, sem perder a calma e com impressionante firmeza e tranquilidade. E acabaram por aceitá-la. Quando os censores precisavam tirar alguma dúvida, ela levava ao diretor ou chamava algum editor. "Sempre que eles chegavam, a portaria estava orientada a nos avisar. Alguém corria, me chamava e dizia: 'Maggy, está na sua hora'. Mas eu não sentava no colo de ninguém. Era uma tarefa como outra qualquer. Minha obrigação incluía ser simpática com todos, mesmo com os censores. De modo geral, por dizerem que era bonita e ter vencido o concurso, eu me sentia cercada de leões, mas não me tocava em relação às gracinhas e cantadas que recebia, não ligava para o que chamavam de beleza. Não fiz do meu troféu de Senhorita Rio uma forma de levar vantagem na vida".

Pelo contrário, Maggy se esforçava para mostrar que não era só uma carinha bonitinha. Nesse momento tinha alguma experiência com reportagem de jornal. Tanto que migrou para a TV Globo também, e passou a dividir seu tempo entre o diário e a emissora. Marcaria sua memória a cobertura que fez da morte do estudante Edson Luís de Lima Souto, de 18 anos, secundarista assassinado por policiais militares durante um confronto no restaurante universitário Calabouço, no centro do Rio, em 28 de março de 1968. O crime parou o país, e marcou o início do ano turbulento de intensas mobilizações estudantis contra o Regime Militar, que intensificou a repressão até decretar o AI-5. "Comecei na cozinha, como apuradora. Depois, produção, até que passei a ir para a rua". Nessa época, lembrou ela, o repórter não aparecia no vídeo. Apenas se via a mão com o microfone próximo à boca do entrevistado.

Se não bastassem os dois empregos, Maggy foi direcionada por Walter Clark, então diretor geral da TV Globo, para trabalhar como assessora de José Arrabal, chefe da Central Globo de Expansão, encarregada de transformar a Globo em uma rede nacional de televisão integrada que chegasse a todos os estados do país ainda na década de 1970. Clark ficara impressionando com seu jeito expansivo e fácil de fazer amizade e atrair simpatias. No departamento, a jovem foi apresentada a Armando Soares Pittigliani, que visitava a emissora e era gerente do Departamento de Serviços Criativos da Phonogram, que ocupava apenas um cargo abaixo do presidente, André Midani.

Aos 36 anos de idade, em 1970, Armando Pittigliani estava na gravadora desde o início, quando a empresa foi fundada por seu tio, Alberto Pittigliani (1918-2003). Em 1954, Alberto adquiriu a gravadora Sinter, que transformou em uma das maiores do país, a Companhia Brasileira de Discos. Mas quatro anos depois, vendeu-a à multinacional Philips, que o conservou na presidência até 1966, com o nome de Phonogram e com os selos Philips e Polydor. Sob sua direção, a gravadora obteve sucesso com o surgimento da bossa nova e por ela foram lançados artistas como Elis Regina e Jorge Ben (Jorge Benjor).

Em sua gestão, Alberto Pittigliani sempre incentivou a gravação de autores da música popular brasileira, inclusive os da chamada velha guarda como Lamartine Babo, Pixinguinha, Ary Barroso e Ataulfo Alves, entre outros. Além disso, gravou intérpretes brasileiros que viriam a se tornar grandes nomes do cenário internacional. Ele teve ainda participação direta na gravação e na divulgação da música erudita nacional, ao produzir discos de música clássica de autores como Villa-Lobos, Radamés Gnatalli e Cláudio Santoro. Pioneiro na modernização da indústria fonográfica nacional, foi o primeiro a montar, em São Paulo, uma fábrica de fitas cassete. Coube ainda a Alberto fundar a Associação Brasileira de Produtores de Disco (ABPD), da qual foi seu primeiro presidente. Após deixar a indústria do disco, tornou-se empresário de sucesso como dono da fábrica de bebida Seagrams, que lançou no Brasil o Campari; e fundador da Tibrás, fábrica de titânio localizada na Bahia. Após a saída do tio, Armando ficou responsável também pelo Departamento de Publicidade e Divulgação, cujo chefe abaixo dele era Assad de Almeida. Maggy foi sugerida a ele por Luís Carlos Lourenço, o Gaúcho, que tinha sido seu colega no jornalismo na Globo e fora para a Phonogram, mas teve de deixar o emprego por causa de complicações de saúde.

A entrada de Maggy na gravadora aconteceu em maio de 1970, alguns meses antes de Evaldo ser contratado para gravar *O Ídolo Negro*. Ela observou que o cargo de assessoria de imprensa ainda engatinhava na época, e os artistas e as gravadoras cuidavam diretamente do trabalho de promoção dos discos e de sua imagem. Entrevistas, por exemplo, eram solicitadas diretamente à Phonogram, que procurava o cantor. Maggy se lembraria que, entre os desbravadores da profissão, estava Ivone Kassu Beril Santos (1945-2012), que depois trabalharia com Roberto Carlos, no gerenciamento de sua carreira, nas décadas de 1980 e 1990. Ivone ainda seria, ao mesmo tempo, empresária de Maria Bethânia, Chico Buarque, MPB-4 e Paulinho da Viola, entre outros. Guilherme Araújo, cuidava dos "baianos" – Gilberto Gil, Caetano Veloso e Novos Baianos.

O assessor de imprensa da CBS era Werter Drunner, que tratava pessoalmente de Roberto Carlos nos primeiros anos de carreira do astro. Maggy recordou: "Naquele tempo eu fazia tudo no peito e na raça, pois não havia Internet, fax, mal tínhamos um ramal telefônico e o telex era algo só usado para fechar negócios. Eu imprimia os releases em mimeógrafo a álcool, saía com os dedos sujos de tinta azul e com o braço doendo de tanto girar a manivela para impressão. Como eu tinha um relacionamento saudável com a Globo, desde a portaria até o diretor geral, Walter Clark, as coisas ficavam mais fáceis para conseguir espaço e promover nossos artistas, desde que comecei por lá. Por isso, acredito que a Phonogram me colocou naquela função por esperteza estratégica, ao saber desse meu trânsito fácil na Globo".

E em jornais e rádios, também. Entre as tarefas, Maggy tinha de conseguir escalar os cantores da Polydor para os programas de auditório – Chacrinha e Silvio Santos – e o Globo de Ouro, que teve Hilton Gomes como seu primeiro apresentador. "O cara mais fantástico de todos que encontrei, no entanto, chamava-se Augusto César Vannucci, que comandava todos os programas musicais da Globo e fazia tudo muito bem, buscava inovar, tinha ambições estéticas. Ele sempre foi receptivo com nossas sugestões e propostas. E assim acontecia com produtores de outros canais, pois acabávamos ajudando eles a preencher a grade dos programas com atrações que faziam sucesso nas rádios".

Para este livro, Maggy fez questão de ressaltar: "Posso garantir que nunca coloquei um centavo na mão de ninguém e nunca senti qualquer barreira nesse sentido para que nossos artistas tivessem espaço". Eram mais de 50 contratados que ela cuidava. "Não me pergunte como eu dava conta de tudo, além de continuar com minhas funções no jornal e na TV Globo". A jornalista não esqueceria o dia em que foi rendida pelo estresse e, após bater o desespero, andou até a sala do diretor geral da Philips, Alain Troussat, executivo que, segundo ela, impôs "enorme" barreira entre ele e a empresa, não dava confiança para ninguém. "Entrei desesperada em sua sala, ele parou o que estava fazendo e me encarou assustado".

A jornalista não se conteve e disparei: "Olha, Alain, estou com um grande problema, preciso de linha telefônica direta urgentemente para fazer a divulgação porque como está, só com ramal, está bem complicado. Procurei o responsável e me disseram que só você pode liberar o serviço para mim". O francês tentou ponderar, educadamente, sobre a dificuldade de resolver um problema daquele, quando o serviço de telefonia era lento e as linhas raríssimas. Esperava-se anos para se conseguir comprar uma. E ela disse: "Pode, sim conseguir uma para mim, e você vai fazer isso porque me disseram que é a única pessoa com autoridade para isso na empresa". Antes que ouvisse a resposta, ela agradeceu e saiu. "Na manhã seguinte, quando cheguei, eu tinha um telefone exclusivo para mim".

EVALDO

Como cuidava dos artistas populares que faziam parte da Polydor – e dos artistas e grupos mais alternativos, como Mutantes e Tim Maia –, assim como Odair José, que lhe daria um filho para batizar, Maggy certamente ficaria responsável por fazer "acontecer" os discos de Evaldo, quando ele foi contratado por Jairo Pires.

Logo, descobriria que teria um auxiliar importantíssimo nessa missão: o próprio cantor, que circulava com desenvolturas entre programadores, produtores e apresentadores de rádio e TV desde os tempos em que divulgava Nilton César e Lindomar Castilho.

Os dois se conheceram na sala de Jairo, no mesmo dia em que Evaldo foi à gravadora para conversar com o produtor, por sugestão de Haylton Souza. "Eu tinha como hábito circular por todos os departamentos, principalmente na produção, para pegar informações e material que deveria usar na divulgação dos discos. Certo dia, passava pelo corredor e Jairo me viu, fez sinal e disse: 'Entra aqui, Maggy, quero te apresentar nosso novo contratado, Evaldo Braga, ele vai ser um sucesso de primeira'". Chamou sua atenção o jeito sorridente e alegre dele, as pulseiras que carregava. "E não era nem um pouco arrogante", acrescentou ela.

No primeiro momento, em acordo estratégico com Evaldo, a Polydor lançou, em maio de 1971, um compacto para testar o mercado, com as faixas *Só Quero* no lado A e *Por Uma Vez Mais*, de Nenéo, no lado B. Esta última não seria incluída entre as doze faixas do LP, programado finalmente para outubro, de olho nas vendas do Natal. O arranjo de *Só Quero* remetia aos tempos da jovem guarda, em ritmo de iê-iê-iê, e trazia um refrão daqueles capazes de grudar na mente dos ouvintes como goma de mascar. A letra falava em descrença no amor por causa de uma desilusão ocorrida em passado recente pelo personagem narrador:

> *Por uma vez mais eu estou chorando*
> *Por amar demais*
> *Ai, meu coração*
> *Outra vez mais caiu por terra*
> *Tudo que eu queria*
> *Qual chuvas de verão*
> *(Solo)*

Outro inverno está chegando
E novamente estou chorando
E não sei parar
Vem o vento e sopra no meu rosto
Essa dor que nem mais sei chorar
(Refrão)
Ah, como eu queria
Nascer de novo, crescer um dia
Provar que posso fazer alguém amar
(Solo2)
Eu não creio mais em nada
Nem meus passos na calçada
Quero acreditar
Sinto que estou perdendo
Um pouco de mim mesmo
Por onde eu passar
Quando penso que o passado
Já levou toda a tristeza
Que havia em mim
Vem de novo a tempestade
Até parece que o desgosto só nasceu pra mim
(Refrão) (Bis) (Solo)
(Solo2) (Refrão) (Bis)

  O curioso foi que, para sua surpresa, uma senhora de óculos escuros e de grau com aro de tartaruga, cabelos crespos e curtos, já na idade madura, tinha assistido Evaldo gravar uma das faixas, *Eu Amo a Sua Filha, Meu Senhor*, na companhia de seu padrinho musical, Osmar Navarro, que fez questão de acompanhar um pouco aquele momento tão especial, pois gostava bastante da canção e apostava demais nela.

  A mulher era ninguém menos que a veterana Aracy de Almeida, uma das grandes vozes dos tempos de ouro do rádio, famosa por interpretar sambas de Noel Rosa (1910-1937) principalmente. Aracy, que era conhecida como a jurada megera de Silvio Santos pela nova geração, ficou tão impressionada com Evaldo que não resistiu e comentou com o amigo Navarro: "Nossa, meu filho, esse rapaz vai longe que não é brincadeira, é tão grande como intérprete quanto o seu sorriso". E fez um sinal positivo de aprovação com o dedo polegar para ele do outro lado do espelho.

Dois meses depois, em julho, a Polygram mandou para as lojas o primeiro compacto duplo de Evaldo, com quatro faixas, duas em cada lado. Na capa, uma foto do cantor sorridente, em tom rosa/salmão. No A, *Nunca Mais, Nunca Mais* e *Meu Deus*; no B, *A Cruz Que Carrego* e *Eu Desta Vez Vou te Esquecer*. Dessas, *Nunca Mais, Nunca Mais*, de Evaldo e César Saraiva da Silva, o Cesão, não faria parte do LP, o que causaria surpresa nos fãs, pois seria consagrada como uma das melhores e mais marcantes canções gravadas por ele. O tema explorava a raiva passional de quem perdeu a amada e prometia atitudes que, certamente, não cumpriria. A morte, mais uma vez, apareceu como uma fixação de Evaldo:

Nunca mais
Eu irei te procurar
Nunca mais
Não consigo nem te olhar
Meu Deus do céu
Eu prefiro até morrer
Pra você não volto mais
Nunca mais, nunca mais
Eu sofri tanto
Quando lhe dava meu amor
Você não quis
Entender a minha dor
Me abandonou
Quando eu mais precisava de você
Agora quer voltar pra mim
Nunca mais, nunca mais
Pois nunca mais em minha vida
Eu vou lhe dar o meu perdão
Pode chorar se você quiser
Só lhe digo não
E nunca mais você terá
O meu sincero e grande amor
De mim você nada mais terá
Nunca mais,
Lá-lá-lá-lá-lá-lá-lá-lá...

O capista Aldo Luiz explicou a lógica desse formato de disco menor, de acordo com a política de negócios das gravadoras: "Fazia-se compacto como uma espécie de capitão do mato, como se fosse a forma de abrir as picadas para dentro da selva. Ou seja, era mais fácil de vender – pelo preço – e distribuir para os disc-jóqueis, pois trazia a chamada 'música de venda', a que se pretendia divulgar como aposta. Se desse zebra, o prejuízo seria menor para a gravadora".

Ao mesmo tempo, na matemática financeira da gravadora, dava para se ter uma ideia de quantos LPs seriam feitos. Se superasse as expectativas em vendas, o compacto teria tiragem maior ainda. Portanto, a prensagem do LP partia dos resultados do compacto anterior, geralmente com pelo menos uma música inclusa no disco maior. "Heleno Oliveira, diretor comercial da Phonogram, tinha uma capacidade extrassensorial para definir quantos LPs deveriam ser prensados", observou o capista.

O que aconteceu em seguida, com Maggy e Evaldo juntos em duas frentes de divulgação, espantaria Jairo Pires por toda a vida, pois jamais veria algo semelhante em sua larga carreira de produtor de discos. E nada tinha a ver com a capacidade dos dois de abrirem espaço da mídia. Estava relacionado ao próprio cantor. O produtor recordou: "Ele foi uma coisa assustadora e muito rápida na Polydor. Foi só botar o disco na rua e a repercussão apareceu de imediato. Vendeu um absurdo, não me lembro dos números, mas podemos falar em centenas de milhares de cópias de cada disco".

Maggy ressaltaria que, por mais amizades que ela e Evaldo tivessem, no rádio e na TV, dificilmente aconteceria algo tão espetacular se o cantor e o disco como um todo não tivessem valores, méritos e qualidades. Nos muitos anos que trabalhou com cantores, ela cansou de passar por situações complicadas, em que o esforço da gravadora na realização de um bom disco rendia resultados ruins porque havia problemas com as músicas ou com o artista, mesmo com todo empenho de produção que a gravadora dedicava ao projeto.

Evaldo seria diferente. Mesmo com "meio caminho" andado – por causa das pessoas com quem ele e Maggy tinham contato –, havia uma combinação explosiva de carisma, voz poderosa, músicas escolhidas com cuidado e arranjadas por produtores, técnicos e instrumentistas de primeira linha que a gravadora tinha em seus quadros. A cafonice refinada de Evaldo, com a participação de músicos que gravavam com Caetano Veloso e Chico Buarque, por exemplo, elevou suas gravações a outro patamar. Jairo Pires percebeu isso quando ouviu o disco em primeira mão. Concluiu que aquele jovem despontaria como a galinha dos ovos de ouro da Polydor. O produtor falaria com entusiasmo de seu contratado. E destacaria suas qualidades pessoais, em primeiro lugar. "Evaldo era uma pessoa dinâmica e de força incomum. Ele entrava no estúdio e sabia exatamente o que queria, tinha consciência do que fazer e onde chegar, conhecia bem seu repertório, havia treinado e ensaiado bastante, dizia o que pretendia fazer. Mas nunca vinha com imposição ou exigências. Tudo era conversado e acertado, discutido entre ele, mim e o maestro Perucci, antes de entrar no estúdio. Ele me dava total liberdade para discordar, tudo funcionava tranquilamente e fizemos dois grandes discos".

O compacto com *Só Quero* vendeu cem mil cópias em apenas dois meses, com a música entre as vinte mais tocadas em vários estados. E fez Evaldo finalmente ficar conhecido em todo Brasil. Ao final de seis meses, bateu a marca de 220 mil cópias. O fato foi que o gênero musical estabelecido por Evaldo com suas canções caiu logo no gosto popular e, mesmo que a crítica especializada da época não desse muita importância ao cantor, nem ao menos tenha avaliado seus dotes vocais ou quis travar qualquer contato com as músicas que ele cantava, sua voz se tornou familiar a milhões de pessoas.

Evaldo caiu nos braços do povo. Quase literalmente. No domingo, 25 de julho de 1971, por exemplo, ele apareceu em 10º lugar no ranking das mais tocadas da coluna "Música de Hoje em Dia", do *Jornal do Brasil*, com a faixa *Só quero*. Para se ter uma ideia do que mais se ouvia naquele momento, em primeiro estava *If*, do grupo norte-americano Bread. Depois aparecia o samba *Você abusou*, de Antônio Carlos e Jocafi. Em sexto, *Have You Ever Seen the Rain*, que se tornaria o maior sucesso do grupo americano Creedence Clearwater Revival, seguida de *Menina da Ladeira*, sucesso de João Só.

Na mesma edição do jornal carioca, uma nota na seção de cultura informava que no ano de 1972, seria realizada a última edição do Festival Internacional da Canção, iniciado em 1966. O jornal apontou o descaso dos organizadores do evento – TV Globo, a Secretaria de Cultura do Rio e a empresa internacional que organizava o evento em vários países – que levou à demissão de dois diretores, Paulo Tapajós, em junho de 1970, e Gutemberg Guarabyra, em julho de 1971, sem motivo aparente, medidas que teriam esvaziado o evento.

No primeiro domingo desse mês, aliás, Evaldo viveu uma experiência diferente em sua breve carreira e que deu o que falar. Numa época em que a cordialidade entre os apresentadores e seus convidados nos programas de TV começava ser deixada de lado, com atrações mais ousadas e com polêmicas em busca de audiência, ele perdeu o controle e teve de ser literalmente tirado do ar. O episódio causou surpresa, por causa da simpatia e da cordialidade que o artista demonstrava quando aparecia diante das câmaras. Mas, pelo que se viu, não estava em um bom dia quando aceitou participar do quadro "Quem Tem Medo da Verdade", do programa Silvio Santos, na tarde do dia 1º de julho.

Silvio estava em férias e colocou no seu lugar, como apresentador, o jurado Décio Piccinini. Evaldo entrou, cantou A Cruz que Carrego e se preparou para ser espinafrado pelo júri, que deveria opinar sobre seu primeiro LP. Tudo corria bem, com vários elogios, até chegar a vez do polêmico Zé Fernandes, que falou da empatia de Evaldo com o público, mas disse que não tinha gostado do disco, das letras e de sua interpretação. À medida que ele falava, o cantor começou a mudar de expressão. Tinha ficado chateado dias antes, quando Fernandes deu nota baixa em seu disco na seção "Lançamentos", da revista Intervalo, e resolveu rebater. Enquanto tentava falar, o jurado continuou a comentar o disco. Evaldo, então, começou a gritar, chamou-o de imbecil e disse que ele não sabia nada de música.

O clima ficou tenso. Como era ao vivo, Piccinini começou a pedir calma e passou a defender o direito de Fernandes de dar a nota que quisesse. A também jurada Gilmara Sanches pegou o microfone e fez o mesmo. Evaldo, nem deu bola e continuou a reclamar do crítico. Sem saber o que fazer, o apresentador pediu os comerciais e tirou o programa do ar. Inconformado, o convidado continuou a falar e pediu para voltar ao vivo. A produção, por fim, convenceu-o a deixar o auditório. Como havia na plateia um repórter, o assunto mereceu destaque na Intervalo, na edição de 13 a 19 de julho. Com o título "Todo Mundo a Favor de Zé Fernandes", não foi nada simpática com Evaldo. "Se Silvio estivesse aí, ele teria pulso para coibir coisas desse tipo", reclamou Piccinini.

No dia 9 de agosto, Evaldo subiu para o nono lugar nas paradas cariocas. Em sua coluna "Som Pop" do jornal *A Tarde*, de Salvador, o crítico musical Lázaro Guimarães publicou uma foto de Evaldo e a nota enviada pela 'Philips' informando que, naquele momento, o compacto de Evaldo era o mais vendido de toda a gravadora. "E ele parte agora para o LP", acrescentou. Sim, na primeira semana de setembro de 1971, a imprensa noticiou que o LP *O Ídolo Negro* começaria a ser distribuído em todo país. A capa trazia um pequeno erro: na lista de músicas, *Só Quero* aparecia no alto, em primeiro, mas era a última do lado B. A gravadora queria destacá-la, propositadamente, mas o vinil já tinha sido formado e iniciada a prensagem quando a medida foi tomada.

Nem mesmo Evaldo poderia imaginar que, mesmo com a imensa autoconfiança e a ajuda dos amigos na mídia, sua carreira fosse tão meteórica, a partir do lançamento do primeiro álbum. *A Cruz que Carrego* tinha entrado na programação das rádios dois meses antes, em todo país, assim que o compacto duplo saiu. *Só quero* continuava a ser executada também. O cantor não mediu esforços para mostrar que, antes de tudo, sabia cantar e era grande intérprete – e não um imitador de Agnaldo Timóteo, como foi recebido inicialmente por alguns jornalistas e locutores de rádio. Estava orgulhoso também da escolha do repertório e do fato de várias músicas serem de sua autoria.

DISCOTECA

Tudo que Evaldo e Maggy acertaram com Assad de Almeida para promover seus discos – compactos e o esperado LP – deu certo desde o início. Ele conhecia bastante Chacrinha, líder de audiência na Globo, com o programa *A Discoteca do Chacrinha*, exibido às quartas-feiras, a partir das 21h. Se isso ajudava, Maggy ia mais longe, tinha proximidade ainda maior com o apresentador. "Eu era amiga pessoal dos filhos dele, Leleco e Nonato, frequentava a casa da família, um amplo apartamento na avenida Atlântica".

A camaradagem era tanta que ela ganhou do apresentador, de presente de casamento, em 1970, um aparelho de TV a cores da Colortel que, na época, era caro. "Quando sabia que eu estava divulgando um artista, Chacrinha dizia: 'Nem fala, pode mandar'".

Seu contato maior era com Antônio Ferreira, de origem portuguesa e seu braço direito na produção dos dois programas semanais. No decorrer de 1971, Evaldo se tornou quase uma atração regular no programa, pelo menos uma vez por mês. Em troca da promoção, Evaldo se apresentava de graça nos shows organizados por Chacrinha na periferia do Rio e em cidades de todo Brasil, ao lado de outras atrações do programa. Do mesmo modo que fazia com Roberto Muniz nos anos de 1960.

Uma das participações de Evaldo no programa, ainda em 1970, antes de ele ir para a Phonogram, foi curiosa. Entre os quadros da *Discoteca do Chacrinha* destacava-se "O Cantor Mascarado", em que, por algumas semanas, uma estrela em ascensão – quase sempre com um só sucesso nas paradas, o primeiro em sua carreira – cantava com os olhos escondidos por uma máscara semelhante à do herói Zorro, do seriado de capa e espada da Disney, popular no Brasil na década de 1960. O quadro ajudava bastante a vender a revista *Cartaz*, que era publicada semanalmente pela Rio Gráfica e Editora (RGE), do mesmo grupo empresarial da emissora, e que pertencia a Roberto Marinho.

O artista era trocado quando alguém acertava. Os telespectadores que quisessem concorrer ao prêmio em dinheiro deveriam comprar a revista, recortar o cupom, colocar seus dados pessoais e o nome do mascarado, e mandar para a redação pelos Correios. Evaldo apareceu no programa da última semana de agosto, dia 27. Se alguém acertasse seu nome, levaria o prêmio de três mil cruzeiros, uma quantia nada desprezível para a maioria dos brasileiros. Como isso não aconteceu, ele voltou na seguinte e o prêmio foi dobrado. Dessa vez, porém, seu nome foi revelado como o cantor da balada *Não Importa*.

Um dos registros que restaram de sua participação no Chacrinha foi descrito no dia 24 de abril de 1971, na programação de TV do jornal *Correio da Manhã*. Evaldo foi um dos destaques da atração, exibida a partir das 20h30, logo depois da novela *Irmãos Coragem*. Naquele dia, o apresentador promoveu "A Noite do Peru", com "farta" distribuição de empadas, farofa e carne de peru. Além de Evaldo, cantaram Jair Rodrigues, Jorge Ben, Trio Mocotó, Wanderléa, Marcus Pitter, Claudette Soares e Fábio.

O jornalista Jorge Mascarenhas, um dos jurados do

programa, contou em 1997 no documentário *O Ídolo Negro*, que a reação de Chacrinha após a primeira participação de Evaldo no seu programa foi dizer, nos camarins, entusiasmado: "Esse menino não é descartável como tantos outros que passaram por aqui, ele veio para ficar". E passou a tê-lo como uma das atrações regulares por meses.

CONCORRENTES

No começo da década de 1970, o único que ganhava de Chacrinha em audiência, aos domingos, era Flávio Antônio Barbosa Nogueira Cavalcanti, o Flávio Cavalcanti (1923-1986). Carioca, ele se tornou jornalista, apresentador de rádio e de televisão, além de obscuro compositor, entre as décadas de 1950 e 1980, com estilo personalíssimo em que não media palavras e tom agressivo para comentar o que não gostava. Antes de ser comunicador, fez concurso para o Banco do Brasil, aos 22 anos, mas logo passou a trabalhar também como repórter do jornal carioca *A Manhã*. Ficou um tempo nos dois empregos.

Nos anos de 1950, sem deixar o jornalismo, entrou para a televisão e estabeleceu um estilo dos mais marcantes ao criar o primeiro júri da televisão brasileira. Começou a compor e influenciou o público e os programadores nas tendências musicais, com colunas sobre o setor nos diários onde trabalhou. Artistas que se tornaram consagrados como Simonal, Alcione, Emílio Santiago e Taiguara começaram com o aval ou o apoio de Flávio Cavalcanti. Mais novo e com menos tempo de TV que Chacrinha, ele tinha estreado na Tupi em 1957 com o polêmico *Um Instante, Maestro!*, mesmo nome de sua coluna no *Correio da Manhã*, em que fazia crítica aos lançamentos de discos dentro de um gosto bem pessoal. Se não aprovasse, coitado do cantor ou da cantora, pois ele destruía o disco diante das câmeras, o que poderia comprometer o trabalho irremediavelmente.

O gesto radical o tornou conhecido em todo país como "aquele moço que quebra discos na TV". Não se podia negar sua coragem em fazer isso. O que poucos que o viam na TV sabiam era seu talento para o jornalismo, o interesse e as buscas pelas notícias de impacto que mostraria no programa *Noite de Gala*, patrocinado pela rede de lojas O Rei da Voz, do empresário Abraão Medina, que o convidou para participar da atração. Desse modo, ganhou reputação e arrebatou uma legião de fãs. "Flávio sabia como segurar o espectador, criando enorme expectativa para o desfecho de suas reportagens", escreveram Denilson Monteiro e Eduardo Nassife, biógrafos de Chacrinha. Não só isso. Ele "falava de maneira enérgica, enfática, além de ter como uma de suas características tirar e colocar seus grossos óculos de grau, enquanto olhava diretamente para a câmera", completaram. Também ficou famosa a sua forma de chamar o intervalo, quando levantava o dedo indicador direito para o alto e dizia para a câmera, como se olhasse o telespectador nos olhos: "Nossos comerciais, por favor!" Flávio polemizava também sobre política abertamente. Era fã do governador carioca Carlos Lacerda (1914-1977) e ferrenho opositor do Presidente João Goulart (1918-1976). Tanto que apoiou o golpe militar que derrubou Goulart em abril de 1964. Diante das câmeras, disse que fez isso porque defendia a democracia contra um governo "anárquico".

Essa posição o jogaria no limbo da história e custaria acusações nunca comprovadas de colaboração com a Ditadura. Tanto que, em 1973, pagaria caro ao ter seu programa tirado do ar por 60 dias pela censura, após uma reportagem polêmica (e forjada) sobre um homem impotente que emprestou a mulher ao vizinho para que ela pudesse se satisfazer sexualmente. Por conta dessa e de outras duas matérias igualmente falsas – o depoimento de um suposto suicida tomado pouco antes de ele se matar, e as curas milagrosas da macumbeira Mãe Cecília –, ele foi acusado de ser sensacionalista. Antes disso, em 1966, ao retornar à TV Tupi, passou a competir abertamente com Chacrinha após criar dois programas de enorme audiência, *Sua Majestade é Lei* e *A Grande Chance*.

O segundo apresentava calouros de melhor qualidade, uma vez que eles realmente sabiam cantar e eram previamente selecionados, diferentemente do *A Hora da Buzina*, de Chacrinha, que misturava algazarra com balaio de gatos de todas as espécies de calouros, em que buzinar o concorrente para eliminá-lo era o momento mais esperado, apesar de humilhante, pois o candidato costumava receber um abacaxi como prêmio de consolação. Por fim, em 1970, o apresentador fundiu seus quadros e estilo no *Programa Flávio Cavalcanti*, exibido aos domingos, das 19 às 22h.

Nessa atração, líder de audiência do horário e primeiro programa a ser exibido para todo país simultaneamente por meio do canal de satélite da Embratel, Evaldo apareceu algumas vezes e nunca teve seus discos quebrados. Mas foi obrigado a ouvir uma bronca de Flávio que era, na verdade, uma sugestão, a seu modo. O apresentador disse que ele cantava muito alto e ele não gostava disso, sentia-se agredido nos tímpanos. Parecia um "louco" cantando. O filho do apresentador, Flávio Cavalcanti Junior, diria em 2016 que, pelo que se lembrava, o "Velho" – como chamava o pai, carinhosamente – jamais quebrou um disco de Evaldo no famoso quadro da atração. "Ele participou várias vezes dos seus programas. Não me ocorre nenhum acontecimento especial que houve entre os dois, que se respeitavam, sem serem muito próximos".

Enquanto Maggy mantinha a oferta de Evaldo se apresentar em programas de rádio e TV, o cantor corria de um lado para o outro para cumprir os compromissos marcados por ela, em visitas às emissoras. Essa foi uma rotina que se tornou diária desde que o primeiro compacto foi lançado pela Polydor. "Flávio não era meu amigo íntimo, digamos assim, de frequentar a casa dele ou almoçarmos juntos. Mas eu o conhecia da Globo e tinha acesso muito grande a ele, o que facilitava meu trabalho de divulgadora. Eu levei Evaldo até ele, expliquei que estávamos trabalhando determinada música. Ele confiava em mim e no nome da Phonogram e o escalou para se apresentar. Evaldo ganhou ele de imediato".

Dessa época, ela guardaria um fato que envolveu a gravadora e o apresentador: a prisão de Simonal, em 11 de novembro de 1974, após ser condenado a cinco anos e quatro meses de prisão por extorsão mediante sequestro contra seu contador, Rafael Viviani. Ele ficou preso uma semana e cumpriu o restante da pena em liberdade. Simonal, Jorge Ben e Erlon Chaves eram amigos inseparáveis e, quando Erlon morreu, Simonal estava preso e queria ir ao funeral. "Tive de ir à casa de um juiz, na Tijuca, pedir para deixá-lo ver o amigo no caixão e acompanhar o enterro. Esse juiz disse que só o liberaria se Flávio Cavalcanti fosse à sua casa lhe pedir como favor. Portanto, eu deveria voltar lá com ele. Flávio concordou na hora e foi comigo. O juiz permitiu que Simonal fosse, desde que eu o acompanhasse e o levasse de volta ao Presídio Rio Branco, escoltado por agentes da polícia".

Jairo Pires lembrou que o momento era dos mais favoráveis no mercado fonográfico brasileiro aos cantores populares, quando Evaldo surgia. A TV se popularizava rapidamente, mas o rádio ainda mantinha força para influenciar no gosto da maioria. "A programação tanto do rádio quanto da TV pedia atrações que trouxessem alegria, artistas que agradassem o público pelo seu sorriso e carisma. Em parte, por isso, onde Evaldo aparecia, contagiava todo mundo. A imprensa inteira queria entrevistá-lo, saber da sua vida, como chegou ao estrelato. Não me lembro de alguém que não gostasse dele", observou.

CONVITES

No decorrer do ano de 1971, Evaldo se tornou um dos rostos mais vistos da televisão. Com isso, vieram convites de todo país para que se apresentasse em shows para multidões em ginásios e, em alguns casos, até em estádios. Ele recusou todos. Havia estabelecido como estratégia que só faria shows e apresentações em espaços fechados quando saísse o segundo disco. Ou seja, a partir de 1972. "No momento, nada de shows em teatros ou boates. Prefiro a televisão, onde é mais fácil ganhar nome", disse ele ao jornal *O Globo*, na reportagem publicada no dia 5 de outubro de 1971.

Mesmo assim, não dispensou, entre os meses de agosto e setembro, uma excursão ao Paraguai, Uruguai e Bolívia, por sugestão da Phonogram, que queria testar a viabilidade de fazer seu primeiro disco em espanhol. Na volta, gravaria em Buenos Aires as mesmas músicas em inglês de *O Ídolo Negro*, com versões de Osmar Navarro e Jairo Pires. O título da matéria de *O Globo* sobre ele de 5 de outubro destacava a sua militância contra o racismo e seu desejo de ir além da música e se tornar ator de filmes: "Evaldo Braga quer ser o Sidney Poitier do cinema brasileiro". O cantor achava que aparecer nas telas daria novo impulso à sua carreira, como acontecia naquele momento com Roberto Carlos.

Ainda na edição de 5 de outubro de 1971, o jornal fazia um balanço impressionante de quantas participações o cantor havia feito em dois dos mais importantes programas da televisão, desde o ano anterior: "40 vezes no Chacrinha e mais de 20 no Silvio Santos". Assim, em um ano e meio foi ao Velho Guerreiro pelo menos uma vez a cada quinze dias e mensalmente no Homem do Baú da Felicidade. "Proeza que poucos artistas podem se orgulhar", escreveu *O Globo*. Na mesma matéria, tinha-se uma ideia de que a imprensa via aquele gênero musical de outra forma. "As músicas, assinadas quase todas pelo intérprete e por Carmem Lúcia, refletem a preocupação pelo bom gosto e pela boa qualidade romântica".

Outro apresentador de auditório que deu espaço importante para Evaldo exclusivamente em São Paulo foi o santista Edson Curi (1936-1998), mais conhecido artisticamente pelo apelido de Bolinha, que tinha um programa de auditório na Record, *O Clube do Bolinha*, tirado dos quadrinhos de Luluzinha e Bolinha. Radialista e apresentador, ele nasceu da mistura de sírio e ítalo-brasileiro, influências marcantes em seus traços faciais. Quando era pequeno ainda, a família de Bolinha se mudou para a cidade de Araçatuba, onde ele cresceu e iniciou a carreira como locutor esportivo após ter sido feirante, engraxate e balconista. Na TV Excelsior, começou como responsável pelos flashes esportivos do programa Últimas Notícias.

A estreia como apresentador de programa de auditório ocorreu quase por acaso, em janeiro de 1967, quando era repórter esportivo: convocado a substituir Chacrinha, que havia se desentendido com os diretores da emissora e migrado para a Globo, Bolinha não apenas levou o programa adiante como aumentou sua audiência em São Paulo. Revelou muitos talentos como Eneida Laís, Margareth, Ítalo Ayala e Jarbas Piccioli – todos cantores considerados de altíssimo padrão e conhecidos na época. Com o fim da Excelsior, foi para a Record acompanhado de suas "boletes", como eram chamadas as dançarinas de auditório.

Evaldo trabalhava duro. Aceitava convites das rádios para cantar ou falar de sua carreira tarde da noite, nas madrugadas ou no começo da manhã. Com o LP nas lojas, finalmente, ele era só entusiasmo. O LP era sinônimo de prestígio com a gravadora e aceitação do público, o que abria mais portas ainda. Mas a regularidade em cada programa dependia da aceitação da música ou do cantor. Quase sempre, Evaldo aparecia uma e voltava duas ou três semanas depois. Não era trabalho dos mais simples, pois os veículos de comunicação não tinham no comando somente pessoas conhecidas ou acessíveis e a concorrência se tornava mês a mês enorme no seu segmento.

Maggy, então, esforçava-se para abrir todas as portas possíveis a seus artistas. Entre os populares, além de Evaldo, promovia Odair José. "O colunista Zózimo, um dos mais importantes da época, era fechadíssimo, mais por sua timidez que qualquer outra coisa. Ninguém entrava na sala dele e era difícil que algum artista aparecesse em sua prestigiada e elitizada coluna. Mas falei com ele e Odair José saiu. Foi um feito e tanto, todo mundo comentou". Outra fronteira que ela rompeu foi colocar o mesmo artista na capa da revista *Amiga*, líder no noticiário sobre televisão, música, teatro e cinema. "Só saía em suas capas artista de novela ou que tivesse morrido. Mas conseguimos colocar lá Odair".

Em 20 de outubro de 1971, Evaldo foi escalado mais uma vez para cantar no programa de Chacrinha. Enquanto o apresentador anunciava sua aposentadoria para novembro – o que jamais aconteceria –, promoveu naquela noite farta distribuição para a plateia de um tipo nada convencional de licor, feito a partir de um tal capim gordura. Esse foi o mote para levar ao palco um dos hits do momento, a debochada *Noite do Capim Gordura*, uma musiquinha irritante e repetitiva cantada por Luís Carlos Vinhas e o conjunto Os Populares – a versão original tinha sido gravada com Os Kalangos. Além deles, cantaram naquela noite Wanderléa, Claudette Soares e Os Cobras, Miltinho, Evaldo e Waldick Soriano.

O ano de 1971 não deixou dúvida para a Phonogram que tinha em seu *cast* um ídolo popular singular na música brasileira. Era diferente de outros que surgiam de modo promissor, como Reginaldo Rossi, por exemplo. Evaldo ganhava no conjunto. Tinha algo além do que a necessidade de emplacar uma música ou outra. Tinha carisma, cantava forte, impressionava, deixava o público hipnotizado era carinhoso com a plateia. E com potencial para desbancar Agnaldo Timóteo e vender tanto quanto outro contratado importante sua própria gravadora: Odair José. Mas ele precisava fazer a *via crucis* de repetir o sucesso no segundo disco, a prova definitiva de qualquer cantor.

E foi assim que Evaldo entrou na programação de lançamentos da Phonogram de 1972. Ao saber disso, ele concluiu que chegara o momento de sacar seu maior trunfo do bolso, a música *Sorria, Sorria*.

Capítulo 9

CANTO PARA NÃO CHORAR

EVALDO BRAGA "o ídolo negro"

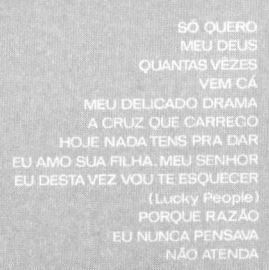

Polydor
ESTÉREO

SÓ QUERO
MEU DEUS
QUANTAS VÊZES
VEM CÁ
MEU DELICADO DRAMA
A CRUZ QUE CARREGO
HOJE NADA TENS PRA DAR
EU AMO SUA FILHA, MEU SENHOR
EU DESTA VEZ VOU TE ESQUECER
(Lucky People)
PORQUE RAZÃO
EU NUNCA PENSAVA
NÃO ATENDA

O maior vendedor de discos do país e a ameaça mais direta à hegemonia de Roberto Carlos, da CBS, em 1971, não era Evaldo Braga, Lindomar Castilho ou Waldick Soriano, mas Odair José. Por causa de uma música: *Eu Vou Tirar Você Desse Lugar*, a canção mais tocada no país naqueles dias em que a Ditadura Militar passava por seu período mais terrível de repressão. Toda imprensa estava sob censura ostensiva e proibida de noticiar que milhares de brasileiros eram presos, espancados, torturados, mortos. "Subversivos" eram identificados a partir de critérios questionáveis e frágeis de investigação (e delação) e não se teria um número próximo da verdade do total de pessoas que foram assassinadas e tiveram seus corpos desaparecidos.

Nesse contexto tão sombrio, a canção de Odair, com sua linda melodia, poderia soar além do desejo de um solitário que se apaixonava por uma prostituta e prometia tirá-la do lugar fétido e humilhante em que ela se encontrava – os bordéis do centro do Rio inspiraram o compositor e cantor. Não só isso, prometia lhe devolver a dignidade. A letra tinha algo de libertário, de solidário, de amor e de paixão. Mas a classe média, de onde vinha a maioria dos estudantes, intelectuais e profissionais liberais que militavam contra o regime, não ouvia suas músicas. Odair era o astro das empregadas domésticas, das lavadeiras de roupa, das prostitutas exploradas e solitárias, das mulheres com pouca instrução e dos homens na mesma faixa social e cultural, que viam em seus melodramas musicais um escape para suas frustrações e sonhos amorosos.

A maioria desses homens e mulheres afundava suas lágrimas na bebida com o compacto em que ele cantava em forma de diálogo: "Olha, a primeira vez que eu estive aqui/ Foi só para me distrair/ Eu vim em busca do amor..." Odair era um intérprete raro, parecia cantar com o coração, carregava uma profunda emoção em seu modo tão natural de cantar. Ele tinha chegado lá. E seu amigo Evaldo estava bem próximo disso. Os dois se conheceram no corredor da Rádio Globo, e agora estavam agora na mesma gravadora e tinham histórias quase inacreditáveis de superação e vitória. Odair era um ano mais novo que Evaldo e vinha também de origem humilde. O cantor nasceu em Morrinhos, interior de Goiás, mesmo estado de Lindomar Castilho, começou adolescente como *crooner* e passou a compor aos 17 anos, em 1965.

    Filho de lavrador, criado na roça, Odair contou ao jornalista Alexandre Matias da revista *Bizz*, em 2006, que na época da colheita seu pai fazia confraternização com os empregados, e certa vez apareceram dois violeiros e um sanfoneiro, que o encantaram com sucessos do forró e da música romântica ao vivo. Assim, o levaram a pedir um violão como presente de Natal aos pais. Por ser pequeno, o pai achou melhor comprar um cavaquinho, cujo formato parecia de miniviolão. E assim fez. O instrumento maior veio depois, quando ele já sabia tocar o primeiro. Seus gêneros preferidos, então, estavam entre os mais populares, como boleros, modas de viola, música italiana, americana etc.

    Aos quinze anos, Odair descobriu os Beatles e passou a cantar todas as suas músicas em serenatas, ainda no colégio. Ali, montou uma bandinha e o passo seguinte foi conseguir o convite para cantar na banda de baile Os Apaches, famosa em Goiânia. Depois, foi tocar no conjunto do maestro Marquinhos, mais profissional e que tinha um programa regional na televisão, afiliada da TV Tupi. Foi quando conheceu pessoalmente Roberto Carlos, durante o show que o cantor fez em Goiânia, em 1965, com o conjunto RC-3 – em agosto daquele ano, surgiu o programa *Jovem Guarda*, na TV Record. O grupo do qual fazia parte abriu o show e ele foi conversar com Roberto. "Falei que tinha umas músicas e ele falou para mim: 'Ah, bicho, vai para o Rio, aqui não tem condições de você se desenvolver'".

    Antes de completar 18 anos, Odair resolveu seguir o conselho do futuro astro da jovem guarda. Imaginava que Roberto o ajudaria. Literalmente, fugiu de casa, sem falar com ninguém da família para onde ia e partiu para o Rio. Como se não bastasse, ficaria um ano sem dar notícias e quase matou seus pais de desespero e tristeza – não sabiam se estava vivo ou morto. "Fui na ilusão de encontrar Roberto e com pouco dinheiro", prosseguiu ele em seu relato a Alexandre Matias. Só conseguiu pagar dez diárias de hotel, daqueles pulguentos, na Praça Tiradentes. Sem alternativa, virou morador de rua, passava as noites na escadaria do Teatro Municipal, na praia ou no banheiro do Aeroporto Santos Dumont, que era espaçoso e ele podia se esconder ali.

Sem acreditar na sorte nem em milagre, somente no trabalho, Odair não desistiu de tentar gravar um disco. Por coincidência, sua luta se deu na mesma época em que Evaldo engraxava sapatos e cantava na porta da Rádio Metropolitana. Segundo Odair, os dois não se conheceram nessa época, só quando Evaldo divulgava os discos de Nilton César. Ainda a Matias ele contou seu calvário, parecido com o de Evaldo: "Eu ficava no pé dos caras. Ia para as gravadoras e ficava na porta, esperando o cara sair. E igual a mim, tinha umas cem pessoas querendo falar com o mesmo cara ao mesmo tempo". Enquanto isso, com seu inseparável violão, tocava e cantava sucessos durante a noite nos puteirinhos da Praça Mauá.

Odair tinha de cantar de tudo para conseguir agradar a todos os gostos. De Ataulfo Alves, Lupicínio Rodrigues a Roberto Carlos e Agnaldo Timóteo, Waldick Soriano e Lindomar Castilho. Deveria, claro, atender a pedidos de bêbados chatos que afogavam suas mágoas amorosas no álcool. "E, também, alguma coisa de música italiana – mostrou-se bom porque a dicção era fácil, dava para enganar melhor. Mas eu nunca me achei um cantor, eu me ajeitava dentro das notas. E de dia eu corria atrás dos caras". Havia época que Odair tocava em três "puteiros" por noite. E criou um círculo de amizades que lhe permitiu sobreviver mais dignamente no submundo da noite carioca.

Foi quando conheceu ninguém menos que o lendário compositor Ataulfo Alves (1909-1969), autor de clássicos do samba como *Ai!, que Saudade da Amélia* e *Atire a Primeira Pedra*, ambas feitas em parceria com o compositor e ator Mário Lago (1911-2002). "Ele falou que eu podia morar no apartamento dele – que usava para o lazer. 'Só não dorme na minha cama', ele dizia", recordou Odair.

Enquanto isso, ele ficou um ano "no pé" do produtor Rossini Pinto (1937-1985), da CBS, um dos nomes mais importantes da jovem guarda. "Era um cara que em tudo quanto era disco que saía tinha música dele, do bolero ao rock". Rossini fazia versões, compunha coisas próprias, parte delas para Roberto Carlos gravar.

De tanto Odair insistir, "Rossini prestou atenção nas minhas músicas ele, que também era produtor de discos, me levou para gravar na CBS, em 1970, uma música chamada *Minhas Coisas*". Não aconteceu exatamente o que o jovem cantor esperava, isto é, ver seu nome sozinho em pelo menos um compacto. Sonhava em mandar uma cópia para seus pais, mostrar que era um vencedor e enchê-los de orgulho. Mesmo assim, ficou imensamente feliz quando a gravação foi incluída no LP *As 14 Mais*. O desconhecido Odair saiu no meio de só gente famosa, o que garantia de imediato grandes vendas, segundo estratégia da gravadora, pois o público adorava essas coletâneas, mais econômicas e com sucessos, principalmente – não precisava comprar vários discos, apenas um cheio do que se tocava no rádio.

Com isso, entraria dinheiro dos direitos autorais, claro. Nessa edição, ele estava acompanhado de Roberto Carlos, Jerry Adriani, Renato Barros (aquele dos Blue Caps) e Wanderléa, entre outros, todos astros da jovem guarda. "A gravadora, de vez em quando, incluía um cantor novo – e me meteram lá. E eu já saí como um sucesso, porque o cara comprava para ouvir Roberto Carlos e me ganhava de presente", relatou. A música entrou na programação das rádios e assim veio o primeiro LP, que trazia apenas seu nome e teve vendagem boa, de dez mil unidades. Ele contou ao repórter da *Bizz*: "Lancei um segundo LP, fiz uma outra música para *As 14 Mais* e Seu Evandro (Ribeiro), que era o presidente da CBS, não gostou".

De acordo com Odair, isso aconteceu "porque a CBS era esse segmento de Roberto Carlos, com guitarra, arranjos de Lafayette Coelho Varges Limp, Renato Barros, etc.". Aquela fórmula, enfim, era vitoriosa e a gravadora não estava interessada em correr riscos. Tanto que liderava o mercado em vendas. "Eu gravei uma faixa chamada *Vou Morar Com Ela* e usei um pianista negão, Dom Salvador, e ficou com um quê de jazz. Rossini, que era o produtor, deixava (eu fazer coisas assim), ele não estava nem aí. Era uma música ótima, fez sucesso, mas Seu Evandro achou que eu tinha suingado demais e não me botou, pela terceira vez, na terceira seguida de *As 14 Mais*".

Odair não queria morrer na praia. E pressentiu que começava a correr esse risco. Tinha passado tantos sufocos, entrara para a maior gravadora do mundo e podia pôr tudo a perder. Se a poderosa CBS não o quisesse, quem iria se interessar? Se não bastasse, seu contrato tinha acabado. Mas ele ganhou o que parecia ser a última oportunidade: fazer um compacto simples, com duas faixas. Nada mais de LP. "Rossini era um cara engraçado, porque dava esporro em todo mundo, falava palavrão e era extremamente temperamental. 'Porra (Odair), eu te dou uma chance e você só fez merda, vem gravar aquelas porras. Vou gravar mais um compacto com você, mas se não acontecer nada, você se fodeu, hein?'"

Cabisbaixo, Odair contou que deixou o prédio da CBS, na Visconde do Rio Branco, e seguiu para casa, na Rua do Riachuelo, região central da cidade. E nesse trecho de quatro quilômetros, aproximadamente, quando andava pela calçada, compôs de cabeça, sem anotar nada, a música que gravaria para ser seu último cartucho no selo que tinha Roberto Carlos como estrela maior. Chegou em casa e registrou em seu gravador portátil, de fita cassete, a composição *Eu Vou Tirar Você Desse Lugar*. No dia seguinte, foi mostra-la a Rossini. O produtor não gostou nem um pouco. "Nem pensar! Essa música de puta, não! Estou te dando a última oportunidade e você me vem com essa porra de música de prostituta? Você vê o que o Roberto Carlos faz? Beijo no cinema, deixa a garota no portão, eu te darei o céu! Isso é que é o negócio".

O cantor, confiante, tentou argumentar. Primeiro, explicou que a letra falava de um ambiente – de prostituição – que conhecia bem, pois se apresentou em inúmeros lugares assim por quase dois anos. "Bicho, quero falar do amor de um cara por uma prostituta". E o produtor continuou sem paciência: "Não existe isso!" Mas, como sempre acontecia e Odair sabia, passada a explosão, Rossini permitiu a gravação. E o mundo veio abaixo. No mesmo dia que o disquinho chegou às rádios, começou a ser tocada. E como uma "ola" em estádio de futebol, correu como avalanche para as rádios de todo país. "A música aconteceu praticamente sozinha, mesmo sem promoção". E a sorte veio, embora Odair não acreditasse nesse tipo de coisa. O compacto que o colocaria no primeiro lugar das paradas em 1971 vendeu 800 mil cópias em poucos meses.

O cantor deu detalhes a Matias sobre como a criou: "Comecei

a pensar na música como uma reportagem, me via como um repórter musical. Pegava o que acontece na vida das pessoas e metia na música. Aí, quando o disco saiu, me disseram (sobre a divulgação): 'Olha, se vira, porque você não vai ser *trabalhado*" – queria dizer que os divulgadores da CBS sequer colocariam a canção na programação do trimestre para oferecê-la às rádios, TVs, jornais e revistas. Apenas mandaria o disco às rádios, como era praxe. "Foi quando apareceu Paulo César (Santoro), que vendia shows na época e depois se tornou empresário de Evaldo Braga". Ele lhe disse: "Bicho, já que ninguém trabalha seu disco, vamos fazer uns shows por aí. Eu tenho uma Kombi, a gente bota umas cornetas (autofalantes) para divulgar, ninguém está ganhando dinheiro mesmo...".

Proposta aceita, com alguns músicos, Odair e Paulo César saíram pelo interior do estado do Rio, Espírito Santo e sul da Bahia, oferecendo shows por onde passavam. Principalmente em cinemas. Mostravam os discos com as músicas dele e assim conseguiram vender várias apresentações. O sumiço de Odair do Rio durou cerca de três meses. Até que ele começou a ouvir seu canto do cisne ser tocado nas rádios, mesmo nas pequenas, nas cidades por onde passava com Paulo César. "Conforme a gente andava, percebia que a música (*Eu Vou Tirar Você Desse Lugar*) ia acontecendo. Você ligava o rádio e fatalmente achava a música tocando. Os shows eram marcados em cima da hora e no começo a gente saía falando: 'Hoje, não percam! Evitem filas de última hora!'"

Tudo cascata, observou ele. "Mas, depois de um mês, a gente foi percebendo que aquela porra (os shows) estava enchendo mesmo". E a CBS foi achar Odair em Ilhéus. "Botaram-me no avião para ir correndo para o Rio porque o disco já era o mais vendido e o mais tocado no Brasil". Não podia haver melhor resposta para as negativas e humilhações que ele passou junto à direção da gravadora. Como estava por cima, Odair tomou uma decisão que surpreendeu todo o mercado: "Eu saí da CBS". A Mathias, mais uma vez, ele comentou: "Eu gostava da música, mas a minha viagem era que o que Roberto Carlos fazia era dele. Ele já havia conquistado isso. Era muito bom, mas era dele. Eu tinha que achar meu próprio caminho!".

Odair contou que conversava sobre isso bastante com Raul (Seixas), o Raulzito, que na época era produtor da CBS e concordava com suas angústias. "Você não pode ficar na cola de ninguém, senão você não tem uma identidade", aconselhou Raul. "Ele, inclusive, seus fãs não saberiam por muito tempo, tinha uma música no meu primeiro LP, *Tudo Acabado*. E ainda tocava violão e guitarra no arranjo". Nascia desse modo, com *Eu Vou Tirar Você desse Lugar*, um clássico da dor de cotovelo e da cafonice, que consagrava o caminho do gênero debochado pela crítica que se estabelecia, a partir de Waldick Soriano, Lindomar Castilho e Reginaldo Rossi.

No dia seguinte à chegada ao Rio, Odair se dirigiu à direção da CBS, decidido a romper com a gravadora. "Seu Evandro já tinha um disco montado para mim: 'Olha, tem duas músicas de Reginaldo Rossi, três de Renato Barros, não-sei-quantas de Ed Wilson'. Mas eu já tinha outro disco montado na cabeça, um disco chamado *Assim Sou Eu*, que foi o primeiro que faria na Polydor". Ele respondeu ao executivo: "Olha, Seu Evandro, eu já tenho o disco pronto na minha cabeça, tenho até a ideia da capa. Eu quero gravar com Zé Roberto Bertrami, o tecladista da Elis Regina. Eu não quero tocar com Lafayette nem com a banda de Renato (Barros)".

O cantor explicou que não tinha nada contra os músicos da CBS, era só questão de estilo e adequação ao que pretendia fazer. "Eles são ótimos, mas fazem uma coisa que já é deles. Quero fazer uma coisa que é minha. Eu já tenho as minhas músicas. Eu quero Waltel Branco fazendo guitarra e arranjos" – o mesmo que cuidaria dos arranjos finais do primeiro disco de Evaldo. Odair também queria Luís Cláudio Ramos – irmão do cantor Carlos José e que depois foi tocar com Chico Buarque – nos violões. Falou ainda de sua vontade de ter Mamão, na bateria; José Roberto Bertrami nos teclados; e Alexandre (Malheiros) no baixo. "Seria a primeira vez que os três, que depois viraram a banda Azymuth, tocaram juntos" – na verdade, eles já tocavam juntos desde 1968, acompanhando Eumir Deodato, Candeia, Fabíola etc. Quem fazia os violões eram Dundum e Hyldon (autor de *Casinha de Sapê*), "que era muito meu amigo".

A primeira reação do executivo da gravadora foi de choque. Como aquele sujeito ousava questioná-lo daquela forma? E tratou de deixar claro que não gostou nada da petulância do artista. "Seu Evandro se esqueceu que meu contrato com a CBS tinha acabado e me ameaçou: 'Eu vou fazer com você como eu fiz com Sérgio Murilo, vou botar seu contrato na gaveta e você estará fodido'. Aí, eu falei: 'Meu contrato acabou, Seu Evandro (rindo). Eu já estou negociando com André Midani e Jairo Pires, da Polydor". E deu o assunto por encerrado ali mesmo. Saiu e foi em direção à Phonogram.

Na nova casa, Odair foi bem recebido, contou o que tinha ocorrido na CBS e falou: "Eu venho, mas quero fazer esse disco. A capa assim, preta, com essas músicas e esses músicos". Quando falou dos músicos, foi até questionado por Midani e Jairo: "Vem cá, esse cara toca com Elis Regina, o outro com Chico Buarque, você não acha que não-sei-o-quê?". O cantor argumentou: "Eu falei que eles vão tocar meu trabalho dormindo, porque meu trabalho é simplérrimo". Odair acreditava tanto no que falava que Jairo deixaria que ele conduzisse o processo de produção e gravação.

A Mathias ele contou que a concepção de artista que buscava no disco *Assim Sou Eu* (1972) era de um Neil Diamond, Crosby, Stills & Nash, Cat Stevens ou Neil Young. "Queria que as minhas canções tivessem aquela sonoridade. Até mesmo porque eu não tinha a formação musical deles. Claro que não virei Cat Stevens, mas pelo menos saiu daquilo de sempre. Porque na CBS, eles usavam muita guitarra, aquela coisa do Renato Barros, de imitar os Beatles. Eu queria violões". Odair tinha visto Ritchie Havens no Festival Internacional da Canção, "aquele negão batendo no violão, com o dedo por cima, eu queria aquilo para meu disco".

O LP que fez pela Polydor, em 1973, chamou-se apenas *Odair José*. Talvez não tenha sido o melhor, na sua opinião, mas foi o que mais fez sucesso. "Você pega as faixas e parece uma coletânea (de hits): tem a *Pílula*, tem a música da empregada, tem *Cadê Você?* e *Que Saudade*. De doze faixas, dez fizeram sucesso. Foi meu disco que mais vendeu, quase um milhão em um ano. Brega, cafona? Eu não tinha essa preocupação. Eu fazia o que eu sabia fazer e estava dando certo. Em 1973, eu era o cara que mais vendia discos no país – e fazendo isto. Eu tinha um contrato com a (Rede) Globo que durou dois anos, tinha que aparecer na televisão quatro vezes por mês".

LIXO

Como Odair José fazia sucesso com "aquele" tipo de música, não existia de sua parte – "como até hoje não há" – a preocupação se compunha música de mau gosto ou não. "Eu sempre procuro fazer o melhor, dentro daquilo que sei fazer", acrescentou. Esse raciocínio como compositor era o mesmo de Evaldo, que se tornou conhecido de Odair antes dos dois gravarem o primeiro compacto. Os dois se encontravam sempre, como ressaltou o terceiro membro do grupo de amigos, o também cantor Edson Wander.

O cantor contou que Odair se tornou testemunha de uma conversa difícil entre ele e Evaldo, depois que este lançou o primeiro LP. Teve a ver com um dos futuros grandes sucessos do autor de *Não Importa*. "Evaldo fez *Eu Não Sou Lixo* para mim, queria que eu a gravasse, porque fui o primeiro a apostar nele. Trouxe-me apenas duas partes e eu pedi para fazer uma terceira, que entrou no meio, como refrão. Eu já estava na Odeon, levei-a para gravar, mas meu produtor, Roberto Correia, dos Golden Boys – grupo musical famoso da jovem guarda –, sugeriu que deixássemos para gravá-la depois do Carnaval de 1972, dentro da programação da gravadora".

Algumas semanas depois, no começo de 1972, Wander estava com Odair José na Rádio Globo e encontraram Evaldo no corredor. "Meio sem graça, ele me pediu um milhão de desculpas, disse que tinha já gravado. Eu chorei de tristeza, falei que tinha gostado muito da música. Ele veio me consolar, disse que tinha algo especial para mim e que me mostraria em breve". Mas os compromissos que ocuparam os dois durante todo o resto do ano não permitiram que eles se encontrassem novamente para conversar sobre a canção. Wander não guardou mágoas. "Evaldo era uma pessoa boníssima, de ótimo convívio, saíamos muito, não bebia, não fumava, muito centrado, sabia do seu potencial e onde queria chegar. Falaram depois que bebia muito, mas isso não condiz com a pessoa que conheci".

Em fevereiro de 1972, a gravadora lançou o terceiro compacto tirado do primeiro LP, com as faixas *Eu Amo sua Filha, Meu Senhor* e *Eu Desta Vez Vou Te Esquecer*. A viagem por quatro países da América Latina fez Evaldo decidir que faria sua primeira turnê pelas regiões Norte e Nordeste do Brasil depois do Carnaval. Ali, informou a Polydor, seus compactos e o LP vinham com vendas em ascendência e várias emissoras de rádio e programas regionais de TV queriam entrevistá-lo ou abrir espaço para que cantasse suas músicas. Antes, Evaldo deixaria gravado seu segundo LP, que se tornaria sua obra-prima e um dos discos populares mais bem feitos da época, carregado de hits.

O segundo LP costuma ser considerado o teste definitivo para um cantor ou banda. A história da música em todo mundo registra centenas, milhares de exemplos de promessas que tiveram apenas a fama que durou a exposição do primeiro disco nas lojas e a chegada do próximo trabalho. Ficariam conhecidos como cantor-de-um-sucesso-só ou de-um-disco-só. Evaldo era um forte candidato a essa galeria, mesmo com todos os diferenciais apontados por seu produtor Jairo Pires. Risco existia para todo mundo, nesse sentido. A Phonogram, no entanto, não pensava assim, por concluir que ele era um talento ainda bruto em ascensão. Precisava, no entanto, acertar no repertório.

Na dúvida, mais uma vez, todo o seu staff se empenhou ao máximo para que saísse o melhor possível. E Evaldo veio com tudo, ao gravar canções que fariam daquele disco praticamente uma antologia de sucessos. Se comparado com o anterior, *O Ídolo Negro – Volume 2* era visivelmente superior em qualidade técnica, principalmente, embora o primeiro tivesse sido registrado com equipamentos semelhantes. Além disso, também apresentava arranjos caprichados. O cantor, porém, amadurecera rapidamente como intérprete e entrou no estúdio com sua própria voz, sem modificar a entonação, como aconteceu em várias faixas do anterior. O novo LP mostraria que ele estava pronto para "fechar o baile".

O disco foi gravado nos estúdios da Somil, novamente sob a direção de produção de Jairo Pires em parceria com seu assistente, o produtor Guti, que fez a direção de estúdio. Guti era o apelido de Augusto Cezar Nogueira de Carvalho, então um menino-prodígio com apenas 20 anos de idade, que vinha de uma família de grandes talentos musicais – era primo dos irmãos Dadi e Mu Carvalho, dos Novos Baianos, que formariam o grupo A Cor do Som no final daquela década. O técnico de gravação dessa vez foi Celinho, com arranjos do talentoso Waltel Branco, mestre das guitarras – são dele as que aparecem no disco –, sob a coordenação do maestro Perucci.

O disco começou a nascer em novembro de 1971, quando Evaldo, empolgadíssimo, tinha acabado de concluir uma velha canção que esboçara havia anos e correu para a Phonogram. Acreditava ser a carta na manga para ganhar de vez o jogo naquele mundo tão competitivo da música. Entrou na sala de Jairo Pires para lá de agitado e falante e pediu para ouvi-lo cantar, sem qualquer acompanhamento instrumental. Sua empolgação contagiou o produtor, que tomou uma decisão rara, a ponto de romper a ordem de funcionamento da gravadora. "*Sorria, Sorria* nós lançamos primeiro em compacto, pois sabíamos que ia arrebentar e abriria caminho para o próximo disco. Quando ele entrou na minha sala e começou a cantá-la, vi que tinha um brilho especial nos seus olhos, e disse, entusiasmado: 'Vamos agora para o estúdio gravá-la. E fomos".

Nilton César não se surpreendeu quando *Sorria, Sorria* se tornou um "megassucesso". O cantor a conhecia desde os tempos em que Evaldo trabalhava para ele. "Essa música tinha algo de especial para ele, depois que começou a fazê-la, por causa de uma namorada complicada que tinha na época (Iara Lopes Correia), e vivia a cantarolá-la sempre que estávamos juntos. Evaldo não tinha gravado nada, ainda, e eu até pensei em aproveitá-la, mas ele não conseguia terminá-la". E foi justamente essa a canção que abriria o lado A de *O Ídolo Negro Volume 2*, gravado mais uma vez em duas semanas, no decorrer de janeiro de 1972. *Sorria, Sorria* se tornaria sua música mais famosa, composta por ele e assinada em parceria com Carmem Lúcia.

Evaldo tinha nas mãos um hit absolutamente atômico, que continuaria a ser tocado por décadas e venerada por gerações de fãs que se seguiriam a ele. Em ritmo que misturava orquestração com rock and roll, a letra seguia o melhor estilo da dor de cotovelo, com ênfase na vingança – uma de suas abordagens preferidas. Esse, aliás, seria o tema predominante no disco, enquanto o anterior parecia mais confessional, intimista, com ênfase no abandono – de várias formas.

A música trazia uma fina ironia em que o cantor provocava – e insultava – a ex-amada que agora sofria por gostar de uma terceira pessoa que a abandonara, do mesmo modo que fizera o narrador/cantor ele. Seguia as máximas "aqui se faz aqui se paga" e "ri melhor quem ri por último". Era, sem dúvida, uma abordagem nova e ousada para esse gênero de canção em que quase sempre quem cantava se colocava no papel de vítima ou de alguém que encontrara forças para superar alguma decepção amorosa.

Nesse caso, Evaldo explorou o tema e seu público se identificaria com o narrador da historinha, como aconteceria em outras canções suas mais conhecidas. Longe da influência inicial de Agnaldo Timóteo, que marcou o LP de estreia, orientado pela gravadora, agora ele estava mais confiante, independente, solto e com variações vocais que fugiam ao tom empostado da mera lembrança do outro cantor concorrente. Uma de suas marcas que ele ressaltou nessa gravação era o tom fechado e de oxítona ao final de cada verso, além de arrastar nos "erres". Acompanhado de músicos de primeira linha, afinadíssimos e bem dirigidos, ele cantou:

> *Sorria meu bem, sorria*
> *Da infelicidade que você procurou*
> *Sorria, meu bem, sorria*
> *Você hoje chora*
> *Por alguém que nunca lhe amou*
> *Sorria meu bem, sorria*
> *Eu sempre lhe dizia*
> *Quem ri por último, ri melhor*
> *Chorar pra quê? Chorar!*
> *Você deve sorrir*
> *Que outro dia será bem melhor*
> *Querida, o seu erro você vai pagar*
> *Entenda, que eu não posso mais te aconselhar*
> *Confesso que você foi o meu grande amor*
> *Sempre sorria, sempre sorria*
> *Assim como estou*
> *Sempre sorria, sempre sorria*
> *Sim meu amor.*

Se não bastasse *Sorria, Sorria*, Evaldo emendou outro megassucesso futuro na faixa 2 do lado A, *Eu Não Sou Lixo*. Esse legítimo rock foi composto em parceria com Pantera, uma misteriosa figura cuja real identidade ficou desconhecida por décadas. Quem era mesmo ela? Sim, tratava-se de uma mulher e era bastante conhecida nos bastidores da música no Rio de Janeiro. O detalhe era que ninguém conhecia a vida familiar daquela jovem que tinha entre 25 e 30 anos.

Todos a chamavam de Pantera, apenas. Conta-se que tinha tanta influência no mercado fonográfico que se tornou comadre de Roberto Carlos – o ídolo tinha batizado um filho seu. Morreu jovem, com pouco mais de trinta anos, e o "Rei" bancou todas despesas do enterro. O poder de Pantera era inimaginável e as gravadoras sabiam disso. Quando Roberto chegava para cantar em uma rádio ou emissora de TV, por exemplo, costumava subir pelo elevador apenas com a companhia dela.

    Na verdade, Pantera era presidente do Fã-Clube do Rei e tinha uma parceira inseparável, chamada Baianinha. Na época, os três maiores fã-clubes eram os de Roberto, Wanderley Cardoso e Jerry Adriani. Do mesmo modo que aconteceria depois com as torcidas de futebol – só que mais violento –, seus membros chegavam a trocar socos, pontapés, ameaças etc. Dizia-se que Pantera carregava um canivete e chegou a cortar algumas de suas desafetas. Ela, porém, tinha outros artistas que amava, como Odair José e Evaldo Braga. A fã mobilizava todo mundo para escrever cartas e dar telefonemas com pedidos para que tocassem seus ídolos. Era o que se poderia chamar de líder de tietes ou de torcida, como se via nos filmes de futebol americano. Cabia também a ela puxar os aplausos no auditório durante as apresentações nos programas de TV, comandava centenas e até milhares de jovens quando queria ver um cantor ou uma música de sua preferência em destaque. Passional e carente do ponto de vista afetivo, Pantera seguia quem lhe desse mais atenção. Assim, é possível imaginar a felicidade dela quando o atento Evaldo colocou seu nome como parceira da música.

    A brava, decidida e explosiva Pantera reinou, ao que se sabe, entre o começo da década de 1960 e meados dos anos de 1970. Produtores e executivos de gravadoras, diretores de emissoras de rádio e TV, programadores e apresentadores eram amigos dela, a cortejavam, davam-lhe toda atenção possível, com a distribuição de discos e ingressos para shows. E tinham medo da moça. Afinal, ela podia criar um mito da noite para o dia. E fazia isso, como se comentava, apenas por amor aos ídolos que escolhia para venerar.

    Quem a conheceu se impressionou com seu carisma e jeito intimidador, ameaçador. Por isso o apelido que recebeu de felino predador. "Tratava-se de uma pessoa formidável e se tornou minha grande amiga", lembrou Jairo Pires, que nunca procurou saber seu verdadeiro nome e não faria a menor ideia do que aconteceu com ela. "Ela era uma pessoa que segurava, freava as fãs quando era necessário, comandava aquelas moças que ficavam nas portas das emissoras de rádio e TV esperando seus ídolos. Entrava facilmente nos lugares, tinha um papel importante em vários sentidos. E ajudava na execução das nossas músicas na rádio, a definir a programação que o público ia ouvir".

Odair José não se esqueceria da importância que teve Pantera em sua carreira, nem do modo como ela conduzia sua paixão por seus ídolos. "Eu convivi muito com ela. Era a maior de todas as fãs de Roberto. Pantera era uma pretinha pequeninha temida por todo mundo. Tanto as fãs de outros ídolos como os artistas morriam de medo dela porque a moça praticava o terror, literalmente, era uma pessoa forte no que se propunha a fazer". Na sua opinião, os fã-clubes era verdadeiras "facções", funcionavam como pressão terrível junto aos programadores. "O de Roberto era o grupo mais poderoso e Pantera era do tipo de brigar com gilete na mão. Eu tive sorte de ter sido protegido por ela.

Maggy Tocantins a conheceu bastante. E contou que sua personalidade forte impressionava quem se aproximasse. "Todo mundo tinha medo daquela pantera negra, de olhos profundos e ameaçadores", observou a jornalista. "Ela era uma quebra-barraco, mas quando o artista caia em suas graças, estava feito, tinha o céu à sua frente". A assessora ressaltou que Pantera ajudou diversos artistas da Polydor, ligava para as rádios, "enchia o saco" dos programadores. "O mais incrível estava no fato de que não ganhava nada por isso, fazia por paixão, por tietagem mesmo. Era uma jovem fisicamente forte, negra, de origem bem humilde, que morava na região central do Rio. Foi por causa dela que Odair José estourou de vez, acredito, pois ela o adorou desde o começo".

A paixão da fã pelo mundo artístico se tornou algo fora do comum. "Seu humor era imprevisível. Quando estava azeda, dizia logo: 'Não fala comigo hoje porque não estou bem'. E todo mundo se afastava", contou Maggy. Tornou-se quase natural imaginar que Evaldo, expansivo como era, tivesse empatia pela moça e buscasse ser simpático com ela. E assim aconteceu. Desde o primeiro momento, o cantor virou um dos seus artistas preferidos e ela o ajudou a divulgar suas músicas. Os dois se conheciam desde os tempos em que ele cuidava da carreira de Nilton César e Lindomar Castilho, e se tornaram grandes amigos. Ele percebeu sua força e viu nela a chance de ganhar uma futura aliada quando virasse cantor. Ela não imaginava ir tão longe quando Evaldo lhe deu aquele presente em retribuição: a parceria em um de seus futuros sucessos.

Gratidão ou esperteza de Evaldo ao colocar a fã como coautora da música? Quem o conheceu garantiu que a resposta correta era a primeira. Tanto nesse caso quanto no de Carmem Lúcia, Odair José acreditaria que Evaldo foi motivado nos dois sentidos: agradecimento e astúcia para divulgar suas músicas. "Eu diria que Evaldo deu as parcerias à filha de Muniz pelas duas coisas, gratidão e jogada promocional, porque existia esse mecanismo, a gente fazia as duas coisas", observou Odair para este livro. "No seu caso, existia um pouco mais de gratidão, mas não se pode descartar o mecanismo do agrado para execução de suas músicas, pois a Rádio Globo era muito forte no Rio de Janeiro". Segundo Odair, poucos disc-jóqueis não faziam um esquema de troca de favores com os artistas – que se apresentavam de graça para que suas músicas fossem tocadas. "Muniz tinha muita audiência e todo mundo sabia e percebia que existia um carinho e uma proteção dele em relação a Evaldo. Era uma coisa bem clara, nítida. Eu prefiro dizer, insisto, que seu gesto com Carmem Lúcia foi um pouco das duas coisas". Naquele sistema vicioso, ressaltou ele, Haroldo de Andrade era uma exceção. "Era um cara à parte, não se fazia acordo com ele, só tocava quem queria. Eu me tornei amigo dele, mas não para tocar disco, porque ele não era disso, foi por acaso". De qualquer modo, o efeito desse gesto seria para lá de positivo para sua carreira, que ganhou nova e influente divulgadora. Pantera passaria a trabalhar em tempo integral para promover tanto a música quanto o nome e a imagem do artista, que passou a venerar.

A letra de *Eu Não Sou Lixo* era ambígua e causaria enorme confusão nos admiradores de Evaldo e nos historiadores de música ou naqueles que escreveram perfis ou biografias do cantor. Principalmente após a massificação da internet. Tornou-se comum afirmar, por exemplo, que a simples menção da palavra "lixo" era uma referência ao episódio em que sua mãe biológica o teria abandonado em um cesto de lixo no banheiro de um prostíbulo em Campos de Goytacazes, ou na cesta de coleta de lixo de uma família de classe média que, acreditava ela, poderia criá-lo. Ele teria feito essa citação de propósito.

Exageros, delírios e especulações à parte, aquela era uma das melhores canções feitas por Evaldo, ajudada pelo arranjo impecável da dupla Perucci e Branco, com a colaboração de Jairo Pires e Guti. Eles a construíram em ritmo de marcha militar acelerada, *rock* e *soul music*, em que os sopros causavam um efeito contagiante, impossível de resistir a alguns movimentos dançantes do corpo. Mais uma vez, o tema era a rejeição completa e absoluta de um homem pela mulher amada, que beirava a humilhação ou a exagerada submissão do personagem. Ao final, porém, ele se erguia e dava o assunto por encerrado:

> *Eu não sou lixo*
> *Para você querer me enrolar*
> *Eu não sou lixo*
> *Pra você fora jogar meu bem*
> *Você fez coisas*
> *Que eu nunca hei de fazer*
> *Só peço a Deus, amor*
> *Que me faça te esquecer*
> *Tentei um dia*
> *Lhe dar todo o meu coração*
> *Mas eu não tive*
> *Nem sequer a sua compreensão*
> *Mas eu não ligo*
> *Pois seu desprezo não vai me acabar*
> *Eu já tenho a certeza*
> *Que um dia você vai pagar*
> *Nem tudo se joga fora*
> *Pois nem tudo é lixo, meu amor*
> *Eu lhe peço agora*
> *Vá em busca de outro amor*
> *Tudo que aconteceu*
> *Faça de conta que não houve nada*
> *De hoje em diante, querida*
> *Entre nós dois não existe mais nada*

Uma das poucas baladas do disco, *Esse Alguém*, parceria de Evaldo com Isaias Souza, não foi das melhores composições da dupla, porque os versos não fluíam com a eficiência ou a naturalidade de outras faixas, por mais que os arranjos tenham sido pensados para dar um encaixe perfeito. O tema era interessante, falava da experiência do rapaz atormentado pelo amor de uma mulher que se deixou levar pelas promessas de outro homem, só que comprometido. Curiosa também foi a estrutura poética que os dois compositores construíram, de versos curtos, quase telegráficos, de até uma palavra por linha:

*Eu, sei que esse alguém
Que então surgiu
Em sua vida
Vá impedir
O seu regresso
Ao meu coração
Por quê?
Eu, posso lhe dar
Felicidade
Infinita
Esse alguém
Só vai lhe dar
Muita ilusão
Ilusão
Ele fingindo
Apaixonado
E eu nas trevas
Desesperado
Ele é casado
E também já é pai
Mas de você não sai
E não te deixa em paz
Não, não vá ceder
Às pretensões
Deste fingido
Porque a mim
Sobre protestos
Você negou
Amor
Esse, alguém quer ver
O seu futuro
Destruído
Adormecida
Ilusão
Já despertou
Já despertou
(Refrão) (Bis)
Estou cansado*

De sofrimento
De desventuras
E de tormentos
Eu sou o mesmo
De alguns anos atrás
Não vou brigar jamais
Eu quero Amor e Paz

 Sem dúvida, uma das melhores e mais bem arranjadas gravações de Evaldo, além de um dos seus principais sucessos, a contagiante *Mentira* foi escrita e composta por Osmar Navarro, que era, naquele momento, um dos mais produtivos e eficientes fazedores de músicas de sucesso do país e trabalhava na RCA-Victor. A intenção aqui, sem dúvida, era manter a característica marcante do cantor de interpretar músicas com pegada de rock, diferentes dos demais cantores da já decadente jovem guarda, apesar de ele ser, às vezes, classificado como um dos cantores da fase final do movimento. O arranjo era uma pérola, todo cadenciado que empolgava na primeira batida quem estava ouvindo:

Vieram me contar e até jurar
Que é de outro que tu gostas
Fingi que não liguei
Mas quase meu amor, caí de costas
Me digas que é mentira
Tudo isso que eu ouvi
Naquele instante, só Deus sabe
Quanto eu sofri
Mentira, mentira, mentira
Eu sei que é mentira, mentira, mentira
Te amo com loucura
Sei que também gostas de mim, meu amor
Mentira, mentira, mentira
Mentira, mentira, mentira
Eu sei que é mentira, mentira, mentira
Te amo com ternura
Contigo eu quero ser feliz
Mentira, mentira, mentira...

Luiz Wanderley deu para Evaldo gravar outro que seria um de seus maiores sucessos, a edificante *Você Não Presta Pra Mim*. O título parecia tirado de uma frase da música *Você Não Serve Pra Mim*, lançada cinco anos antes por Roberto e Erasmo Carlos. A semelhança terminava aí. O que se ouvia era uma deliciosa balada de rock com refrão irresistível e que virou chavão por ter sido bastante tocada nas rádios: "Você não presta, meu amor". Dentro do gênero menos radical da música cafona que Evaldo, Timóteo e Nilton César seguiam, tornou-se uma das mais belas canções gravadas por ele, sobre o sujeito que vivia triste por ter sido traído pela amada e decidiu renunciar a qualquer nova forma de relacionamento:

Eu vou renunciar
Não quero mais amar
Não quero mais você comigo
Lhe dei todo amor
Você de mim zombou
Você foi meu castigo
Meu coração lhe dei
Jamais eu esperei
Em ser traído agora
Eu sinto a dor maior
Vivendo triste e só
O meu coração chora
Eu sinto a dor maior
Vivendo triste e só
O meu coração chora
Você não presta, meu amor
Você não presta, meu amor
Você me fez chorar
Você me fez sofrer
Nosso amor se acabou
Você não presta, meu amor
Você não presta, meu amor
Você me fez chorar
Você me fez sofrer
Nosso amor se acabou.

A primeira impressão que se tinha ao ouvir *Noite Cheia de Estrelas*, que encerrava o lado A, era que se tratava de mais uma grande composição de Evaldo, pelo modo tão pessoal que ele se apropriava desse clássico precursor da música dor de cotovelo, composta por Cândido das Neves "Índio", exatamente quarenta anos antes, e gravada por Vicente Celestino. Graças ao arranjo inovador, de rock pesado, essa versão praticamente reinventou a música, com arranjo forte, lembrando as bandas de rock nacional da década de 1980. A letra rebuscada, típica das serestas e serenatas do século XIX, acabou por funcionar como uma adição cômica ao tom dramático dos versos cantados por Evaldo, em dos grandes momentos de sua carreira como intérprete:

Noite alta, céu risonho
A quietude é quase um sonho
O luar cai sobre a mata
Qual uma chuva de prata
De raríssimo esplendor
Só tu dormes, não escutas
O teu cantor
Revelando a lua airosa
A história dolorosa
Deste amor
Lua, manda a tua luz prateada
Despertar a minha amada
Quero matar meus desejos
Sufocá-la com os meus beijos
Canto e a mulher que eu amo tanto
Não me escuta, está dormindo
Canto e por fim
Nem a lua tem pena de mim
Pois ao ver que quem te chama sou eu
Entre a neblina se escondeu
Lá no alto a lua esquiva
Está no céu tão pensativa
As estrelas tão serenas
Qual dilúvio de falena
Andam tontas ao luar

Todo astral ficou silente
Para escutar
O teu nome entre as endeixas
As dolorosas queixas ao luar

O OUTRO LADO

O lado B começava com *Esconda o Pranto Num Sorriso*, da dupla Jacy Inspiração e Marcos Lourenço, uma das sugestões de repertório feitas por Léo Borges. Era uma das músicas mais lentas e dramáticas do repertório de Evaldo, quase um hino fúnebre, que partia de um solo da soprano Maria José, que fazia parte do Coral de Joab, o mesmo que ficara famoso por gravar com a Orquestra de Guerra Peixe a marcha *Pra Frente, Brasil*, o hino nacional da Copa do Mundo de 1970, do carioca Miguel Gustavo (1922-1972).

A colocação de voz do cantor em seguida à bela e triste introdução de Maria José – que marcou a música inteira ao fundo – realçava ainda a intenção dramática da sua interpretação, com sua impostação em que mostrava o quanto tinha variações para cantar. O pessimismo da letra era marcante e falava de temas como curva do destino, ilusão, esperança, hora de dizer adeus, morte etc. A frase "esconda o pranto num sorriso" mostrava a terceira vez em que uma música cantada por ele falava em riso como contemplação de vingança:

Esconda o pranto num sorriso
Chegou a hora vou dizer-te adeus
A ilusão e a esperança
Ao seu amor que não me pertenceu
Vou pela rua desta vida
E já nem sei pra onde vou, pra onde vou
Talvez na curva do destino
Alguém me dê o que você negou
E no silêncio do passado
Você verá que o meu amor
Seria o mundo do seu mundo
Porque você não meditou

> *Esconda o pranto num sorriso*
> *Chegou a hora vou dizer-te adeus*
> *A ilusão e a esperança*
> *Ao seu amor que não me pertenceu*
> *Vou pela rua desta vida*
> *E já nem sei pra onde vou, pra onde vou*
> *Talvez na curva do destino*
> *Alguém me dê o que você negou*
> *Amor, Amor, Amor*

A faixa seguinte, *Te Amo Demais*, era a versão da balada country *Heart Over Mind*, do cantor e compositor americano Mel Tillis, que tinha sido gravada por uma infinidade de artistas nos Estados Unidos – a versão mais recente, de 1970, saíra na voz do cantor e comediante Dean Martin, aquele dos filmes em dupla com Jerry Lewis. A transposição para o português tinha sido feita por Sebastião Ferreira da Silva, grande amigo de Evaldo – era a segunda versão sua gravada por ele, no disco anterior saiu *Eu Desta Vez Vou Te Esquecer*.

Ao gravá-la, o cantor se posicionou, assim, diante da polêmica que dividia os cantores brasileiros. Desde a década de 1930, grandes nomes como Francisco Alves e Orlando Silva gravaram versões de sucessos estrangeiros. Mas a partir da década de 1950, quando o rock chegou ao Brasil, fazer transposição para o português virou mania fora de controle, que atingiu outros gêneros. Foi o caso de Agnaldo Timóteo, como já dito, que gravou alguns discos quase que exclusivamente de músicas estrangeiras versadas. As gravadoras sabiam que quase sempre versão era sucesso garantido. Se colou lá fora, funcionaria aqui.

Por um lado, dizia-se que gravá-las era bom para o país porque os direitos autorais ficavam no Brasil. Por outro, tirava espaço do compositor brasileiro. Wanderley Cardoso, um dos recordistas em versões, disse à revista *Cartaz* que só era contra músicas malfeitas e, também, contrário às transposições malfeitas. No caso de *Te Amo Demais*, a curiosidade ia além disso. Roberto Carlos tinha lançado, dois anos antes, em 1970, uma música de sucesso com entonação diferente ao cantar, *Vista a Roupa, Meu Bem*, interpretada com deboche, quase um número circense, em que ele tapava o nariz e alterava a voz para dar um tom divertido.

A mesma canção pareceu ter estimulado Evaldo a brincar nessa mesma linha. Tanto que era diferente de tudo que ele tinha feito, com marcação de violinos e guitarras, dentro do estilo country americano. Tornou-se um deleite para seus fãs:

> *Eu era feliz e não sabia*
> *Pois nem me importei de te perder*
> *Fui vivendo assim até que um dia*
> *Veio a saudade me fazer sofrer*
> *(Refrão)*
> *Meu bem, meu bem, eu te amo*
> *Não aguento mais*
> *Sem o seu amor não sei viver*
> *Eu te peço por favor*
> *Vem correndo, meu amor*
> *Junto a ti então feliz serei*
> *Pensei que estando longe esquecia*
> *Esta vontade louca de te ver*
> *Tentava esquecer não conseguia*
> *A sua ausência só me fez sofrer*
> *(Refrão) (Solo)*
> *(Refrão) (Bis)*

Transformada em um dos clássicos da discografia de Evaldo, a empolgante *Não Vou Chorar* foi composta por Evaldo e seu amigo Haylton Ferreira – o mesmo que divulgara seus compactos lançados pela RCA-Victor. Mais uma vez, os temas explorados por ele foram o abandono de amor e a difícil situação de encarar o adeus da mulher amada. Mesmo assim, ele resistia, dentro da máxima de que "homem que é homem não chora" e nem implora para a mulher voltar. A letra podia ser vista como a síntese acabada do gênero cafona, só que com um arranjo elaborado e sofisticado de Waltel Branco e Perucci, que freava o cantor o tempo todo, com intervenções dos instrumentos de sopro que funcionavam como contrapontos perfeitos:

> *Pouco me importa que tu voltes novamente*
> *Faz tanto tempo que até me acostumei*
> *Sem teus carinhos sem teus beijos, meu amor*

Eu vou seguindo disfarçando a minha dor
Ah, se eu pudesse ser feliz contigo agora
E nesta hora te entregar o meu amor
Em outros braços com alguém tu estarás
E certamente nem de mim te lembrarás
Não vou chorar, não
O teu adeus, não
Nem implorar, não
Um gesto teu
Não, não vou chorar, não
Não vou chorar, não
Homem não chora
Eu não vou chorar

    Uma das mais famosas canções gravadas por Evaldo, a letra de *Tudo Fizeram Pra Me Derrotar*, feita por ele e Isaias Souza, mostrava o "narrador" de certo modo rancoroso e vingativo – ou seria mero desabafo seu? –, no papel de desafiador daqueles que supostamente tentaram puxar seu tapete ou não deram apoio no começo da carreira. Seria uma letra sincera ou apenas algo dentro do estilo que escolheu para a sua carreira? Quem o conhecia não via nessa letra a personalidade atenciosa e dócil de Evaldo.

    De qualquer forma, o abandono familiar voltou a ser explorado na passagem "Que sem parente e sem um amor minha sorte vou chorar". Era a faixa que mais se aproximava do estilo de Agnaldo Timóteo, com uma entonação mais grave da voz e a presença do coral feminino de Joab. Evaldo falava que preferia morrer se não tivesse o amor cobiçado. Era, certamente, a mais longa de suas letras:

Tudo fizeram pra me derrotar
Não conseguiram ao menos lembrar
Que sem parente e sem um amor
Minha sorte vou chorar
Eu já não faço questão de viver
Sem teu amor posso apenas sofrer
Pois se você não voltar, meu amor
Eu prefiro morrer
Eu sei tudo isso é passado

Pois nem magoado
Eu te esqueceria
Então, vou seguindo teus passos
Se volta aos meus braços
Feliz ficaria
Teu pai sem pensar jogou fora
A felicidade que é toda tua
Sabendo que eu não tinha casa
Pois quase me arrasa
Jogando na rua
Tudo fizeram pra me derrotar
Não conseguiram ao menos lembrar
Que sem parente e sem um amor
Minha sorte vou chorar
Eu já não faço questão de viver
Sem teu amor posso apenas sofrer
Pois se você não voltar, meu amor
Eu prefiro morrer
Eu sei explicar o motivo
Eu sei porque vivo
Chorando ainda
Queria saber o que pensa
Porque minha crença
Parece que finda
Não sei se ainda resisto
Porém eu insisto
Só amo você, meu bem
Afaste alguém do teu caminho
Espero sozinho
Não tenho ninguém
Tudo fizeram pra me derrotar
Não conseguiram ao menos lembrar
Que sem parente e sem um amor
Minha sorte vou chorar
Eu já não faço questão de viver
Sem teu amor posso apenas sofrer
Pois se você não voltar, meu amor
Eu prefiro morrer

Evaldo não podia, claro, imaginar o quanto a letra de *A Vida Passando Por Mim*, a faixa seguinte, podia ser tão premonitória para ele, que morreria jovem demais. Dizia que "saudade, saudade, saudade foi o que restou", "o amanhã fosse o começo do meu fim". Falava também da impossibilidade de evitar o destino trágico que parecia próximo a quem cantava: "A vida passando por mim, o que vou fazer".

A letra de Jovenil Santo e Paulo Debétio soaria como a voz de alguém que parecia pressentir que desapareceria para sempre em breve. São versos belíssimos, carregados pelo tom de melancolia, bem ao estilo do cantor, que passava dor e desespero em tudo que cantava. A batida ritmada e marcada por instrumentos de sopros e as guitarras de Branco fizeram dessa canção uma das melhores de Evaldo:

A vida passando por mim
Preciso esquecer
Assim como estou é inútil
Que vou fazer?
Já nem sei mais quem sou
Nem para onde eu vou
Saudade, saudade, saudade
Foi que restou
Saudade, saudade, saudade
Foi que restou
Lembro-me ainda as rosas
Que ofertei para você
Jurando amor eterno
Sem saber
Que o amanhã fosse o começo
Do meu fim
Pois do seu caminho
Me perdi
A vida passando por mim
Que vou fazer?
Se o amor desejado por mim
Está com você
Já nem sei mais quem sou
Nem para onde eu vou
Saudade, saudade, saudade

Foi que restou
Saudade, saudade, saudade
Foi que restou

Mais uma vez, Evaldo deu parceria a Carmem Lúcia. Dessa vez, em *Alguém Que É de Alguém*, que trazia a novidade que marcaria o gênero brega, o aspecto religioso, de alguém que apelava a Deus para ajudar a superar a tristeza de gostar de alguém que já estava comprometido. Talvez seja a música mais "cafona" do cantor e uma das que tinham menos qualidade e riqueza melódica. Mais uma vez, ele recorria a uma de suas marcas – e de Agnaldo Timóteo também: recitar versos no decorrer da música, com impostação de Carlos Guarany, que o acompanhava desde o primeiro disco e só apareceu nessa faixa:

"Perdão senhor"
"A vossa lei eu cumprirei"
"Pois tenho certeza"
"Que outro amor encontrarei"
Eu gosto de alguém, que é de alguém
Senhor, o que eu devo fazer
Se gosto de alguém
Que vive com alguém
Nem sei o que eu posso fazer
Se à noite, fico triste, a sonhar
Com alguém, que já vive com alguém
O sonho se acaba depressa
E eu fico triste, muito triste, a chorar
Senhor, eu sei que estou errado
Mas a vós eu confesso
Estou apaixonado
Perdão eu peço
A vossa lei eu cumprirei
Pois eu tenho a certeza
Que outro amor encontrarei
"Perdão senhor"
"Perdão senhor"
"Perdão senhor"
"Perdão senhor"

Fechava o disco a faixa *Já Entendi*, de Edson Mello e Carlos Odilon, que seria uma das menos conhecidas da discografia de Evaldo. Por outro lado, deveria ser reconhecida como das mais belas canções, em ritmo de rock da jovem guarda, em que se destacava a presença de guitarras de Branco, embora viesse também acompanhamento de orquestra. Era outra letra premonitória sobre "adeus" e partida – "Talvez um dia, enfim lembrarás/ E com saudade, por mim chorarás". O arranjo parecia ter sido feito por Raul Seixas, que naquele momento era um dos produtores da CBS:

Já cai a tarde e você não vem
A praia triste está sem ninguém
O tempo passa, tudo perdido
A rua deserta, tudo dormindo
Já entendi que o mar
Cansou e também foi sonhar
Porém, eu o ouvi perguntar:
Por que vem olhar eu chorar?
Eu me perdi amor, estou com medo
Num mar profundo eu ficarei
O que fazer Senhor, se nada sou
Sem seu amor não viverei
Já entendi que o mar
Cansou e também foi sonhar
Porém, eu o ouvi perguntar:
Por que vem olhar eu chorar?
Um triste adeus, querida
Uma despedida
Um breve aceno por toda vida
Talvez um dia, enfim lembrarás
E com saudade, por mim chorarás
Já entendi que o mar
Cansou e também foi sonhar
Porém, eu o ouvi perguntar:
Por que vem olhar eu chorar?
Lá, lá, lá, lá, lá, lá, lá...

Os parceiros de Evaldo ou aqueles que lhe cederam músicas para o novo disco eram, em sua maioria, desconhecidos até mesmo no meio musical carioca – e das grandes gravadoras. A maioria lhe foi apresentada por Leo Soares como sugestões. À exceção do produtor, compositor e ex-cantor Osmar Navarro, seu padrinho musical. Foram eles: Pantera, Isaias Souza, Carlos Odilon, Luiz Wanderley, Jacy Inspiração, Marcos Lourenço, Sebastião Ferreira da Silva, Haylton Ferreira, Jovenil Santo, Paulo Debétio e Edson Mello.

A capa e a contracapa do disco trouxeram fotos de estúdio, feitas agora por Ricardo de Cumptich, e a concepção, mais uma vez pelo artista gráfico e diretor de arte Aldo Luiz de Paula Fonseca. Evaldo aparecia em pé, de corpo inteiro, com um terno completo em vermelho e lembrava bastante a capa do disco *Agnaldo Timóteo Comanda o Sucesso*, de 1969. Não era o que se podia chamar de capa original, parecida com algumas de Agnaldo Timóteo e Paulo Sérgio.

Todas as expectativas da Phonogram para o primeiro disco de Evaldo tinham sido superadas no decorrer de 1971. Em especial o número acima da média de músicas que caíram no gosto popular, depois de tocarem insistentemente em programas de rádio e TV foram pelo menos cinco das doze que formavam o álbum. Nenhum executivo, certamente, poderia imaginar que o segundo disco iria bem mais longe e levaria Evaldo ao patamar de astro da música popular. Mesmo que por tão pouco tempo. A vida, nesse momento, passava por ele com enorme alegria.

Capítulo 10

SORRIA, SORRIA

Lucky People
(Eu desta vez vou te esquecer)

Lucky People
(Eu desta vez vou te esquecer)

Transcrição para Piano de
ANTONIO ARRUDA

Letra e Música de ANDREW CHINICH
Versão bras. de Sebastião Ferreira

Em uma postagem no site dedicado a Evaldo, um dos compositores de duas das músicas que ele gravou, Carlos Odilon, contou que foi apresentado a ele por Jair Rodrigues, seu parceiro em várias composições. Dos seus fornecedores de música, o cantor teve aproximação maior com Sebastião Ferreira da Silva, morador de São Paulo e um dos mais conhecidos e produtivos autores de versões de músicas estrangeiras para o português. Por décadas, ele manteria um escritório no edifício que fica na esquina da Avenida Angélica com a Alameda Barros, no bairro central de Santa Cecília.

Durante quase três anos, a partir de 1970, os dois foram amigos constantes. Sebastião tinha formação de radialista, virou compositor e um disputado "versador" de canções de sucesso para português. Seu primeiro trabalho foi como porteiro na Rádio Cruzeiro do Sul, em São Paulo. Depois, passou pelos postos de operador técnico na mesma rádio e, alguns anos depois, tornou-se locutor. Por 28 anos trabalhou na Rádio Globo de São Paulo, e ficou dois anos na Record. Nesses lugares, envolveu-se intensamente com o meio musical e descobriu suas afinidades e talento para compor.

Nos anos de 1970, coube a ele o mérito de descobrir artistas que depois fariam sucesso, como Sidney Magal e Lady Zu. Compôs nessa época o clássico sertanejo *Filho Adotivo*, gravado por Sérgio Reis. Teve composições em discos de diversos artistas, como Moacyr Franco, Nilton César, Ângela Maria, Carmem Silva e Jerry Adriani. O seresteiro Altemar Dutra gravou nada menos que 22 composições suas. Ele contou para este livro que conheceu Evaldo na Rádio Globo, de São Paulo, quando lá apareceu para divulgar seu primeiro disco. "Jairo Pires, que é muito meu amigo, mandou que ele me procurasse para ajudar na divulgação. Eu fazia versões e era bem conhecido na época – por isso e por causa do meu programa que ele veio até mim".

Um ficou encantado com o outro e nasceu a amizade. "Evaldo era muito parecido comigo, um tremendo gozador, um negrinho simples, bacana, humilde, que tinha aprendido da vida ao ser criado na Funabem. Ele me chamava de Tião, pegou logo intimidade, estava sempre no meu escritório e frequentava minha casa, na Vila Prudente". Evaldo até criou relação de carinho com toda a família. "Ele chamava minha filha Katia Maria, que tinha nove anos na época, de 'Senhorina', como um gentleman, um cavalheiro que era". Nesses encontros, veio a ideia de reforçar o próximo disco com a segunda versão que gravou sua, quando ouviam alguns discos em casa.

O pedido foi do próprio cantor. "Tião, gostei desse country e quero gravar logo. Faz rápido uma versão para mim?" Evaldo se referia a *Te Amo Demais*, título que o radialista e compositor deu à balada *Heart Over Mind,* de Mel Tillis. Sebastião ressaltou que o amigo era uma pessoa grata a quem o ajudava, queria recompensar de qualquer forma. E lembrou de Roberto Muniz. "Ele o ajudou bastante nos primeiros tempos. Por causa disso, decidiu dar parcerias para sua filha (Carmem Lúcia), que era uma moça doente, e a fez ficar conhecida em todo Brasil como talentosa compositora, quando, na verdade, ele tinha feito tudo sozinho – composição e letras. Isso sim era generosidade".

Em março de 1972, Evaldo começou, finalmente, a fazer shows por todo país. De Porto Alegre a Manaus, com passagens pela maioria dos estados das regiões Norte e Nordeste. Nessa época, vivenciou um fato que ele adorava contar para os amigos. Aconteceu entre ele e um menino pobre, em uma cidade do interior de Pernambuco. O cantor tinha acabado de chegar e, por causa da expectativa que criara entre os moradores, o carro que o transportou foi logo cercado por adultos e crianças, assim que parou. "Ei, eu conheço você! Pode me dar um autógrafo?" Era um fã "escurinho", sem camisa, que batia no vidro do carrão azul, reluzindo ao sol, que transportava o cantor, como descreveu seu amigo Jorge Mascarenhas, no texto póstumo que publicou no jornal *O Dia*, em 4 de fevereiro de 1973.

Evaldo lhe contava sempre essa passagem de sua carreira com alegria. "Embora não fosse favorável à sua popularidade", segundo Mascarenhas. "Mas ele era um gozador, um amigão de sorrir". O jornalista retomou a narrativa: "O carro parou e a garotada o cercou. A meninada queria beijos do cantor. O escurinho que chegou primeiro e insistiu no autógrafo devia ter uns seis anos. Rosto suado e dentes à mostra, insistia no autógrafo. Não tinha papel nem caneta. Evaldo pediu ao motorista do carrão. Ele entregou o papel e o menino saiu em disparada para mostrar seu pequeno tesouro à família. Antes, porém, agradeceu: 'Obrigado, Pelé!!!' Evaldo ficou sem graça no início, mas depois deu risadas a valer. E, quando contava isso, dizia que ser confundido com Pelé era uma tremenda banca".

Naquela mesma noite, antes de cantar para a multidão que foi vê-lo, Evaldo contou o episódio à plateia, que riu. E fez questão de esclarecer, em tom de galhofa, ao se reapresentar: "Olha, gente, eu sou Evaldo Braga, o cantor crioulo mais simpático do Brasil, tá?" Como Mascarenhas lembrou, a falta de carinho na infância levava Evaldo a buscar nos amigos e companheiros de agora a família que nunca teve. Assad de Almeida, chefe de divulgação da Phonogram, por exemplo, era carinhosamente chamado de "meu pai branco" – tratamento que ele dava também a Chacrinha, Roberto Muniz e Osmar Navarro. "A morte do locutor (Muniz) – em dezembro de 1970 – foi, para Evaldo, um golpe tremendo".

Outra história presenciada pelo amigo revelava que Evaldo falava realmente sério quando lamentava não ter conhecido a mãe. E que a fama perseguida por ele tinha como principal objetivo ajudá-lo a encontrá-la. Ou melhor, forçá-la a procurá-lo. No Natal de 1971, ao passar em frente a uma loja de roupas para senhoras, ele viu um vestido preto de bolinhas e ficou um bom tempo olhando o traje. Achou a peça bonita. "Vamos embora, Evaldo", chamou Mascarenhas. "E ele, de riso triste, falou: 'Tá vendo aquele vestido ali, Jorge? Eu daria tudo na vida para poder comprá-lo para minha mãe. Ela ia ficar linda com ele'. Atravessamos andando o quarteirão. Ele me puxou pelo braço e voltamos. Entrou na loja e comprou a peça. A quem o deu? Não sei. Perguntar talvez fosse quebrar uma ilusão. Só sei que ele saiu feliz com aquele presente que seria da sua mãe, se ele a conhecesse".

Outro tema espinhoso que o cantor começou a lidar desde o primeiro LP foram as críticas que recebia em programas de rádio e TV, pois a imprensa escrita, na maioria das vezes, foi generosa com ele. Seu confidente e conselheiro nesse assunto era Assad de Almeida, experiente em lidar com questões assim, como comunicador veterano que era. Ele dizia ao jovem cantor: "Aceita as críticas, bicho, são sinais de que estão te notando". Evaldo não aceitava. E ia mais longe, recortava o que saía negativo impresso e desabafava, quando ia ao departamento de divulgação da gravadora: "Olha aqui, o cara diz que eu não canto nada, manda ele ver quantos discos estou vendendo, diz pra ele, Assad".

Evaldo era sim cantor de bela voz, tinha material vocal, talvez lhe faltasse lapidação, de acordo com Mascarenhas. E se comunicava de modo extraordinário quando ficava diante de plateias. Mais que qualquer outro cantor daquele momento. Ninguém podia negar, de acordo com o amigo, que poucos sabiam sacudir um auditório como ele. Testemunha ativa daqueles tempos, o jornalista observou: "Seus sucessos *Só Quero* e outros ouriçavam os programas de televisão – Chacrinha, Haroldo de Andrade, Silvio Santos, Moacyr Franco, Bolinha e outros animadores, que tinham sempre nele o trunfo para levantar a plateia. Ele esquentava o público. Ele, sempre gozador, dizia antes de entrar em cena: 'Vou engolir esse programa agora'".

Mascarenhas garantiu que Evaldo foi quem mais vendeu discos em 1971, na Phonogram. Acabou por levar o prêmio Antena de Ouro daquele ano, entregue em dezembro de 1972, em evento na Associação Atlética Vila Isabel. O evento foi organizado por Mascarenhas para os jornais *O Dia* e *A Notícia*, com apoio da TV Rio. Nessa noite, misturado com gente famosa, como os atores Regina Duarte e Sérgio Cardoso e os cantores Jerry Adriani e Eliana Pittman, todos agraciados com o troféu, além de outras celebridades como Rui Porto – Evaldo teve seu momento de glória.

Ao subir ao palco para agradecer a premiação e receber o troféu em forma de antena de transmissão via satélite, ele falou: "Sou um crioulo feliz, que pouco tenho a me queixar da vida. Só de receber essa antena de ouro de um irmão branco de *O Dia* e *A Notícia*, sintome realizado e certo que venci na carreira". O irmão a quem se referia era Jorge Mascarenhas. O depoimento seria incluído no videoteipe que a TV Rio gravou, durante a festa, e exibido na primeira semana de dezembro daquele ano.

Numa noite de festa na Boate Flag, na esquina da Aires Saldanha com Xavier da Silveira, em Copacabana, Mascarenhas foi com Evaldo ver um show de Jorge Ben (Benjor). Enquanto o cantor soltava a voz, ele lhe tecia os maiores elogios. "Esse crioulo tem de ser respeitado. Um dia ainda gravo um negócio dele, isto é, se ele deixar. Mas acho que deixa sim porque ele é meu chapa". E naquela noite, com a Flag lotada, quando já se ouvia as maiores ovações para o cantor, tudo era meio sacado pelo menino Evaldo. Em outra noite, após participar do programa de Chacrinha, na Globo, ao chegar ao final da Rua Marques de Pombal, Evaldo pediu para o motorista do apresentador parar no local onde deveria descer. "Você mora aí?", perguntou Chacrinha.

O cantor respondeu, seguro: "Eu me escondo, por enquanto. Em 1974, quero estar sendo seu vizinho na Avenida Atlântica, com mulher e filhos". Sua determinação impressionou o apresentador. "Ué, você já tem mulher e filhos?", retrucou Chacrinha. Do lado de fora do carro, apoiado na janela, Evaldo explicou o que queria dizer: "Não, não tenho. Não tenho nada ainda. Nem apartamento, nem mulher, nem filhos. Mas vou ter, você vai ver." Assad de Almeida estava no carro e disse para Chacrinha que Evaldo era um 'menino ajuizado', porque estava pensando em comprar apartamento primeiro, para depois sair para o carro". Pensou assim por um bom tempo, até o dia que resolveu inverter a ordem e adquirir o carro primeiro, em janeiro de 1973.

Mascarenhas conviveu com Evaldo tempo suficiente para afirmar que era namorador contumaz – informação confirmada por Nilton César. Caía de quatro facilmente, chegou a ter grande paixão por uma jovem e passou momentos de fossa, mergulhado em melancolia, porque ela se recusou a se casar com ele. Dessa experiência, porém, tiraria a inspiração para compor várias músicas. "Um dia, em viagem de Recife para o Rio, em pleno voo de jato, contava-me: 'Quem diria, hein? O crioulo Evaldo Braga dentro de um jato tomando licor francês servido por uma loira e com outra esperando por ele no aeroporto". Dito e feito. No Galeão, uma loira alta e linda veio recebê-lo. Naquele instante, "Evaldo escolheu os lugares mais movimentos para mostrar a acompanhante loira, como o garoto que acaba de ganhar uma bicicleta".

COMPACTOS

Entre os dias 16 e 25 de junho, Evaldo foi um dos destaques em Salvador, Bahia, na série de shows promovida pela TV Aratu (Globo) no Largo da Boa Viagem, Cidade Baixa. Além dele cantaram Paulo Sérgio, Tião Motorista, Tom e Dito e outros. O primeiro LP de Evaldo continuava a ser tocado quase um ano depois do seu lançamento. Em 17 de junho de 1972, *Meu Deus* estava em oitavo lugar nas paradas do Rio de Janeiro, pelo ranking do *Jornal do Brasil*. Em primeiro, continuava a imbatível *Eu Vou Tirar Você Desse Lugar*, de Odair José. Em 1º de julho, a canção *Nunca Mais, Nunca Mais* apareceu em sétimo. Curiosamente, a primeira já tinha saído no compacto duplo anterior, com canções do primeiro disco.

E voltou no compacto simples lançado naquele mês, com *Todas as Noites* no lado B, que não seria incluída no *Ídolo Negro Volume 2*. *Todas as Noites* era a segunda parceria entre Jair Rodrigues e Carlos Odilon, gravada por Evaldo. A batida ritmada e o refrão do Coral de Joab, acompanhado de instrumentos de sopro, realçavam a beleza dessa música que acabou engolida pela explosão de *Sorria, Sorria*, que veio em seguida. A letra, uma das mais elaboradas que o cantor gravou, tinha todos elementos de uma canção para serenata:

> *Todas as noites, quando eu vejo a luz da lua*
> *Eu não resisto e começo a chorar*
> *Pois numa noite muito triste, enluarada*
> *Foi que juramos nunca mais nos separar*
> *Mas com o tempo ela se modificou*
> *E eu senti o seu amor chegando ao fim*
> *Todas as vezes em que eu me aproximava*

Ela aos poucos se afastava muito mais
(Refrão)
Por isso eu choro, sim
Por isso eu sofro, sim
Não me envergonho, não
Por te amado tanto assim
Todos os sonhos de amor já não existem
E a saudade já não cabe mais em mim
De tanto amar minha vida ficou triste
Por esperar meu sofrimento não tem fim
Por onde passo vou sentindo sua ausência
Tudo que faço é motivo pra lembrar
Daquele amor que hoje só em mim existe
E dos carinhos que eu não terei jamais
(Refrão) 4x

Na segunda quinzena de agosto, enquanto *Todas as Noites* era tocada nas rádios país afora, a Polydor lançou um compacto duplo com o título *O Ídolo Negro Volume 2*. Reunia quatro canções, três delas hits em forma de rolos compressores que consagrariam Evaldo. Nada menos que *Sorria, Sorria, Eu Não Sou Lixo, Mentira* e *Esconda o Pranto Num Sorriso*. Foi uma "loucura", segundo Jairo Pires. Estima-se que 50 mil compactos foram vendidos em três semanas.

Em 2 de setembro de 1972, o disquinho apareceu em décimo entre os mais vendidos do Rio na última semana de agosto do ranking do *Jornal do Brasil*. Na frente dele, por ordem crescente, estavam alguns dos nomes da nobreza do mercado de discos: Elis Regina, The Fevers, Gilberto Gil, Chico Buarque, Clara Nunes, Roberto Carlos, *Explosão de Samba* (coletânea) e a trilha sonora nacional da novela *Selva de Pedra*. Seu disco era o único dentre os chamados "cafonas".

Até que que veio o mês de novembro e também o esperado LP *Evaldo Braga – O Ídolo Negro Volume 2*. Como diria o apresentador de TV Jota Silvestre em seu famoso programa, o céu parecia o limite para Evaldo. Aos 25 anos, completados em 28 de setembro, estava consagrando uma carreira que parecia ser duradoura e marcante na história da música popular do Brasil.

OS GALÃS DE S

Na edição de 13 de julho de 1971, a revista *Intervalo* trouxe como poster nas páginas centrais uma foto histórica, com alguns dos maiores ídolos populares da época. Da esquerda para a direita:

VIO SANTOS

Agnaldo Rayol, Ewaldo Braga, Toni Angeli, Wanderley Cardoso, Ana Rosa (madrinha), Silvio Santos, Luis Fabiano, Ari Sanches, Betinho e Paulo Sérgio

Foto de Paulo Salomão

TV inTervalo

Agnaldo Rayol, Evaldo Braga, Tony Angeli, Wanderley Cardoso, Ana Rosa, Silvio Santos, Luis Fabiano, Ari sanches, Betinho e Paulo Sérgio.

CLÁSSICOS

O ano de 1972 rendeu uma das melhores safras de sucessos da história da MPB. Como aconteceu em 1933, 1937, 1959 e 1967 (para a música pop), para citar alguns. A coleção de discos que saiu em seus doze meses foi marcada por obras que se tornariam clássicas: *Acabou Chorare*, dos Novos Baianos (Moraes Moreira, Paulinho Boca de Cantor, Baby Consuelo, Galvão e Pepeu Gomes); *Clube da Esquina*, de Milton Nascimento & Lô Borges; *A Dança da Solidão*, de Paulinho da Viola; *Expresso 2222*, de Gilberto Gil; e *Transa*, de Caetano Veloso, entre outros.

No segmento mais popular, Roberto Carlos fez aquele que, para muitos, foi o melhor disco de sua carreira e afastou do seu trono a ameaça de Odair José, que quase o desbancou no ano anterior em volume de vendas. Roberto lançou um LP cheio de futuros hits naquele e no seguinte. Sem querer, construiu um álbum conceitual marcante que era o retrato melancólico e cinzento do Brasil naquele período tão terrível de opressão e repressão da Ditadura Militar – não que ele se posicionasse politicamente em sua obra ou verbalmente.

Todas as faixas soavam depressivas, tristes. Na capa, o semblante de cantor dava a impressão de sofrimento – depois, seria compreendida como de um disco essencialmente autobiográfico. Todas as faixas se tornaram clássicos de seu repertório: *A Janela, Como Vai Você, Por Amor, À Distância, A Montanha* (carro-chefe do disco, sobre Jesus Cristo), *Você Já Me Esqueceu, Quando as Crianças Saírem de Férias, O Divã* e *Agora Eu Sei*. Na penúltima, carregada de metáforas e frases cifradas, ele revisitava o pesadelo de infância que o traumatizaria por toda a vida, quando teve parte da perna mutilada por um trem, quando o mesmo era manobrado perto de sua casa.

Destacaram-se ainda em 1972 as músicas mais populares que marcaram época e alavancaram as vendas de seus respectivos compactos ou LPs. Começava com Moacyr Franco (*Eu Nunca Mais Vou Te Esquecer*) e seguia com Odair José (*Esta Noite Você Vai Ter que Ser Minha*), Eliana Pittman (*Das 200 Para Lá*), Reginaldo Rossi (*Mon Amour, Meu Bem, Ma Femme*), Sérgio Sampaio (*Eu Quero Botar Meu Bloco Na Rua*), Paulo Diniz (*Pingos de Amor*), Wanderley Cardoso (*Fale Baixinho*), Claudia Barroso (*Por Deus Eu Juro*), Gal Costa e Maria Bethânia (*Oração de Mãe Menininha*), Waldick Soriano (*Eu Não Sou Cachorro Não*), Chico

Buarque (*Quando o Carnaval Chegar* e *Construção*), Roberto Carlos (*A Montanha*) e Evaldo Braga (*Sorria, Sorria*).

As rádios também tinham a sua parada de sucessos internacional, alimentada pelas novelas da Rede Globo, que chegavam a bater os 100% de audiência em alguns capítulos. A gravadora da emissora, a Som Livre, tornara-se uma máquina de fazer dinheiro, com duas trilhas sonoras para cada produção – nacional e internacional. Naquele ano o maior destaque foi *Rock And Roll Lullaby*, de B. J. Thomas, tema dos personagens Simone e Cristiano, da novela *Selva de Pedra*, interpretados por Regina Duarte de Francisco Cuoco.

Fenômeno inacreditável aconteceu com a desconhecida banda holandesa The Walkers, meio caipirona, country, cheia de músicos hippies e cabeludos, cuja música *There's No More Corn On The Brasos*, sobre um massacre ocorrido no começo do século XX, nos EUA, tocou tanto no Brasil entre 1971 e 1972 que vendeu impressionantes 500 mil compactos. A lista incluía ainda Don McLean e sua *American Pie;* Bee Gees, com *My World*; e John Lennon se consagrou em carreira solo com seu hino pacifista *Imagine*, contra a Guerra do Vietnã e todas as guerras.

Evaldo, nesse universo, era um peixe fora d'água. Jamais seria avaliado sobre o valor do seu álbum ou em que gênero musical ele realmente se encaixava, com seu rock cafona, altamente produzido pela Polydor, com grandes arranjadores, músicos e técnicos de som, que o afastava do simplismo dos arranjos feitos para Waldick Soriano, Lindomar Castilho, Reginaldo Rossi e José Ribeiro. Mas não competia com Roberto diretamente. Estava no patamar, é preciso repetir, de Agnaldo Timóteo e Nilton César.

Mas fez um disco brilhante, em que todo o *know-how* da Phonogram foi mobilizado para gerar um trabalho de primeira grandeza, de bom gosto e sem a vulgaridade dos cantores concorrentes. Ao comentar *O Ídolo Negro Volume 2*, o pesquisador Paulo Luna observou que o LP trouxe novamente a ambiguidade temática que tanto podia levar a ilações sobre um relacionamento amoroso desfeito do primeiro trabalho, "logicamente, a interpretação mais imediata", como remeter também à biografia e ao abandono sofrido na infância.

Quando Evaldo terminou de colocar a última voz na música que fechava o disco, todos na gravadora acreditaram que tinham na mão um belo álbum – "redondo", bem finalizado, de temática quase conceitual. Sem dúvidas, melhor que o anterior e com músicas que cairiam, certamente, no gosto popular. Seria bem mais que isso, mas só o tempo mostraria. Nascia, ali, um clássico popular, capaz de fazer do cantor um dos maiores e mais bem vendidos intérpretes populares do país na segunda metade do século XX.

O entusiasmo foi tanto que se passou a acreditar que, com aquele LP, Evaldo poderia desbancar o reinado de Roberto Carlos em vendas. Exagero? Talvez. Precisaria de tempo para isso. E essa necessidade logo desapareceria para Evaldo. Se a vida escrevia certo por linhas tortas, chegara a vez de o Brasil se curvar diante da voz de um certo Evaldo Braga. E ele estava pronto para ao menos se divertir promovendo o disco, porque essa era a impressão que passava: falante e brincalhão, parecia possuído por uma radiante felicidade.

O cantor já era conhecido por suas roupas espalhafatosas, de cores fortes e berrantes, identificadas com as preferências da população afrodescendente. Nos dedos, anéis brilhantes e grandes em todos os dedos e uma correntinha de prata presa ao punho e ligada aos anéis da mão direita, como observou a revista *Veja* em seu obituário. Somava-se a isso o inseparável terço católico sugerido por Nilton César. As impressionantes habilidades de Evaldo para se promover pela simpatia levavam-no a nunca sair de casa sem um pequeno envelope, onde carregava ao menos uma centena de fotos já autografadas para distribuir às fãs.

Depois de ter sido anunciado para setembro e outubro, o volume 2 de *O Ídolo Negro* começou a chegar às lojas de todo país precisamente no dia 6 de novembro de 1972, como umas das apostas de grandes vendas de fim de ano pela Phonogram. Ou seja, um belo e razoavelmente barato presente de Natal para os casais apaixonados. O compacto duplo de *Sorria, Sorria, Eu Não Sou Lixo* e *Mentira* era um sucesso de vendas, passara das 150 mil unidades vendidas ao longo dos dois meses anteriores. Como noticiou o *Jornal do Brasil*, o disco chegou às lojas juntamente com o novo LP de Jair Rodrigues, intitulado *Com a Corda Toda*.

Por mais que Evaldo continuasse a reclamar da crítica, recebeu comentários elogiosos. "Tecnicamente, o disco teve tratamento da mais alta qualidade, apresentando um resultado excelente", escreveu a revista *Amiga,* em sua coluna de lançamentos musicais. E acrescentou: "Sua capa é simples e de bom gosto, mostrando-nos o cantor de corpo inteiro. É um álbum que não pode faltar em qualquer discoteca".

DESAFETOS

Se criava amigos e ganhava fãs, o sucesso também fez nascer desafetos e inimigos. O explosivo e falante Agnaldo Timóteo não demorou para perceber que Evaldo fora "criado" pela Phonogram para competir com ele. Quase meio século depois, ele tentou, inicialmente, em depoimento para este livro, restringir o cantor a um concorrente artificial e inferior, que jamais chegou a ameaçá-lo ou a incomodá-lo. "Não me recordo exatamente onde vi ou o que ouvi desse rapaz pela primeira vez, mas posso dizer que ele era a minha cópia e foi lançado pelo Chacrinha, lembro bem disso. Foi tudo armado para isso. De qualquer modo, era um crioulo lindo, muito elegante. Mas não me incomodou. Tanto na época quanto agora eu era muito melhor que ele".

Os dois nunca chegaram a ficar frente a frente, segundo Timóteo. Estiveram, porém, por algumas vezes no mesmo lugar e hora, quando Chacrinha organizava seus famosos shows em clubes da periferia do Rio. Os organizadores dessas apresentações, no entanto, sabiam da rivalidade entre os dois e procuravam colocá-los em horários diferentes – a imprensa alimentava a competição entre eles, com notas provocativas. Ou seja, um abria o show e o outro fechava – geralmente, Timóteo – ou vice-versa. "Eu sabia que ele se apresentaria também, uma vez cheguei a vê-lo sentado, esperando sua vez, mas passei direto, não o cumprimentei". Anos depois, Timóteo gravaria *Sorria, Sorria*.

O compositor e produtor Osmar Navarro, ao que parece, foi um dos que acreditaram na versão difundida de que Evaldo nasceu de uma prostituta e foi jogado em uma lata de lixo. Na entrevista citada para Paulo César de Araújo, citada no livro *Eu Não Sou Cachorro Não*, ele recordou que, não fazia muito tempo que tinha alcançado o sucesso, Evaldo resolvera ir à procura de suas origens familiares na cidade de Campos de Goytacazes. Hospedou-se em um hotel e ficou por lá alguns dias, pesquisando, conversando e fazendo perguntas a algumas pessoas.

Queria descobrir de uma vez por todas quem era a mãe. Certa tarde, teria encontrado na rua um senhor já bem idoso que disse ter conhecido uma mulher com as descrições que ele deu. E contou que ela era, na verdade, uma prostituta conhecida em Campos e que havia muitos anos teve uma criança e a abandonou numa cesta de lixo de uma casa de família. Esta teria recolhido o recém-nascido, mas preferiu não o criar e o deixou num orfanato. Depois de uma série de detalhes que aquele homem lhe contou – não revelou quais –, Evaldo disse ter saído de lá convencido de que a criança da lixeira era ele próprio.

Navarro contou ainda a Araújo sobre o afilhado musical: "A partir desse dia, a vida de Evaldo acabou". Segundo ele, o cantor se acostumou a chamá-lo de pai, embora a diferença de idade entre os dois fosse de apenas quinze anos. "Ele que não bebia e não fumava (depois da informação sobre sua origem) começou a beber e a fumar que nem um louco. E, um dia, chorando, disse para mim: 'Pai, eu não sou lixo, minha mãe não podia ter feito isso comigo, por que ela fez isso, meu pai?' Eu tentava consolá-lo, orientá-lo da melhor forma possivel, mas não teve jeito". De acordo com Navarro, Evaldo dizia: "Eu não quero mais saber de nada, não. Eu quero morrer, eu quero morrer".

Aquela informação podia não ser correta e o homem que a deu talvez tenha confundido sua história com a de outra pessoa. Mas Evaldo queria acreditar e a descoberta foi realmente um trauma terrível para ele, afirmou o compositor. "Sua vida se desestruturou a partir daí. Tanto que, no dia do acidente, o laudo médico acusou uma grande quantidade de álcool no sangue de Evaldo" (esse dado não foi encontrado na pesquisa para este livro, sabe-se apenas que Evaldo dormia no momento da tragédia). Teria sido o produtor engolido pela repetição criada nas décadas seguintes sobre a história da lata de lixo ou Evaldo passou a ver verdade na história, a ponto de contá-la como verdade para comover o amigo? Ao que pareceu, não fazia isso por mera brincadeira com propósito de ter mais atenção.

A história da mãe prostituta e da lata de lixo não seria confirmada por Nilton César, uma das pessoas que mais conviveram com o jovem cantor na intimidade. "Evaldo comentava alguma coisa sobre isso, mas a bem da verdade ele não sabia ao certo o que tinha acontecido. Ninguém sabia, era tudo especulação, invenção, e ele absorvia tudo, acreditava no que lhe diziam e ficava arrasado durante dias. Ele sempre falava algo sobre o abandono dos pais, principalmente o fato de não ter conhecido a mãe. Mas nunca se confirmou essa história do lixo. Ele não tinha certeza de nada. Talvez a gravadora pegou no ar, mas não sei. Só abro a boca quando tenho certeza".

Nilton guardaria outra opinião em relação à mudança de comportamento do ex-funcionário. Para ele, simplesmente o sucesso deslumbrou Evaldo além da conta e ele mudou drasticamente de postura com os amigos. "Infelizmente sou obrigado a dizer que ele virou outra pessoa, subiu para a cabeça e se tornou complicada a nossa relação de amizade. Depois do segundo compacto, Evaldo deixou de morar em meu apartamento e as coisas entre nós mudaram radicalmente, tornou-se, talvez pela vida sofrida que ele levou, inviável. Ele não deu valor à sua origem, passou a fazer um sucesso atrás do outro e se tornou alguém distante, apesar de simpático para o público".

Segundo Nilton, a gravadora direcionou Evaldo "para outras coisas", outro tipo de postura pública, no sentido de orientá-lo a como se comportar, o que dizer, com quem andar, falar, os lugares que deveria frequentar. "Acho que até no modo de vestir, que se aproximou bastante do de Agnaldo Timóteo". Afinal, caminhava para ser um astro e não podia se comportar como antes, precisava impor um estilo – sugestão que Nilton lhe deu ao indicar o uso do terço na mão direita. "Tivemos uma última conversa, percebi que ele estava maravilhado com aquilo tudo. Achei que deveria deixá-lo seguir sua vida e por mim estaria tudo certo. Nos desligamos, simplesmente, sem brigas, e ele parou de dar notícias".

O cantor, porém, sempre fez questão de deixar claro sua amizade com Evaldo. "Tenho a felicidade de dizer que me conforta o fato de ele seguir a orientação que eu dei nos primeiros passos de sua carreira". Algo de errado, no entanto, aconteceu entre eles, Nilton acabou por admitir. Mesmo sem dar detalhes, o cuidadoso cantor sinalizou que Evaldo, em algum momento, desrespeitou mulheres comprometidas, assediando-as para relacionamentos. Tema, aliás, que ele tratou na música *Perdão, Senhor!* Em uma passagem, Evaldo cantava: "Eu gosto de alguém, que é de alguém/ Senhor, o que eu devo fazer/ Se gosto de alguém/ Que vive com alguém/ Nem sei o que eu posso fazer".

Nilton não respondeu se o problema ocorreu entre os dois ou com pessoas conhecidas, e até onde Evaldo foi em sua investida na mulher com quem o patrão se relacionava. "Essa parte das namoradas vou deixar de lado. Não quero questionar em nada sua sexualidade, não me refiro de forma alguma a isso. Pelo contrário, ele era heterossexual até demais, talvez exagerasse um pouco nesse sentido, pois você não pode cobiçar a mulher dos outros". O cantor acrescentou ainda sobre a postura do funcionário nessa área: "Evaldo não levava mulheres ao meu apartamento. Mas depois que veio a fama, passou a cobiçar (a mulher alheia). De qualquer modo, ele está perdoado", divagou o cantor.

Evaldo se tornou mesmo alcoólatra após o sucesso do compacto *Só Quero*? No meio musical, boatos assim circulavam, apesar de não se ter encontrado registros sobre isso. Ao contrário, algumas pessoas, como a assessora de imprensa Maggy Tocantins, que conviveu com ele por quase dois anos, garantiram que ele não bebia. Só tomava refrigerante. O álcool veio mesmo depois da fama, acreditava Nilton César. "Quando marcamos no restaurante para nos conhecermos, ele contou que nunca tinha tomado bebida alcoólica. Começou a beber quando gravou pela Phonogram, acho que a bebida mudou um pouco seu comportamento, sua personalidade. Para mim, causou surpresa quando soube que ele andava bebendo álcool. Mas, tenho certeza, nunca se envolveu com drogas. A partir do momento que passou a tomar conta da própria vida, talvez tenha ficado deslumbrado com tudo à sua volta", repetiu.

Para Odair José, os comentários no meio musical davam conta que, nos dois últimos anos, Evaldo tinha mesmo se entregue à bebida, embora esse seu lado jamais aparecesse quando se apresentava nos programas de TV e rádio ou cantava em shows. Os amigos mais próximos até apontaram a causa para isso. "Ele não bebia, mas pessoas mais próximas diziam que o consumo de álcool – principalmente uísque, que se tornou sua bebida preferida – começou depois que Evaldo foi atrás das informações em Campos para descobrir sua origem. Ele chegou às freiras que o tinham acolhido, que não puderam ajudá-lo a chegar ao paradeiro da sua mãe".

Não houve briga ou discussão entre eles para levar ao afastamento entre os dois, garantiu Nilton. Inclusive no final. Nem chegaram a ter algum distrato ou conversa sobre sua saída da função de divulgador de discos e "secretário". Simplesmente, um dia o cantor encontrou a chave de seu apartamento, onde Evaldo morava, na portaria do prédio no Rio, e cada um tomou seu rumo. Como Nilton também emendava um sucesso atrás do outro e viajava bastante para shows e participações em programas de rádio e TV, não se preocupou mais com o antigo empregado.

Concluiu que, por saber do contrato dele com a Phonogram, Evaldo estava encaminhado na vida profissional. "Ele parou de ter contato comigo, sumiu, deixou de me ligar. Sempre tive a postura de que, quando percebo que a pessoa quer seguir um caminho próprio do qual não faço mais parte, deixo. Mas foi uma pena que nunca mais nos encontramos como amigos e confidentes que nos transformamos, não apenas na relação empregado e patrão. Lembro que aconteceu certa vez de eu chegar no mesmo show que ele ou programa de televisão – não sei mais ao certo – em que Evaldo fora escalado, mas já tinha se apresentado e ido embora".

Outro que guardaria lembranças de Evaldo seria o produtor musical Marco Mazolla, que era bem jovem em 1971 quando participou como técnico do primeiro disco, *O Ídolo Negro*, e acompanhou o segundo, embora seu nome não aparecesse nos créditos colocados no verso da capa. "Eu praticamente estava começando quando Evaldo surgiu. Tinha pouca idade, mas Jairo não abriu mão de eu ser o técnico de suas produções (e acabou por cuidar do disco dele). Com isso, foi um pulo para eu começar a produzir discos do selo Polydor, inicialmente".

Para Mazolla, Evaldo era "uma pessoa superorganizada na hora de trabalhar, alegre, expansivo, e sabia o que queria quando entrava para gravar as músicas, além de alguém bem fácil de lidar no estúdio". O produtor não esqueceria da gravação que participou de *Sorria, Sorria*, que lembrou como um hit marcante daquele período. A música tocou tanto que virou brincadeira entre ele e Jairo: "Com o sucesso dessa música, e como era uma época em que eu e Jairo vivíamos dando cantadas nas garotas, o nosso slogan se tornou assim: 'Sorria meu bem. Sorria meu bem! Você com Jairo e Mazzola vai se dar bem!'" (risos).

ATENÇÃO

Em 1972, havia controvérsias sobre as vendas do primeiro LP de Evaldo, quando se comparava os números citados pela imprensa e aqueles supostamente fornecidos pela assessoria de imprensa da Phonogram – que variavam de jornal para jornal ou revista. Falou-se depois entre 100 mil e 300 mil cópias. Ou 700 mil, se somados os compactos. A atenção que a gravadora lhe deu na produção do segundo álbum apontava para números talvez maiores. Ele caminhava para se tornar um ídolo da música popular, apesar de não ser lembrado na galeria dos artistas considerados da "legítima" MPB.

Seria, caso passasse no teste do segundo disco. Assim, consagraria uma carreira que começou explosiva, meteórica. Tudo apontava para além disso, nos dois últimos meses de 1972. Com o LP *O Ídolo Negro Volume 2* nas lojas, Evaldo havia caído no gosto dos programadores das atrações de auditório dos principais canais de TV – Globo, Tupi, TV Rio, Bandeirantes e Record. No final de outubro, dizia-se bastante feliz. Antes do novo disco chegar às lojas, foi informado que já tinha 50 mil cópias encomendadas. Parecia que os tempos de miséria e tristeza tinham acabado definitivamente. *Sorria, Sorria* tocava milhares de vezes, diariamente, em rádios de todo país.

Tudo havia mudado muito rápido em sua vida. A sorte estava ao seu lado. Gostava de contar que percebeu isso ao fazer uma viagem a Manaus e ganhar de presente de uma velhinha que veio abraçá-lo a pulseira de prata que jamais tiraria do pulso. Pelo menos até o show que deu na noite de 30 de janeiro, em Belo horizonte, poucas horas antes de sofrer um acidente de carro. "Ela me disse que a pulseira me daria sorte enquanto eu a usasse. Até agora, não me desiludi. Muito pelo contrário, tudo vai bem, é meu talismã", disse ele em entrevista à repórter Nelly Rodrigues, publicada na revista *Cartaz* 38, de 22 de setembro de 1971.

Mesmo com as letras rancorosas e de vingança amorosa que escrevia, Evaldo parecia não guardar mágoas das pessoas. Ou fingia muito bem. Ao longo de 1972, por exemplo, estabeleceu uma saudável e inesperada amizade com Paulo Sérgio, aquele mesmo que gravou *A Última Canção*, que lhe fora tirada na raça pelo empresário do cantor. Adelina Macedo, que presidia o Fã-Clube Paulo Sérgio Para Sempre havia 49 anos, contou em dezembro de 2016 para este livro que houve, nos dois últimos anos, uma aproximação entre os dois.

Sempre que Evaldo ia participar do quadro *Galãs Cantam e Dançam aos Domingos*, do Programa Silvio Santos, no Rio, Paulo Sérgio fazia questão de dar carona até sua casa e paravam para jantar no caminho. Chegava a esperá-lo por um bom tempo, se a sua apresentação fosse mais cedo que a dele. "Os dois saíam sempre juntos, provavelmente paravam para comer em algum lugar, essa era a impressão que me passava. Acho que havia em Paulo uma amizade sincera". Adelina não se lembrava da história por trás de *A Última Canção*. Nem fazia ideia de que o gesto de Paulo Sérgio poderia ser por gratidão ou remorso, pois seu maior sucesso poderia ter estourado com Evaldo.

No final de 1972, quando resolveu se dedicar aos shows, Evaldo estava longe ainda de ostentar que tinha dinheiro e seus cachês ainda eram baixos. Não apenas como cantor, mas ainda na posição de compositor, ele tinha uma série de peculiaridades, além dos seus discos terem sido produzidos por uma das maiores gravadoras do mundo, a Philips, dona da Phonogram brasileira, com material humano e técnico de primeira linha. E não demoraram a surgir críticas ou comentários sobre o que a turma da fossa cantava para o povão se identificar e afogar as mágoas em lágrimas e prantos, acompanhado de boa cachaça ou cerveja.

Segundo aqueles que o conheciam, Evaldo se esforçava para mostrar – e convencer – que não se impressionava com os ataques negativos a seu repertório e à sua voz de imitador de Timóteo – o que não era verdade. As preocupações eram agradar ao público e vender discos. Aos ataques, que considerou preconceituosos, ele respondeu em entrevista à revista *Amiga*: "Não gravo para a elite. Gravo para o povo, que entende minhas letras e minha mensagem. O povo sabe o que quer e ele é que compra disco. A elite não compra disco nacional, com raríssimas exceções. A elite importa discos, desprezando os valores nacionais".

Prosseguiu ele, quase em tom de protesto ou desabafo, mais ou menos como fazia em suas polêmicas declarações o colega Waldick Soriano: "Gravo para os que moram na Zona Norte (do Rio de Janeiro), na Leopoldina, para o interior do Brasil, para o Norte e Nordeste, para uma gente que me elegeu ídolo ('Ídolo Negro', era assim que ele gostava de ser chamado) e entende perfeitamente o que eu canto".

Na mesma entrevista, ao falar sobre o que lia de negativo nos jornais e revistas ou ouvia nos programas de rádio e TV, Evaldo insistiu: "O que me surpreende nas críticas, felizmente (só) de alguns, é que os meus críticos não percebem que eu vendo discos em grande quantidade. Talvez não venda na Zona Sul, onde se concentra a elite, mas na Zona Norte eu sou mais eu. Vendo bem, agrado, e tanto é

assim que ganhei medalha de ouro dos alemães e vou excursionar muito em breve pela América do Sul, talvez no México. Isso não acontece com quem não tem mérito".
Vender, para ele, significava aprovação popular. E o reconhecimento da qualidade de seu canto e de suas músicas vinha de seus fãs. Evaldo sintetizou à *Amiga* o que pensava sobre a sua carreira e confidenciou o segredo do seu êxito como cantor rigorosamente popular: ser um bom estrategista, saber como usar os meios de comunicação para chegar ao público. "O que mais projeta um cantor ainda é o rádio, apesar de toda a força da televisão. Mas a TV gasta muito a imagem da gente. Quem não tem boa imagem não dura na televisão. O rádio, não. A voz é a mensagem. Por isso, só canto no rádio. Lá que o povo escuta e compra os discos no dia seguinte". Claro que exagerava, pois era figura constante nos programas de auditório da TV naquele momento.

Evaldo insistiu em diminuir a importância da TV e parecia se preocupar bastante em como vender a própria imagem. Por outro lado, insinuava que só iam à TV os melhores, como ele: "A televisão é boa para se aparecer de vez em quando, sobretudo quando o sucesso já está assegurado, através de alguma música que toca no rádio. Quem fugir a esse esquema estará perdido". A não ser que o artista tivesse apoio "publicitário e padrinhos", acrescentou. E fingiu de bobo ao falar de si, contraditoriamente: "Como não tive nenhum, comecei assim, através de Osmar Navarro, que arranjou para mim a primeira chance de aparecer. Gravei uma música sua e minha, *Dois Bobos*, e com ela fui ao 12º lugar nas paradas".

Ainda nessa entrevista, ele falou pela primeira e única vez de uma importante personagem em sua vida, sem revelar que se tratava de uma pessoa com síndrome de Down. "Depois disso, as coisas começaram a aparecer, para mim e para minha parceira, Carmem Lúcia, filha de um grande amigo". Não pareceria correto, entretanto, classificar Evaldo Braga como mero compositor e cantor de música cafona – oportunista –, após o lançamento do *Volume 2*. Sem dúvida, as letras de suas músicas e de outros autores que gravou se encaixava nesse perfil. Mas, à *Amiga*, confessou: "As minhas músicas estão inspiradas, quase todas, nesse tempo de luta e de sofrimento. Elas espelham exatamente o que passei, que é, na verdade, o que muitos passam. Isso explica porque meus discos vendem".

O cantor fez essa observação, no esforço de destacar, mais uma vez, que teve vida difícil na infância e na adolescência. A música funcionava como uma forma de expressar suas angústias. Ele mesmo citou algumas faixas relacionadas à sua trajetória, mesmo aquelas que vieram de outros compositores. Como *Tudo Fizeram Para Me Derrotar, Já Entendi, A Vida Passando Por Mim, Alguém Que É de Alguém, Sorria, Sorria, Eu Não Sou Lixo, Esse Alguém, Mentira, Você não Presta Pra Mim, Noite Cheia de Estrelas, Esconda o Pranto Num Sorriso, Não Vou Chorar* e a versão *Te Amo Demais*.

As singularidades de Evaldo além da temática predominante de suas músicas eram o modo tão personalizado como cantava e os arranjos feitos por Perucci e executados por Branco, sob o comando de Jairo Pires. Experiente e de rara sensibilidade musical, Jairo procurou afastar os dois volumes de *O ídolo Negro* da batida rápida e simplista da jovem guarda, com bateria e duas guitarras, para transformá-lo quase em um roqueiro moderno em que a supervalorização do baixo e a batida forte e cadenciada da bateria poderiam defini-lo como um precursor de um tipo de rock ousado para a época.

Somava-se a isso a presença constante de um número expressivo de instrumentos de sopro, graças à fartura de músicos de qualidade que a gravadora mantinha sob contrato para atender à demanda de seus estúdios – não há registros de seus nomes nos estúdios da gravadora (em 2016, pertenciam à Universal Music). Talvez o mais correto fosse rotular Evaldo não de cantor de uma suposta segunda geração da jovem guarda ou artista cafona, mas um cantor com influências da música negra americana – não apenas no modo de vestir. Não se pode esquecer que Pires foi o produtor de treze discos de Tim Maia, desde o primeiro, e que se tornaram clássicos por combinar o *soul music* que o cantor vivenciou de perto nos Estados Unidos com rock e baladas românticas.

Parte dos discos de Evaldo eram uma miscelânea de influências do melhor que Jairo tinha feito com Roberto e Tim Maia na década anterior. Ouvidas quatro décadas depois, composições suas como *Mentira* e *Eu Não Sou Lixo* soavam moderníssimas e desbravadoras, lembravam mais o som que viria do rock dos anos de 1970 e 1980 do que os baladões deprimentes sobre desilusão amorosa e frustração que se fazia na época em que foram gravadas. O trio Pires-Perucci-Branco foi mestre em contrapor a alegria e o despojamento de Evaldo cantar com sua voz imperial e contundente, e as letras para baixo que ele fazia ou escolhia a dedo para gravar.

Nenhuma faixa, porém, impressionava tanto quanto a releitura que Jairo Pires preparou com Perucci para ele da clássica valsa *Noite Cheia de Estrelas*. A escolha da música foi feita pelo próprio Evaldo, que gostava de ouvi-la por sugestão de Lindomar Castilho, discípulo confesso de Celestino. Impressionou tanto que outros cantores ousaram regravá-la com outros arranjos, mas não tinham o brilho e o vigor de Evaldo. Como fizeram, de modo comedido, Paulo Sérgio e Jessé, por exemplo.

INTERNACIONAL

A Phonogram apostou tanto em Evaldo que, em julho de 1972, produziu duas versões de seu primeiro LP em espanhol. Essa era prática comum nas maiores gravadoras internacionais que atuavam no mercado brasileiro, desde que percebessem que seus artistas tinham potencial para agradar às massas dos países vizinhos latinos. Como aconteceria com outro cantor da cafonagem, Nelson Ned (1947-2014), que surgiu em 1969 com o sucesso *Tudo Passará*, cujo vozeirão era uma contraposição impressionante com o seu nanismo. Ele fez tanto sucesso no México que acabou se mudando para aquele país, onde viveu por duas décadas. Ned seria o primeiro cantor latino-americano a vender 1 milhão de discos nos Estados Unidos, e chegou a se apresentar com Julio Iglesias e Tony Bennett.

Nilton César lembrou sua experiência internacional, que expandiu a área de atuação dele para todo continente: "Eu comecei a gravar em espanhol em 1967, quando fiquei em primeiro lugar com *Lenita*, na Argentina, mesmo interpretando em português. Logo depois, passei a cantar em espanhol para aquele país, por exigência da gravadora. Passei dois meses em Buenos Aires fazendo adaptação de língua". Por décadas ele se apresentaria na América, na Europa e no Japão – mais do que no Brasil, no século XXI.

Uma nota publicada no *Jornal do Brasil* de 22 de maio de 1972 informava que Evaldo tinha sido escolhido pela Phonogram para ser lançado em espanhol em toda a América Latina, por causa do seu potencial de agradar a um número maior de pessoas, claro. Mais até que Odair José, ao que pareceu. Dizia o jornal: "A decisão, tomada sob o patrocínio da Polydor-matriz da Alemanha, completa a recompensa (receberia no mês seguinte uma medalha de ouro) que o artista brasileiro fez por merecer – o seu recente LP vendeu mais de 100 mil cópias, número nunca antes atingido por um artista Polydor, no Brasil. A não ser por Tim Maia, claro, que ganhou na época uma medalha de ouro, e agora deve ganhar outra, pois seu segundo LP acaba de ultrapassar também a casa dos 100 mil".

O disco *Mis Canciones em Espanhol* foi lançado inicialmente apenas na Argentina. Logo depois, *Evaldo Braga – El Idolo Negro de Brazil – Canta en Español* foi distribuído no resto da América Latina, Caribe, México e Estados Unidos. O que se percebia era que o espanhol do cantor resultou em algo tão sofrível que deve ter confundido o público. Na maioria das faixas, ouvia-se mais palavras em português misturadas com castelhano do que o contrário – era o chamado "portunhol", marcado por atropelos e confusões.

Os dois álbuns traziam as mesmas doze canções, só que em ordens diferentes. No caso de *El Idolo Negro de Brazil*, essa era a sequência: *Amo a Su Hija Señor, Cuantas Veces, Dios Mio, Hoy No Tienes Para Dar, La Cruz De Mi Vida, Mis Penas y Mi Dolor, No Atiendas, Por Increíble Que Parezca, Por Que Razón, Por Una Vez Mas, Venga Acá* e *Yo Quiero*. A ordem de *Mis Canciones em Espanhol* era esta: *Yo Quiero, Amo a Su Hija Señor, Cuantas Veces, Dios Mio, Hoy No Tienes Para Dar, La Cruz De Mi Vida, Mis Penas y Mi Dolor, No Atiendas, Por Increíble Que Parezca, Por Que Razón, Por Una Vez Mas* e *Venga Acá*.

Na edição de 18 de junho de 1972, a revista *Amiga* trouxe nota de Regina d'Almeida sobre Evaldo em que dizia que o cantor andava empolgadíssimo com o prêmio que recebeu da Polydor alemã. "Trata-se de urna medalha de ouro pela vendagem de 100 mil long-plays que traziam como principal sucesso *Eu Só Quero*, composição de Evaldo e de Carmem Lúcia. 'É uma enorme satisfação receber esse prêmio, que até hoje só foi dado a Tim Maia, no Brasil'", disse o cantor.

Escreveu ainda a revista: "Evaldo Braga, que canta profissionalmente há um ano e meio, pretende excursionar por toda a América Latina, onde tem um LP todo gravado em espanhol. Sua vida não foi fácil até começar a cantar e ter o sucesso que alcançou". *Amiga* observou ainda que "Evaldo, que tem enorme admiração por

Jair Rodrigues e Tim Maia, está fazendo apresentações pelo Norte e já lançou outro disco, que promete muito sucesso".

Referia-se ao compacto com *Nunca Mais, Nunca Mais*, tirada de *O Ídolo Negro* e incluída novamente em outro disco, poucos meses antes de sair o *Volume 2*. A colunista da revista lembrou que o cantor adorava músicas românticas e, embora também curtisse música estrangeira, não costumava cantar esse tipo de canção porque "o brasileiro tem que dar valor ao que tem, e que, aliás, é muito bom". O prêmio mostrava o quanto a Philips estava feliz com sua nova estrela em ascensão. E prometia ficar por muito tempo, porque três meses depois o novo disco começaria a ser vendido em todo o país.

Com o sucesso do compacto duplo que trazia *Sorria, Sorria* aumentaram as propostas para shows e apresentações especiais em todo país. Além de ganhar cachês, Evaldo promovia suas músicas. Mas preferiu priorizar convites no Rio. No dia 2 de setembro, às 2h30, ele subiu ao palco da Cervejaria Bier Keller e cantou até o dia amanhecer. À medida que 1972 se aproximava do fim, as vendas de *O Ídolo Negro Volume 2* aumentavam dia a dia e novas remessas eram encomendadas. Todo mundo vibrava ao ver o artista cantar semanalmente seu maior hit na *Discoteca do Chacrinha*. Até o Natal, teriam sido 100 mil cópias vendidas do LP.

O disco se tornou pretexto para uma reportagem sobre Evaldo, publicada na edição de 23 de novembro da *revista Cartaz*. "No início, era apenas um pretinho deixado pela mãe na 'porta de quem pudesse' criá-lo", começava o texto. "Mais tarde, ele cantava nos shows de escolas para menores abandonados. De repente, tudo mudou e Evaldo Braga virou 'O Ídolo Negro'. Por quê?", perguntava *Cartaz*. A publicação respondia em seguida: "O segundo LP de Evaldo Braga já era o recordista de vendagem, antes de ter sido lançado, no último dia 20 de novembro (na verdade, começou a ser distribuído no dia 6 desse mês)".

Quando ele apareceu para comandar o show programado pela Philips, no dia 30 de novembro, na Churrascaria Rincão Gaúcho, no Rio, *O Ídolo Negro Volume 2* já tinha vendido 50 mil cópias em três semanas e a mesma quantidade foi encomendada pelas lojas de discos para as vendas de Natal. Um feito notável. "Nos próximos dias esse cantor, que há pouco menos de um ano era inteiramente desconhecido, parte para a cidade alemã de Hamburgo, onde fará três apresentações em teatro, ganhando 2.500 dólares por show", informou *Cartaz*. Por causa dessa viagem, sua primeira ida à Europa, o cantor se ausentou do Brasil por uma semana, do dia 22 ao 29 de novembro.

As coisas para Evaldo andavam "tão bem (foram horríveis, durante mais de 20 anos) que, ao chegar perto dele e tomar conhecimento de seu sucesso vertiginoso, a primeira palavra que vem à cabeça é 'sorte'", observou *Cartaz*. A revista voltou a destacar a correntinha que tinha ganhado de uma idosa durante uma viagem à capital do Amazonas, como Evaldo fez questão de contar mais uma vez.

No dia seguinte ao seu retorno da Alemanha, em 30 de novembro, o cantor iniciou uma série de show às sextas e sábados na Churrascaria Vicentão, na Rua Conde de Bonfim, 485, no bairro da Tijuca, vizinha ao Tijuca Tênis Clube. Curioso que ele foi apresentado pelos jornais como um "sambista da pesada" – pelo *Jornal do Brasil* e pelo *Correio da Manhã* – e "um sambista da estirpe de Jair Rodrigues", segundo o *Diário de Notícias*. Evaldo agradou tanto que foi até a última semana de dezembro e voltou nos primeiros quinze dias de janeiro, com apresentações de quinta a domingo – cantou até o dia 21, sempre acompanhado por Vadinho e seu Conjunto.

No dia 6 de dezembro daquele inesquecível ano de 1972, Evaldo ofereceu um jantar para lançar *O Ídolo Negro Volume 2* na conceituada boate Flag, na esquina da Aires Saldanha com Xavier da Silveira, em Copacabana, organizado e bancado pelo departamento de promoção da gravadora. Jornalistas, apresentadores de rádio e TV e um bom número de artistas que faziam parte do elenco da Phonogram apareceram para vê-lo cantar, com Vadinho e Seu Conjunto. O público cantou com ele, em coro, *Sorria, Sorria*.

Sérgio Martorelli lembraria uma história que mostrava o quanto o preconceito excluía os cantores populares da elite. O episódio aconteceu na mesma Flag, um ano antes da apresentação de Evaldo, em 1971, por obra e graça de Beki Klabin, ela queria levar o namorado Waldick Soriano se apresentar no pomposo espaço, o mesmo que barrou Janis Joplin na porta quando ela esteve no Rio, em 1970.

O show a princípio deveria ser uma piada para a plateia. Pelo menos era o que pensava quem resolveu ir lá conferir o desbocado cantor que nascera no sertão da Bahia. Estariam na plateia grandes nomes da elite carioca, como os Guinles, os Marcondes Ferraz, os Padilhas. Nelson Motta, Carlos Imperial, Marcos Lázaro e até o embaixador e a embaixatriz de Portugal estiveram presentes. Mas tudo terminou em sururu, com as grã-finas, muitas delas casadas, invadindo o palco para agarrar e beijar Waldick. Por causa disso, durante anos, quando se queria referir a uma mulher infiel, dizia-se "a sua esposa gosta mesmo do Waldick, hein?")

Três dias depois da festa de Evaldo na Flag, na noite de quarta-feira, 9 de dezembro, Jair Rodrigues, Toni Tornado, Antônio Marcos, Vanusa, Odair José, Diana, Nilton César, Luís Bourdon, Evaldo, Luís Carlos Magno e Edson Aloísio se apresentaram no *Programa Haroldo de Andrade* a partir das 16h, na TV Tupi. A atração era líder de audiência nas últimas quatro semanas consecutivas. Evaldo cantou ao vivo *Sorria, Sorria*, a pedido do público e do apresentador. O auditório acompanhou a música inteira com ele, ao longo de três minutos contagiantes. Evaldo se inclinou ao final e reverenciou o apresentador e radialista e o agradeceu por tê-lo apoiado no começo da carreira.

Na manhã seguinte, o cantor embarcou de avião para Acapulco, no México, onde cantou no dia 11. Voltou ao Brasil na manhã seguinte, para mais compromissos. Evaldo foi destaque como convidado em um dos episódios mais inusitados e polêmicos da história da TV brasileira: a briga judicial de Chacrinha com a TV Globo, que o levou a romper com a emissora e, uma semana depois, estrear seu programa na TV Tupi, no dia 13 de dezembro. Embora se apresentasse nos programas da Globo, Evaldo atendeu ao pedido de Chacrinha e foi cantar. Era a primeira vez que apareceria na atração naquele mês, por causa da viagem que fizera ao México.

Durante todo o dia, com ampla cobertura da imprensa, houve a expectativa (e o suspense) de que a emissora de Roberto Marinho conseguisse liminar para impedir que a *Discoteca do Chacrinha* fosse transmitida ao vivo pela concorrente. "A liberação do programa foi dada ao meio-dia pela Censura Federal, após ter recebido uma cópia da notificação judicial que Chacrinha moveu contra a TV Globo (do dia 7), rescindindo seu contrato, e também a cópia do novo contrato assinado com a Rede Tupi de Televisão, para a apresentação da *Discoteca* e da *Buzina*", noticiou o *Jornal do Brasil* no dia seguinte.

O irreverente comunicador entrou no palco provocando: "Alô, alô, Dona Inês, Chacrinha agora está no (canal) 6". Mas pouco depois foi traído pela memória e falou o nome da Globo ao em vez da Tupi. Todo mundo riu, inclusive o próprio apresentador, que desconversou. A transmissão ao vivo se deu do auditório da emissora do grupo Associados, no antigo Cassino da Urca. Às 21h, a *Discoteca* entrou no ar, em cores. Aos gritos de "Alô, Terezinha", Chacrinha ofereceu banana (madura), abacaxi e bacalhau à plateia. Os cachos da fruta, pendurados em pontos estratégicos do palco, eram uma clara mensagem para a Globo: "Aqui, ó, uma banana para você".

E anunciou mais um de seus concursos malucos: o mais parecido com o jurado Pedro de Lara ganharia um milhão de cruzeiros antigos. Enquanto Chacrinha repetia o bordão "Um, dois, três", o auditório, de maioria feminina, respondia juntamente com as sorridentes Chacretes: "Fica assim de gavião". Nesse momento entrou no palco uma das musas do novo samba carioca (e que começou na jovem guarda), Clara Nunes, a primeira atração da noite. Após a apresentação ele chamou Márcio Greik, que cantou *Impossível Acreditar que Perdi Você*, parceria com o seu irmão Cobel, cujo compacto vendeu mais de 500 mil cópias, sendo considerado à época um fenômeno de vendas – ficou nas paradas durante seis meses consecutivos.

Em seguida, Chacrinha anunciou que Evaldo cantaria (a provocativa) *Sorria, Sorria*, para o elenco de *Jerônimo*, "a novela de maior audiência na América do Sul" – naquele momento, a Globo exibia o fenômeno *Selva de Pedra*, que ficaria no ar até 23 de janeiro de 1973. Depois de dizer isso, chamou Evaldo – essa performance seria colocada no Youtube em novembro de 2016, se tornaria o único registro que se tem de Evaldo em um programa de televisão e é possível ter uma ideia de como ele se comportava com irreverência e alegria no palco, perfeito para o formato de programa consagrado pelo Velho Guerreiro.

A apresentador anunciou: "Ele esteve em novembro em São Paulo. Vamos receber o negro mais bonito do Brasil. Vamos receber o Sidney Poitier de Brás de Pina, o meu amigo, Evaldo Braga". Evaldo entrou correndo, com um terno totalmente rosa, mas com o estranho cinto afivelado na cintura, por cima do paletó. Ele sorria bastante enquanto tentava terminar de comer uma banana, que tinha acabado de arrancar de um dos cachos pendurados no teto do auditório. De boca cheia, ele ainda dá uma disfarçada, se mete no meio da plateia e fica alguns segundos de costas para as câmeras.

Chacrinha fez sinal para que Evaldo se posicionasse no local correto e ele veio, com as cascas na mão. A câmera fechou nele, que aproveitou para jogar o resto da fruta para produção. Ele cantou a música inteira ao vivo, acompanhado da banda do programa. Com seu jeito tão peculiar de dançar, Evaldo jogou os braços e as pernas o tempo todo, enquanto era acompanhado pelo público e pela plateia. Ao final, aproximou-se de Chacrinha carinhosamente e continuou a cantar abraçado a ele. O apresentador carregava em uma das mãos o LP de Eduardo Araújo e quase escondeu o rosto de Evaldo com o disco, até encerrar o número sob aplausos entusiasmados. O vídeo se tornaria quase uma peça arqueológica para se ver como era o programa, com as Chacretes vestidas de motivos natalinos.

No dia 20 de dezembro, Evaldo se apresentou em Mar del Plata, no Uruguai. O espanhol ainda era precário, mas saiu-se bem com sua simpatia e pedidos de desculpas. Voltou ao Brasil a tempo de comemorar o Natal e o Ano Novo com os amigos. Foi o melhor fim de ano de sua vida. Ele esperava que 1973 fosse melhor ainda. O segundo LP ainda lhe renderia novos hits, que já começavam a ser tocados nas rádios, como *Eu Não Sou Lixo* e *Mentira*. Estava programado que gravaria o terceiro disco entre maio e junho, para lançá-lo em novembro, mais uma vez.

Pretendia, antes disso, viajar para o México onde, segundo a Philips, seu disco estava tocando com destaque nas rádios. Havia planos também de, na mesma viagem, cantar nos países vizinhos. Até acreditava que sua verdadeira mãe fosse aparecer. Nada parecia atrapalhar seu destino, como tinha sido cuidadosamente planejado por ele. Foi quando Evaldo botou na cabeça que chegara o momento de ter seu próprio carro, poder circular livremente e voltar quando quisesse. O apartamento poderia esperar mais um pouco. Ele queria um carrão para se divertir. Um carro potente, que lhe permitisse correr com liberdade pelas estradas do Brasil. Afinal, não era o que faziam todos os colegas assim que atingiam a fama? Evaldo, porém, não podia imaginar que o medo que ele tinha de velocidade colocaria sua vida em risco sua vida em seu próprio carro.

Capítulo 11

A VIDA PASSANDO POR MIM

Evaldo Braga

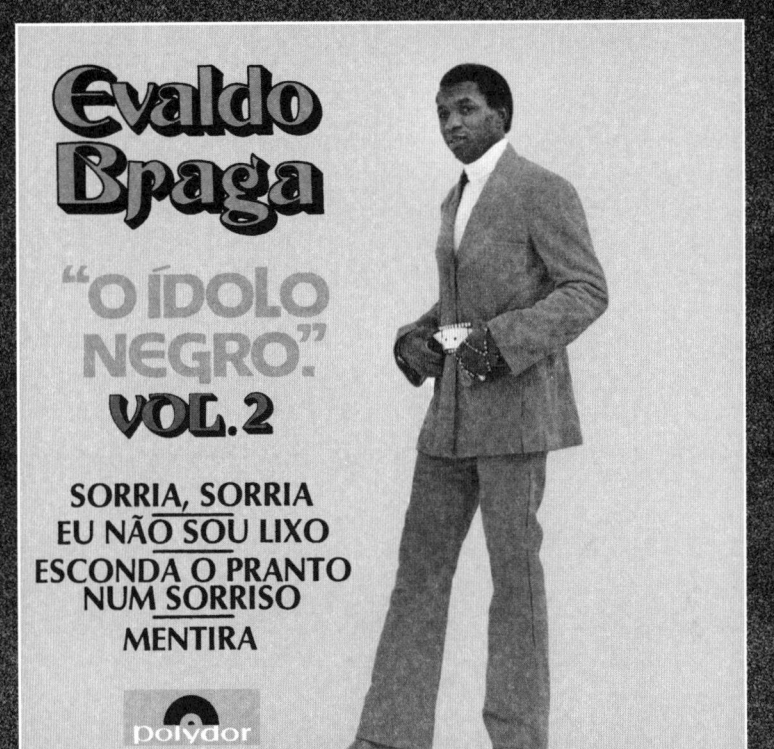

"O ÍDOLO NEGRO." VOL. 2

- SORRIA, SORRIA
- EU NÃO SOU LIXO
- ESCONDA O PRANTO NUM SORRISO
- MENTIRA

polydor

Aos amigos, logo depois do réveillon de 1973, segundo apurou a revista *Amiga*, Evaldo teria dito: "Os últimos três anos foram muito bons para mim, mas este (novo) será realmente o mais importante da minha carreira, porque a glória está chegando. Devagar, mas está chegando". O desabafo foi dirigido especialmente, segundo a publicação, "àqueles que teimavam em não reconhecer o seu mérito como autêntico campeão de venda de discos, que levou a Philips da Alemanha a lhe conferir uma medalha de ouro pelo sucesso que seus discos estavam alcançando no Brasil, através do selo Polydor, com um total de mais de 500 mil discos vendidos, em apenas três anos de aparição na música popular, entre elepês e compactos".

O entusiasmo de Evaldo e seu jeito brincalhão continuavam a ditar seu comportamento em público. Toda vez que ia a um programa de TV de grande audiência, tentava encontrar uma forma de diferenciar dos outros cantores. Se em dezembro entrou no palco de Chacrinha comendo banana, no domingo, dia 21 de janeiro, como seria uma das atrações do programa de Silvio Santos, na Globo, foi mais longe e fez uma brincadeira que se revelaria macabra dez dias depois: durante um dos quadros, ele tirou do bolso uma miniatura de caixão e a deu ao apresentador, que sorrindo, meio sem entender o sentido daquilo, lhe respondeu: "Sou ainda novo para morrer Evaldo, fique com esse caixão. Deixe-o longe de mim".

A vida continuou uma festa para ele nos dias seguintes. Na última semana de janeiro de 1973, *O Ídolo Negro Volume 2* estava em sétimo lugar em vendas no Rio e em sexto em São Paulo entre os LPs – atrás de Roberto Carlos, que liderava as paradas embalado pela canção *A Montanha*, seguido de Novos Baianos (*Preta Pretinha*), o obscuro Pedrinho Rodrigues (*Batuque na Cozinha*), e a dupla Chico e Caetano (*Você Não Entende Nada*). Em março chegaria ao segundo lugar em algumas capitais do Nordeste, como João Pessoa. Nessa altura, porém, a vendagem foi ajudada por uma tragédia que chocaria o país: a sua própria morte.

Desde o último mês de 1972, Evaldo havia decidido dar a si mesmo o presente de Natal que sonhou por toda a vida: um bom carro, dentre os melhores disponíveis no mercado, zero quilômetro, novinho em folha. Ouviu sugestões de amigos, passou em algumas concessionárias, conversou com vendedores. Olhou os modelos, as marcas, verificou as cores. O escolhido foi um Volkswagen TL, mais conhecido como Variant, de quatro portas, na cor bege, meio caramelo.

Até novembro, quando realmente começou a ver sua conta bancária crescer com a entrada de direitos autorais e a venda dos compactos e do primeiro LP, Evaldo continuava convicto de que queria comprar um apartamento. "Ele conversou comigo e, em comum acordo, decidimos ajudá-lo nesse sentido. Chamei nosso diretor financeiro e acertamos que administraríamos seus direitos autorais, até ele conseguir a soma necessária para adquirir um bom imóvel", recordou Jairo Pires. E assim foi feito no decorrer de 1972. Ao invés de depósitos em sua conta, o financeiro informaria ele apenas o montante a que tinha direito. Evaldo se mantinha com o dinheiro dos shows que fazia e vivia com conforto.

Nessa época, Evaldo morava em um apartamento alugado no lado da Rádio Globo, no nono andar da Rua Marquês de Pombal, 171, apto 909, região central. "Então, de uma hora para outra, no fim do ano, ele apareceu na minha sala dizendo (com certa excitação) que queria comprar um carro. Por semanas tentei convencê-lo a desistir, com o argumento de que um imóvel primeiro seria o melhor caminho a seguir e estávamos próximos de ter o dinheiro suficiente para isso. Mas Evaldo teimou, queria porque queria. E eu resistia. Até que chegou um momento que não teve mais jeito e autorizei o pessoal a dar a quantia que ele pedia. Afinal, o dinheiro era seu".

A soma foi de aproximadamente 70 mil cruzeiros. Isso aconteceu na última semana de janeiro de 1973, por volta do dia 23. Na manhã seguinte à liberação do vale e à compra do veículo, o produtor teve o último contato com Evaldo de modo um tanto inusitado, pois não foi na sede da gravadora. "Eu estava em casa, morava em um apartamento, e Evaldo chegou dirigindo e buzinando bastante para chamar minha atenção. Cheguei à janela e olhei para aquele rosto iluminado, sorridente, bastante feliz, como uma criança que ganhou uma bicicleta dos pais no Natal. Viera mostrar a sua máquina possante que tinha acabado de pegar na concessionária. Era um Volkswagen TL, bege, quase marrom, se não me engano. Como eu estava atrasado para um compromisso, não desci, acenei para ele, que entendeu e foi embora".

Evaldo estava cansado de viajar em carros que nem sempre lhe davam conforto, quando ia fazer shows no interior do Rio de Janeiro ou em estados vizinhos. Para os lugares mais distantes, ia de avião. Temia por sua segurança, morria de medo de velocidade. Até lhe causava pavor. Certa vez, contou Jorge Mascarenhas, Evaldo trafegava em um fusca com Francisco Menezes quando, em pleno Aterro do Flamengo, pediu para um amigo reduzir a velocidade, que era menos de 80 por hora. "Vai devagar, Chiquinho, que o crioulo aqui quer chegar aos 100 anos".

O cantor sabia dirigir, mas ainda não tinha tirado a carteira de motorista e não acumulava prática suficiente para assumir o controle fora do Rio de Janeiro. Aprendera no breve emprego que teve na funerária de Bangu. Também não se sentia seguro para viajar por longas distâncias com motoristas que não conhecia. Ainda mais na volta, quando estaria, certamente, bastante cansado depois do show, e costumava pegar a estrada ainda na madrugada. Temia que quem estivesse conduzindo cochilasse. Por isso, contratou um motorista particular, o experiente Harley Lins Medeiros, o popular "Calça Branca", recomendado por seu empresário, Paulo César Santoro, o mesmo que trabalhara com Odair José e cuidava da carreira de Paulo Sérgio.

No começo da manhã do sábado, dia 27 de janeiro, Harley pegou Santoro em casa. De lá, seguiram para a casa de Evaldo, que entrou e se sentou no banco de trás, acompanhado de sua suposta namorada, conhecida apenas como Claudette. Dali pegaram a estrada, rumo ao interior de Minas Gerais. Nos próximos cinco dias ele faria sete shows, dois deles na capital, Belo Horizonte. No palco, ele seria acompanhado de músicos chamados por seus contratantes. O quarteto chegou no meio da tarde à cidade de Itaúna, onde faria um show às 17h. Assim que Evaldo desceu do palco, entrou no carro e o grupo seguiu para Formiga, para a apresentação às 9h da noite. A distância era de apenas 122 quilômetros, pela rodovia MG-050. Após o segundo show, eles dormiram em um hotel da cidade e, depois do almoço da segunda-feira, 29 de janeiro, partiram para São Gonçalo do Sapucaí, distante 210 quilômetros. Três horas e meia depois, chegaram ao destino, onde se apresentou no começo da noite para mais de mil pessoas no Gran Circo Robatiny – fez uma segunda sessão em seguida, no mesmo local, acompanhado da banda do circo.

Mesmo com os improvisos e alguns desacertos, porque os músicos que tocaram com ele não conheciam seu repertório, Evaldo soube conduzir bem as performances, graças ao seu impressionante domínio de palco e simpatia com o público – contou piadas, brincou, falou da sua vida antes da fama etc. No meio da madrugada de terça-feira, dia 30, por volta das 4h, Harley levou o trio para Belo Horizonte, a 332,7 quilômetros de distância. Gastaram cinco horas para chegar à capital mineira, pela BR-381. Passava das nove horas da manhã quando Evaldo se encontrou com o empresário que o contratou, para levá-lo a algumas rádios ainda naquela manhã e no começo da tarde.

O objetivo era convocar seus fãs a assistirem os dois shows que Evaldo faria no Cine Eldorado, no bairro Juscelino Kubistchek, mais conhecido apenas por JK, às 19h e às 21 horas, com 90 minutos de duração cada e meia hora de descanso, para duas plateias separadas de 500 pessoas cada. Enquanto isso, desde o dia anterior, um carro de som percorria vilas e bairros populares da cidade para anunciar que o autor e cantor de *Sorria, Sorria* ia se apresentar no tradicional cinema da cidade. O folheto distribuído na região central informava: "O ídolo negro do Brasil: Evaldo Braga cantando seu mais recente sucesso, *Sorria, Sorria*. Não perca. Nesta terça, no Cine Eldorado".

Evaldo ainda conseguiu ir para o hotel reservado para ele e os companheiros e dormiu algumas horas. Foi acordado pelo telefonema do jogador Dario, que propôs se encontrarem no Rio na semana seguinte. No show, um dos destaques, ironicamente, foi a música *A Vida Passando por Mim*, que seria tocada repetidamente nas rádios de Belo Horizonte a partir da manhã seguinte, após a tragédia que abalaria o país. O cantor se despediu do público do segundo show, quase à meia-noite, com *Sorria, Sorria*. À 1h da manhã da quarta-feira, 31 de janeiro, pegaram a estrada em direção ao Rio. Jamais se soube por que Claudette, que o *Correio da Manhã* chamou de namorada de Evaldo, não voltou no mesmo carro. Teria ficado na cidade ou antecipado a sua volta para o Rio por algum motivo?

A imprensa noticiou que por causa da chuva da noite anterior, que causou estragos no local onde ele se apresentaria, Evaldo e seu empresário decidiram cancelar o show na vizinha cidade de Esmeraldas, distante apenas 60 quilômetros da capital mineira – uma hora de viagem. Na verdade, o retorno antecipado tinha uma razão especial para o cantor: na noite daquele dia ele receberia ao vivo, no palco da *Discoteca do Chacrinha*, o disco de ouro pela vendagem de 100 mil cópias do compacto duplo Ídolo Negro Volume 2, em apenas três meses. No mesmo programa, os quinze maiores vendedores do ano compareceriam e teriam, cada, uma linda madrinha, que entregaria o cobiçado troféu. Por isso, fora chamado às pressas pela gravadora.

A previsão era que os 440 quilômetros que separavam as duas capitais fossem percorridos em sete horas. Ou seja, Evaldo, Santoro e Harley chegariam ao Rio por volta das oito horas da manhã. Mas chovia e o motorista seguiu em velocidade reduzida. Quando o dia clareou, o tempo estava bom e os três tinham percorrido 325 quilômetros até a cidade de Entre Rios, onde pararam em um posto de gasolina para abastecer e tomar café da manhã. Assim que deixaram a cidade, Evaldo pegou no sono no banco do passageiro da frente. De Três Rios até o destino final, Harley percorreria 120 quilômetros da capital carioca. Em no máximo duas horas, estariam em casa. Mas isso jamais aconteceu.

CURVA

Por sugestão de Nilton César, como foi dito, uma das marcas de Evaldo como intérprete era cantar com um terço na mão direita, como se vê nas fotos tiradas dele em estúdio ou em apresentações ao vivo nos programas de auditório de TV. Foi algo tão marcante que em seus shows, boa parte das fãs levava seu terço e o exibia o tempo todo, com a mão levantada em direção ao cantor, quase como um ritual religioso de que ele era uma espécie de padre ou pastor. Evaldo adorava aquela energia, sentia-se protegido. Para alguns crentes, aquela era a simbologia do artista que tinha fé e buscava a graça de Deus a todo momento.

Embora fosse católico e acreditasse em Deus, o terço tinha a ver com seu lado fortemente supersticioso. Nesse sentido, o segundo show que fez em Belo Horizonte, na noite do dia 30 de janeiro de 1973, teve um episódio aparentemente banal, mas que deixou Evaldo preocupado. Pior, saiu do palco bastante aflito. Por descuido, o cantor perdeu o terço que trazia enrolado à mão direita, quando uma fã, no meio do tumulto, tentou apertar sua mão e o arrancou sem querer, bruscamente. O cantor ainda tentou pegá-lo de volta, mas o cordão que segurava as contas e a cruz se rompeu e o objeto se desintegrou no chão.

Não havia como recolher tudo de volta. A admiradora ainda se abaixou para recuperá-lo, mas a concentração de pessoas que dançavam, gritavam e pulavam à sua volta era grande e ela não conseguiu sequer se agachar. Na saída do cinema, acompanhado por um grupo de fãs, em direção ao carro, Evaldo se queixou a Santoro e a Harley sobre o que tinha acontecido e disse que temia estar, naquele momento, vulnerável a coisas ruins, segundo noticiou alguns jornais e revistas. Ficaria desprotegido até que pudesse comprar outro, o que só poderia fazer depois que chegasse ao Rio, pois tudo em Belo Horizonte estava fechado naquele momento. Ainda mais um lugar que vendia terços católicos. O jeito era ter paciência e esperar que chegassem ao Rio, enquanto os companheiros tentavam tranquilizá-lo.

Assim que tomaram café em Três Rios, Evaldo ocupou novamente o banco do passageiro e pediu para que só o acordassem quando chegassem ao Rio. O carro do cantor seguiu pela antiga BR-3, rebatizada havia pouco tempo de BR-040, no trecho que ligava o Rio a Juiz de Fora. Conhecida como Estrada União Indústria, aquela tinha sido a rodovia imortalizada no ano anterior no sucesso *BR-3*, um soul defendido por Toni Tornado e que fez dele o vencedor da fase brasileira do V Festival Internacional da Canção. Era também chamada de Estrada Maldita, famosa por acidentes trágicos, principalmente com várias vítimas em ônibus.

No dia 3 de agosto de 1969, por exemplo, um coletivo rompeu a grade de proteção do Viaduto da Almas, despencou de mais de dez metros de altura e provocou a morte de nada menos que 30 pessoas. Um ano depois, a rodovia teve seu nome mudado para BR-040 e o viaduto passou a se chamar de Vila Rica, um nome mais leve que "Viaduto das Almas". Segundo o Departamento Nacional de Estradas de Rodagem (DNER), havia onze pontos perigosos ao longo da estrada, o mais crítico entre os quilômetros 160 e 200, no trecho de Três Rios a Juiz de Fora. Entre os muitos acidentes com ônibus ali registrados, o mais recente matou onze pessoas, em setembro de 1972.

Perderam a vida também nesse trecho tão mal falado, os pais do pianista Nelson Freire, o deputado Patrus de Sousa, o jogador de futebol Cássio Innacarato e o famoso médium José Pedro de Freitas, o José Arigó, de 50 anos de idade. A vinte minutos de Três Rios, na altura do distrito de Alberto Torres, bem próximo da Represa Alberto Torres, havia ainda um ponto chamado de "Trevo da Morte". E foi nele que Harley acelerou, por volta das 6h30, da manhã de 31 de janeiro de 1973. A 80 quilômetros por hora, o motorista da Variant de placa GB RJ 5823, registrada em nome de Evaldo Braga, teria cometido a imprudência de tentar ultrapassar outro veículo, logo após fazer uma curva, de acordo com testemunhas.

Harley não conseguiu se desviar e se chocou de frente com uma carreta Scania Vabis, placa HA 0553, de Barbacena, dirigida por Juraci Alves de Paula. O veículo pertencia à empresa Jordeir AS, da mesma cidade. Outra versão afirmou que, por causa de excesso de areia na pista, a VL derrapou na curva, fugiu ao controle de Harley e colidiu com a Scania. O acidente aconteceu precisamente entre os quilômetros 103 e 104. Evaldo, Harley e Paulo César foram retirados das ferragens por Antônio Machado e Raimundo Afonso, que também socorreram o motorista da carreta. Especulou-se que Evaldo poderia ter sobrevivido se fosse socorrido logo. Essa afirmação tinha sentido, mas seria bem difícil que o atendimento que precisava fosse possível sem uma cirurgia de emergência.

Não foram os ferimentos ósseos provocados pelo choque que tiraram sua vida, mas a perda exagerada de sangue. Por isso, o atestado de óbito trouxe como causa de sua morte "anemia profunda", causada também por sangramento interno, inclusive. Se Três Rios tivesse Corpo de Bombeiros, teria facilitado a retirada correta dos feridos. Mas não no caso de Evaldo, pois não daria tempo. Precisaria alguém ir até a cidade pedir socorro. O problema era a falta de tempo. Entre ida e volta, uma equipe de resgate gastaria pelo menos 40 minutos, sem contar o período necessário para atender as vítimas no local e prepará-las para o transporte. Esse foi o tempo gasto para que todos fossem retirados dos veículos destroçados. Os três saíram quase sem vida das ferragens.

Quando isso aconteceu, agentes da Polícia Federal já estavam no local e participaram da operação. Mesmo assim, tudo foi feito de modo precário, sem maca ou meios para conter os sangramentos de Evaldo, que foi colocado no carro já sem sentidos. Todos não mediram esforços para tirar o cantor de dentro das ferragens, que se identificou e pedia por ajuda desesperado. Ele se queixava de muitas dores na barriga e no tórax, enquanto o sangue jorrava de vários ferimentos externos e internos. Talvez o modo como foi levado, no banco de trás da viatura da polícia rodoviária, tenha piorado seu quadro. O fato, porém, era que estava em estado gravíssimo.

O cantor morreu no caminho. Harley e Paulo César ainda foram levados com vida para o Hospital Nossa Senhora da Conceição, de Três Rios, e encaminhados diretamente à sala de operações. Mas de nada adiantou. O motorista de Evaldo faleceu antes de ser feita a intervenção cirúrgica. O empresário, apesar de ter sido operado no mesmo hospital, morreu no dia seguinte. Juraci, motorista da Scania, sobreviveria. Enquanto era retirado das ferragens e colocado no carro que o socorreria, ele gritava desesperado e em estado de choque, depois de saber quem estava no veículo que colidiu: "Eu matei Evaldo, eu matei Evaldo, eu matei Evaldo..." Os corpos do cantor e de seu funcionário seguiram para o necrotério de Três Rios e foram preparados para o transladado até o Rio de Janeiro, no carro da funerária, que deixaria a cidade por volta das 15h.

Nas duas horas seguintes ao acidente, as rádios começaram a noticiar a tragédia e informaram erroneamente dois dados relevantes: que Evaldo estivera em Belo Horizonte até horas antes da viagem para acertar detalhes de uma temporada de shows que faria nas semanas seguintes na capital mineira; e que o cantor, que não tinha habilitação, dirigia o carro, pois teria sido retirado do banco do motorista. Esses detalhes foram passados aos jornalistas pela delegacia de Três Rios, de modo precipitado e equivocado.

Primeiro, como foi visto, Evaldo tinha se apresentado em algumas cidades mineiras nos dias anteriores e na capital, na noite passada. Testemunhas ouvidas no mesmo dia disseram que ele estava no banco do passageiro, enquanto Harley foi encontrado prensado pelo volante do motorista.

O perito Luís Hioti, da Delegacia da cidade, concluiu que a ausência de sinais de freagem e a situação em que ficaram a Variant e a carreta fizeram supor que o motorista de Evaldo vinha em velocidade superior a 80 km por hora, quando entrou no "Trevo da Morte". Pela sua conclusão, a verdadeira causa do acidente foi o fato de o motorista querer completar a curva na pista contrária, indo se chocar "frontalmente" com um veículo pesado. A hipótese mais aceita e depois confirmada pelo motorista da Scania foi a de ultrapassagem pela contramão logo após a curva. O carro do cantor cortou um veículo que vinha à sua frente de forma imprudente e não percebeu a vinda da carreta logo em seguida, por causa da curva. Por isso, a falta de marcas de freagem no asfalto.

Evaldo e Harley foram declarados mortos por volta das 7h45 horas da manhã. Antes das dez horas, as rádios de todo Brasil já noticiavam a tragédia e tocavam *Sorria, Sorria* repetidamente. Os corpos do cantor e de seu motorista chegaram ao Rio por volta da 17h30min. O de Evaldo foi levado para a capela número 2 do Cemitério de São João Batista, na Rua Real Grandeza, bairro de Botafogo, onde seria sepultado no dia seguinte. Antes que o dia terminasse, começou o velório.

TUMULTO

Nas horas seguintes ao acidente, Jairo Pires foi acordado por sua mãe. Atônita, quase desesperada e sem saber como falar com o filho, ela disse que alguém tinha acabado de ligar da gravadora para avisar sobre a morte de Evaldo. "Custei a acreditar que tinha acontecido", recordou, quase meio século depois. André Midani também não conseguiu crer, por algum tempo, que alguém tão jovem e com tanto sucesso pela frente pudesse ir embora tão cedo. Evaldo, claro, já tinha chamado a sua atenção, mesmo com o número grande de artistas da gravadora. Tanto pelos resultados nas vendas e comentários de todos na gravadora, como pelas participações em programas de TV e por causa do prêmio que a matriz alemã lhe deu quase sete meses antes. "Lembro-me dele como uma pessoa muito simpática, com grande amabilidade e seriedade com seu trabalho. Enfim, uma grande perda", afirmou ele, para este livro.

Roberto Silva, então boy da gravadora, não se esqueceria daquele dia terrível. "Eu passava em frente à sala de divulgação, no terceiro andar, quando Maria da Graça, chefe da seção, saiu desesperada, gritando, aos prantos. Era por volta das 8h quando alguém da Polícia Rodoviária Federal ligou para dar a notícia. Foi uma choradeira só de todo mundo na empresa. Evaldo faleceu sem tempo de nos dizer adeus. Morreu sem sua guia na mão direita. Ele nunca entrava em um programa de televisão ou de rádio sem aquela correntinha prateada entrelaçada entre os dedos. 'Ela me protege, sei que nunca devo tirá-la da mão, porque com ela sei que estou seguro. E, na hora do acidente, ele não a tinha na mão', dizia".

Odair José ficou chocado porque, além de Evaldo, morreu uma pessoa que lhe era bastante querida. "Paulo César me ajudou muito no começo, foi meu empresário, a gente andava junto e ouvia muitas histórias, inclusive de Evaldo. Morei em frente à casa de Paulo César, na Rua Riachuelo. De qualquer modo, lamentei a morte de todos. "Evaldo foi um exemplo no sentido de correr atrás dos seus objetivos, não importava os obstáculos que aparecessem. Hoje você percebe o valor dele e de sua música, que continua sendo admirada e regravada. Ele cantava muito bem, era saudável, embora fumasse e andasse com uma inseparável carteira de cigarro".

Na manhã seguinte, 1º de fevereiro, os jornais cariocas destacaram na primeira página o trágico fim do artista. "O dia que o Brasil todo ouviu no rádio a música do ídolo negro Evaldo Braga e também a triste notícia de sua morte", dizia a manchete do jornal O Dia. Evaldo era tão querido na Globo que a emissora se prontificou a cobrir todas as despesas do translado, funerária e sepultamento. Embora os jornais tenham afirmado que a TV bancou parte das despesas, a Phonogram teria pagado tudo de acordo com a assessora de imprensa da época, Maggy Tocantins, que cuidou sozinha do velório e do enterro. "Eu estava na gravadora pronta para começar mais um dia de trabalho quando chegou a notícia da tragédia que deixou todos nós chocados. Ele era muito jovem e brincalhão, ria o tempo todo, dava atenção a todas as fanzocas que o procuravam e tudo isso nos fez lamentar ainda mais", observou ela.

Em uma rápida reunião, por lidar diretamente com Evaldo nos últimos dois anos, a direção pediu para que Maggy providenciasse tudo. "Para o encaminhamento do enterro, tive de tratar com Armando (Soares Pittigliani, gerente do Departamento de Serviços Criativos da Phonogram), que me orientou sobre o que fazer para preparar o velório. Eu não conhecia ninguém de funerária e tudo era muito diferente naquela época. Não se entregava o corpo e o agente cuidava de tudo, deixava o caixão pronto para o enterro. Em cada etapa, precisava chamar alguém. Escolhi o caixão, comprei as flores e chamei alguém para vestir e arrumar o corpo. Como tinha que pagar logo, usei meu talão de cheques e depois a gravadora me reembolsou".

Dezenas de fãs esperavam pelo caixão com o corpo de Evaldo na entrada do cemitério, no fim da tarde do dia 31. Durante a noite, vieram pessoas do meio musical, inclusive cantores e cantoras, além dos colegas da Phonogram. Entre os nomes conhecidos, os cantores Adilson Ramos e Maria de Fátima, além de músicos, divulgadores, funcionários de rádio e de televisão. Na manhã seguinte, às 10h30, teve início o trajeto da Capela 2 até a cova onde o caixão seria guardado. Cerca de três mil pessoas, segundo a Polícia Militar e a administração do cemitério, "a maioria gente humilde", como descreveu *O Dia*, acompanharam o trajeto.

Segundo o jornal, "raros artistas famosos, muitas mulheres e mocinhas acenando lenços brancos e cantando *Valsa do Adeus* foram ao Cemitério São João Batista se despedir do corpo do cantor". Ou para "levar suas despedidas". Tudo corria bem no início, mas, ao se aproximar da sepultura, começou um tumulto. Um "choque" da PM, do Regimento Marechal Caetano de Faria, acompanhava o esquife de Evaldo até a quadra 13, sepultura 28, quando foram obrigados a tentar impedir que fãs e amigos íntimos do "Ídolo Negro" depredassem, sem querer, túmulos e jazigos próximos, por causa do empurra-empurra que se seguiu.

Os agentes tiveram de socorrer pessoas com desmaios, enquanto gritos histéricos e correrias se sucediam. O tradicional *Diário de Notícias*, um dos jornais que mais deram espaço à carreira de Evaldo, não perdeu a oportunidade para ironizar sobre a truculência da polícia naqueles tempos mais terríveis de repressão da Ditadura Militar: "Ninguém foi preso durante as intervenções da polícia e ninguém apanhou. Mesmo depois do sepultamento, grande número de pessoas permaneceu no local, apesar do sol quente e das dificuldades de movimentação".

A reportagem de *O Globo* também acompanhou a despedida ao cantor e a confusão que aconteceu nos momentos finais da cerimônia. "A emoção sentida ao ver seu ídolo sepultado fez com que dezenas de mocinhas e senhoras não resistissem. O desmaio era inevitável e os soldados da PM e os Guardas da Santa Casa foram chamados várias vezes". Uma das legendas informava ainda a emoção que tomou conta do público: "Estas fotos mostram bem o carinho que o povo tinha pelo jovem cantor, que em pouco tempo saíra de uma infância e adolescência tristes para a crista do sucesso".

Desde as sete horas da manhã, *O Globo* contou, os portões do São João Batista recebiam "enorme" multidão, superior à informada pela PM: "Quatro horas depois, quando o corpo do cantor deixou a capela 2, a multidão era ainda maior. Atrás do caixão, quase cinco mil pessoas caminhavam silenciosamente até a quadra 13, onde ele seria sepultado".

Na mesma quadra estavam os restos de dois mitos da época de ouro do rádio, Carmem Miranda e Vicente Celestino. Com o tumulto parcialmente controlado, um padre orou pelo cantor. "Monsenhor Olívio Teixeira, amigo de Evaldo, rezava baixinho. Ele ia encomendar o corpo do amigo. Empregadas, lavadeiras, comerciários, simples donas de casa, rapazes de blusão, gente do subúrbio. Assim era formada a multidão que acompanhava o enterro de Evaldo Braga". A maioria era do sexo feminino, muitas delas simples curiosas, pois compareciam a todo enterro de nomes famosos para "ver o movimento". De acordo com o jornal, "mais de 40 pessoas foram socorridas com crises de nervos e desmaios".

O Globo deu mais detalhes sobre a confusão na hora do sepultamento. Além da PM, os guardas da Santa Casa da Misericórdia também foram chamados para conter as fãs e diversas sepulturas acabaram danificadas. Como não conseguia ver o enterro do ídolo, um grupo de moças e rapazes subiu em uma catacumba, próxima à sepultura dele. A estrutura, no entanto, não suportou o peso e cedeu, fazendo com que todos caíssem em seu interior. "Nesse instante, a gritaria era geral e já não se escutava o que Monsenhor Olívio dizia.

Os guardas da PM e da Santa Casa foram ajudar as pessoas. Algumas delas, com pequenos ferimentos ou arranhões, foram medicadas no local. A essa altura, Evaldo já estava sepultado. Lá atrás ainda havia vozes e rádios ligados tocando *Sorria, Sorria*.

O *Correio da Manhã* narrou que, quando o caixão era levado para seu destino final, todos cantavam *Sorria, Sorria* e a versão em português de *Quem Parte Leva Saudade,* de Quirino Mendoza y Cortés. "Poucos cantores acompanharam o féretro e a ausência dos ídolos populares foi justificada da seguinte forma: 'Eles ficaram temerosos da euforia dos fãs, que poderia perturbar o funeral do colega", informou o *Correio*. Desse modo, parte deles, como Roberto Carlos, preferiu "velar o corpo durante alguns minutos na madrugada".

Acompanharam o enterro, de acordo com os jornais, os cantores Maria de Fátima, Marcos José, Odair José, Adilson Ramos, Fuzuca do Salgueiro, Fernando Lélis, Osvaldo Nunes, Jackson do Pandeiro, Blecaute, José Roberto e José Olice, parceiro do cantor na música *Areia no Meu Caminhão,* entre outros. Também estavam lá o locutor Paulo Giovanni e os jornalistas Delamare e Chiquinho, divulgadores da RCA, que trabalharam com Evaldo na promoção dos seus dois compactos na gravadora.

O jornal *O Dia* descreveu o evento e destacou um detalhe: "Grande mesmo, além do número de fãs, foi o de coroas, contando-se mais de vinte, com alguns nomes famosos, entre os quais dos cantores Odair José, Eliana Pittman, Adilson Ramos, Osvaldo Nunes, Álvaro da Camélia, Adriana e Lilico. A lista incluía ainda o Sistema Globo de Rádio, Rádio Tupi, Escola de Samba da Portela, Chacrinha, "diretores e autores da Sicam", da Polydor, da Phonogram, entre outras. Diretores da gravadora, especialmente dos setores de produção e divulgação, compareceram".

Todos os jornais do Rio fizeram cobertura do enterro. "Em vida, ele sempre foi um humilde", observou o *Correio da Manhã*. Assad de Almeida, chefe de divulgação da Phonogram, disse ao mesmo jornal: "Muitos achavam que ele era um monstro para trabalhar, chegando, em muitos casos, a passar noites seguidas em vários programas de televisão e boates para divulgar seus discos". Ao *Diário de Notícias,* o executivo observou: "Evaldo sempre lutou muito na vida, tudo fazendo para conseguir o lugar de destaque que ocupava em nossa música popular".

Assad Almeida contou que foi um dos primeiros a chegar ao local para ver se ainda encontrava Evaldo com vida, embora tivesse recebido a notícia de sua morte. "Ele começou cantando em programas de calouros, nos programas de Haroldo de Campos e Chacrinha. Na companhia, ficava atrás (em vendas) só de Odair José, Chico Buarque e Caetano Veloso" – referia-se ao disco gravado ao vivo pelos dois artistas. O jornal acrescentou: "Apesar do sucesso que fazia, principalmente nas cidades do interior e nas regiões Norte e Nordeste, seu grande desgosto era ser um homem só no mundo, sem parentes. Vários programas chegaram a fazer uma grande campanha para localizar a mãe de Evaldo, principalmente em Campos, onde ele nasceu".

O sepultamento de Evaldo foi comparado ao do ator Sérgio Cardoso, galã das novelas da Globo, morto aos 47 anos, em 18 de agosto do ano anterior. A relação se tornou inevitável e o do cantor teria superado o outro em número de pessoas. "Durante toda a vida, o maior desejo de Evaldo Braga foi conhecer sua mãe e tornar-se cantor para que ela pudesse ouvi-lo. E Evaldo foi sepultado, às 11h, sem nenhum parente", escreveu o *Diário de Notícias*, que não deu importância às pessoas que alegavam ser da família do cantor. Pelo contrário, desconfiou de todas elas. Edna Maria Fernandes, que não tinha nem 20 anos de idade, disse aos jornalistas ter uma menina de nome Cláudia, cujo pai era Evaldo. Ela chamou a atenção depois de ter desmaiado sobre o caixão e ser socorrida por policiais.

Na sexta-feira, 2 de fevereiro, 24 horas depois do enterro, *O Dia*, voltado para leitores de baixa renda, comentou: "Evaldo Braga, o 'Ídolo Negro', certamente não esperava tamanha repercussão na última quarta-feira, quando se confirmou a notícia de que o acidente com o seu carro em Três Rios tinha sido fatal. Ele sabia que era muito querido, especialmente entre o público jovem e certamente não deve ter se surpreendido com a repercussão do fato. Só os que não acreditavam no seu êxito talvez tenham se surpreendido. Foi preciso ele morrer. De todas as partes os seus fãs apareceram: dezenas, centenas, milhares. Tudo gente humilde. Como ele".

Somente no dia 20 de fevereiro de 1973, a revista *Amiga* trouxe a cobertura da tragédia, em seis páginas, e também falou dos supostos familiares que deram o ar da graça no velório. "Só lágrimas no adeus ao cantor que pedia para sorrir", dizia o título. "De quase pária, abandonado recém-nascido pelos pais e egresso do SAM,

Evaldo Braga chegaria à glória como cantor, até que um desastre o matou no último dia 31. No seu enterro, cerca de três mil pessoas compareceram. As mãos que antes o aplaudiam apertavam os rostos desfigurados pela tristeza e os mesmos olhos que derramavam lágrimas procuravam ávidos os ídolos amigos do cantor". Tristeza "maior" que o último adeus a Evaldo Braga, segundo a revista, "foi o aparecimento de supostos parentes que, movidos pela ganância, disputaram – apresentando-se como hipotéticos filhos do cantor e outras credenciais – a herança de seus bens". Uma situação que renderia várias histórias, como se verá adiante. Depois que as fãs começaram a cantar as músicas de Evaldo, escreveu *O Globo*, elas se tornaram "quase histéricas" e os soldados tiveram bastante trabalho para retirar do cemitério as mocinhas e senhoras que desmaiaram durante o funeral.

MISSA

Para a missa de sétimo dia, na Igreja de São Gonçalo Garcia e São Jorge, na Rua da Alfândega, a Phonogram mandou ornamentar o local com jarros de rosas brancas, que no final da celebração foram levadas pelas fãs – elas as usaram para acenar, enquanto todos cantavam em coro *Sorria, Sorria*. A gravadora também imprimiu uma quantidade grande de fotos, que caberia a Maggy Tocantins coordenar a distribuição ao público, ajudada por alguns funcionários da gravadora. "Lembro-me bem desse dia, a Igreja estava entupida de gente", recordou ela, em 2016.

Era quinta-feira, dia 8 de fevereiro. A celebração começou às 10h30, acompanhada pelo coro da igreja. Uma multidão, que incluía nomes famosos do rádio e da televisão, compareceu ao ato religioso. "Emocionados, os assistentes do ofício religioso ouviram o sermão do sacerdote, lembrando passagens da vida sacrificada do artista e, à saída, cantaram todos a música *Sorria*, seu maior sucesso", descreveu *O Dia*.

O ritual religioso foi celebrado pelo Reverendo José Avelino Quadra, que pediu aos presentes, inspirado na personalidade do artista: "Que hoje não seja um dia de tristeza!" No sermão, o religioso pediu ao povo "alegria", em referência ao maior sucesso do cantor, *Sorria, Sorria*. A música, então, tomou conta da Igreja, entre lágrimas dos presentes. O público foi calculado em mais de três mil pessoas, que tomou todos os espaços possíveis da igreja. "Muita gente teve que ficar do lado de fora do templo, que estava superlotado, tornando-se, por isso, difícil o movimento de pedestres na esquina daquela artéria do centro com a Praça da República". A concentração se deu, em parte, pela convocação que a Rádio Globo fez pelos programas de Paulo Giovanni e Haroldo de Campos.

O Reverendo José Avelino Quadra foi acompanhado pelo padre Eurico Cavalcante, superintendente de ensino da Funabem no tempo em que o cantor pertencia à instituição. Ele estava acompanhado por quarenta alunos da instituição, reunidos para uma emocionante homenagem ao ex-interno da instituição. Ao falar, Quadra – "que a todos impressionou pelas suas qualidades de comunicador", segundo *O Dia* – disse que o momento era para lembrar o jovem que cantava alegre, e pediu para que fosse esquecido o acidente na vida de Evaldo Braga, que deveria ser lembrado apenas "como padrão de estímulo para a mocidade, em cujas mãos está o futuro do país!".

O padre disse ainda que aquela era a igreja dos artistas e dos jovens e que havia sido informado de que, naquele momento, outras igrejas celebravam missas pela alma do cantor. Ele lembrou que São Jorge fora um santo jovem, que também derramara seu sangue pelos jovens. Ao concluir, acentuou que Evaldo retornava cheio de alegria para um compromisso, mas que a máquina da vida era assim mesmo, colhendo a todos de surpresa. Todavia, não se deveria colocar Deus nesse meio, por levar alguém que estava começando a vida. E ressaltou: "Porque Deus Pai vai dar a Evaldo Braga a recompensa por haver cumprido seus compromissos como cantor, que alegrava a mocidade dizendo: 'Sorria, Sorria!'"

A plateia, formada por famosos, incluía Orlando Dias, Franc Landi, Adriana, João Geraldo Criti, Marcos Pitter, Odair José, Zuzuca do Salgueiro, Jaci Inspiração e César Saraiva da Silva, o Cesão (que compôs algumas músicas cantadas por Evaldo). A Phonogram foi representada por Jairo Pires. Após a distribuição da comunhão e da bênção final, todos queriam fotografias do cantor e cercaram Maggy. Ela também deu a um número reduzido de fãs os poucos pôsteres que tinham sobrado para divulgação do segundo LP do cantor. "Houve tumulto, porque o número de fotografias não era suficiente para atender a todos", relatou *O Dia*.

E foi a partir da dor dessa tragédia que nasceu a história de um mito da música popular brasileira que seria perpetuado nas cinco décadas seguintes, chamado Evaldo Braga. E isso não aconteceu por acaso, como se tentou mostrar neste livro.

Capítulo 12

EU AINDA AMO VOCÊS

Com apenas 26 anos e mais de meio milhão de discos vendidos, Evaldo tornou-se em pouco

ASCENSÃO E QUEDA

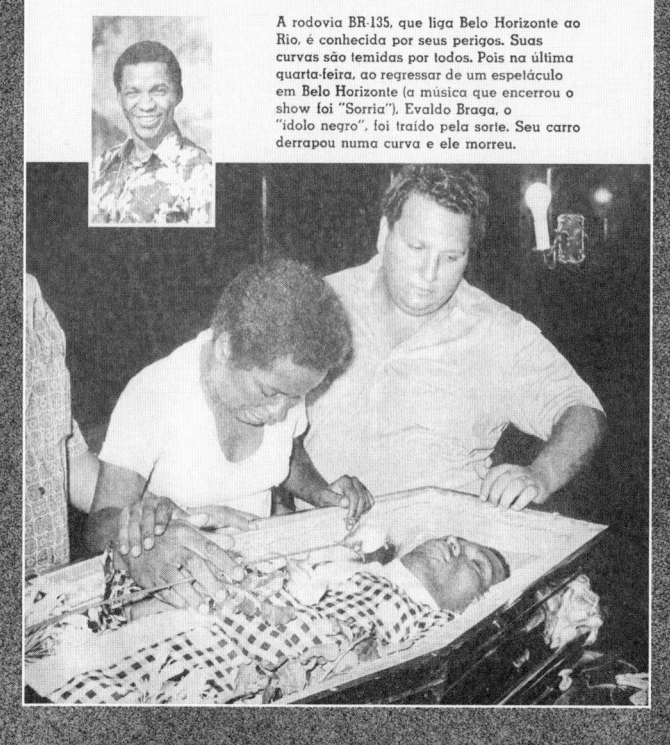

A rodovia BR-135, que liga Belo Horizonte ao Rio, é conhecida por seus perigos. Suas curvas são temidas por todos. Pois na última quarta-feira, ao regressar de um espetáculo em Belo Horizonte (a música que encerrou o show foi "Sorria"), Evaldo Braga, o "ídolo negro", foi traído pela sorte. Seu carro derrapou numa curva e ele morreu.

Evaldo Braga sempre comparecia ao programa de Aírton e Lolita Rodrigues, *Almoço com as Estrelas*, que ia ao ar todos os sábados, das 12h30m às 16h, pela TV Tupi, desde 1956. Ao saber da morte do cantor, chocado, Airton mal sabia o que falar à revista *Cartaz*. "Evaldo era um menino exemplar. Um dos poucos artistas que não fazia questão de cachê. Era, antes de mais nada, um humilde", disse ele, sem se dar conta da discussão que acontecia na época sobre a troca de favores forçada que rádios e TVs promoviam com os artistas: pela divulgação que faziam de suas músicas, deveriam se apresentar de graça – o que desagradava boa parte dos cantores e músicos que os acompanhavam, obrigados a se submeter a isso.

A cantora Martha Mendonça – que abriria mão da carreira após se casar com Altemar Dutra – não era fã de Evaldo como intérprete, mas "curtia" a alegria que ele transmitia junto às plateias, quando se apresentava na TV. "Fiquei bastante chocada com a sua morte. Quando soube, pela manhã, estava indo ao cabeleireiro. Na mesma hora, voltei para casa e não consegui ficar mais tranquila", disse ela. Outra personalidade musical ouvida por *Cartaz* foi Ângela Maria. Ela disse ter sentido bastante a morte do amigo. "Nos tratávamos como 'Maninho' e 'Maninha', éramos bem chegados, com muitas coisas em comum da vida, pois tivemos uma infância triste e solitária. Infelizmente, Evaldo viveu pouco tempo para recuperar sua infância triste. Ele conseguiu, em pouco tempo de carreira, o que muita gente não conseguiu em anos".

Cartaz apurou que três mulheres marcaram a vida amorosa de Evaldo. "Elegante, ele agradava a todos por sua contagiante simpatia. Se no início da carreira trocava um show por uma linda menina, nos últimos tempos Evaldo mudara". Disse ele poucos meses antes de sua morte: "Um dos grandes sentimentos da minha vida foi ter perdido Iara Lopes Correia, minha companheira durante algum tempo". Mas as atenções em seu sepultamento foram reservadas especialmente a duas outras mulheres. Regina Helena de Oliveira, de 20 anos, residente em São Cristóvão, disse ser noiva de Evaldo. Com lágrimas nos olhos, ao lado da mãe, ela dizia: "Eu o amava muito e íamos nos casar. Namoramos há três meses e quando saiu de Minas, Evaldo me ligou para dizer que chegaria para marcar nosso casamento".

No velório, sentada no lado oposto a Regina Helena, estava Edna Faria Ferreira, de 26 anos. Ela garantiu que, depois de viver um ano e oito meses com o cantor, no apartamento da Rua Marquês de Pombal, separara-se havia quatro. Também inconsolável, Edna contou que tinha uma filha com Evaldo, Ana Claudia, de apenas três meses de vida. "Eu soube do acidente pouco depois, pela minha mãe, que mora em Três Rios. Ela me telefonou". Embora não tivesse registrado a criança no nome do pai, Edna contou que Evaldo pagava pensão para a menina. "Agora não sei o que será de mim porque não tenho condições de educar Ana Claudia e, legalmente, não tenho direito a nada", disse ela à revista. Mesmo assim, ela afirmou que pretendia apelar para a gravadora Philips. "Lá, todos me conhecem e talvez eu consiga uma pensão para ela".

Não restaram lembranças dela nos funcionários da Phonogram na época, ouvidos para este livro. Odair José acrescentaria mais um nome à lista, que teria sido, de fato, a última namorada do colega e por quem ele era perdidamente apaixonado: a bailarina Francis Carla, que sonhava em ser cantora e Evaldo prometia ajudar. "Lembro que, uns dois anos depois, Francis ficou com Haylton Ferreira, grande amigo e parceiro de Evaldo, divulgador dos seus discos. Ela foi morar com ele".

Enquanto isso, o choque causado pela tragédia que matou Evaldo fez com que, ao longo de vários meses, seu nome fosse lembrado em homenagens por todo Brasil e se tornasse tema de reportagens de jornais e revistas. Suas músicas foram tocadas ostensivamente, e praticamente todo o segundo disco foi transformado em sucesso.

A correria às lojas fez com que o primeiro disco ganhasse novas e seguidas tiragens. A RCA-Victor não perdeu tempo e relançou os dois compactos dele, produzidos em 1969 e 1970 e que estavam fora de catálogo desde que ele fora para a Phonogram.

No ranking dos dez álbuns mais vendidos de 21 de março de 1973 da revista *Cartaz*, cinquenta dias depois do acidente fatal com Evaldo, o volume 1 de *O Ídolo Negro* aparecia em sétimo lugar, atrás de *Roberto Carlos, Chico e Caetano Juntos, Acabou Chorare* (Novos Baianos), a trilha da novela *Uma Rosa com Amor* e o disco de Martinho da Vila que trazia apenas seu nome na capa. No Top 10 "Amiga É Uma Parada", de *Amiga, O Ídolo Negro Volume 2* chegou ao quinto lugar no dia 1º de maio de 1973. Na mesma lista, aparecia o compacto com quatro músicas do mesmo disco, que saiu três meses antes do lançamento do LP.

Hit absoluto nas rádios da maioria dos estados brasileiros, *Sorria, Sorria* estava em terceiro lugar nas músicas mais tocadas no Rio de Janeiro e em São Paulo no final do mês de abril, ainda segundo *Amiga*. À frente aparecia apenas *A Montanha*, de Roberto Carlos, e uma "coletânea de música black". Evaldo e todos os artistas continuavam a ter como maiores concorrentes as trilhas sonoras das novelas da Globo, lançadas pela Som Livre.

PÓSTUMO

Em pouco mais de três anos de carreira, Evaldo conseguiu emplacar mais de 15 sucessos entre os dez primeiros lugares do hit-parade nacional, inclusive no Rio de Janeiro e em São Paulo, de 37 músicas gravadas por ele – além do hit que compôs e foi gravado por Edson Wander, *Areia no Meu Caminho*. Nos estados do Norte e Nordeste, algumas faixas como *Sorria, Sorria* e *Mentira* encabeçavam a lista, pois a sua popularidade era maior. Dos dois LPs e seis compactos (dois duplos), ele apareceu como autor em dez faixas, sete delas com Carmem Lúcia.

A maioria se tornou parte de seus sucessos: *Não Importa* (c/ Carmem Lúcia), *Alguém que É de Alguém* (c/ Carmem Lúcia), *Eu Me Arrependo* (c/ Carmem Lúcia), *Eu Não Sou Lixo* (c/ Pantera e

Carmem Lúcia), *Meu Deus* (c/ Dante e Alcides de Oliveira), *Nunca Mais, Nunca Mais* (c/ César Saraiva da Silva), *Quantas Vezes* (c/ Carmem Lúcia), *Só Quero* (c/ Carmem Lúcia), *Sorria, Sorria* (c/ Carmem Lúcia) e *Tudo Fizeram Para me Derrotar* (c/ Isaías Souza).

Jairo Pires tinha como hábito pedir que seus artistas contratados que gravassem ao menos três músicas a mais do número que fora definido inicialmente para cada LP. Ou parte desse material saía em compacto, ou se perderia no limbo dos arquivos das gravadoras. Durante a produção dos dois álbuns na Phonogram, Evaldo seguiu essa determinação e gravou cinco. Uma delas, a contagiante *Todas as Noites*, foi usada apenas no compacto que trazia *Nunca Mais, Nunca Mais*, no lado A. Esse material seria aproveitado por Pires, que juntou com mais algumas faixas conhecidas, outras nem tanto, e presenteou os fãs do cantor com um disco de músicas antes não lançadas ainda em 1973.

O título trazia apenas seu nome e uma informação na parte de baixo: "Incluindo gravações inéditas". Na capa, em vez de uma foto de estúdio, o produtor de arte e capista Aldo Luiz encomendou um retrato ao renomado artista gráfico Benício, o mesmo que fazia capas para livros de bolso de espionagem da heroína Brigitte Montfort, vendidos em bancas de jornal, e que se tornaria um dos maiores criadores de cartazes de cinema do país – fez de 31 filmes de Os Trapalhões e centenas do gênero pornochanchada nas décadas de 1970 e 1980.

Na segunda capa, ele colocou uma foto antiga inédita, feita por um fotógrafo que assinava apenas como Ricardo. "Como não tinha mais possibilidade de fotografá-lo, como sempre fazíamos, e nem usar as antigas, porque era praxe não repetir ensaios, nada melhor do que pedir um retrato realista a Benício, que fazia muito bem", contou Aldo. O ilustrador trabalharia em outros discos com ele, como na famosa capa do álbum de Erasmo Carlos, *Amar Pra Viver ou Morrer de Amor*, de 1982.

O novo LP foi noticiado na *Amiga* de 18 de setembro de 1973: "Será lançado um disco com cinco canções (quatro, na verdade) inéditas de Evaldo Braga e mais sete de seus maiores sucessos", começava o texto. De acordo com a coluna musical, "no disco, uma das músicas é declamada por um famosíssimo personagem do rádio e da televisão que quis se manter incógnito. O desejo do falecido cantor era para que os direitos fossem para a Funabem, onde ele foi criado, mas a questão está sob júdice e a Phonogram colocará a vultosa soma que tem arrecadado de direitos autorais à disposição do Estado, já que Evaldo não deixou herdeiros ou parentes".

Amiga se referia à primeira faixa do lado B, cuja autoria era atribuída a Haylton Ferreira e Ana Maria, o que causou surpresa a Odair José, o verdadeiro autor dos versos que foram recitados por Carlos Guarany – o mesmo que declamava trechos de letras nas canções de Evaldo. "Eu escrevi aquele texto narrado por Guarany, mas meu nome não aparece na autoria, o que me causou surpresa", recordou o cantor. "Além de músicas que ele tinha deixado gravadas, havia uma base, de uma música lenta, que ele não colocou a voz. Jairo Pires, então, perguntou se eu não faria uma letra para ser declamada. Ele queria para um texto a ser lido. E fiz como se eu me colocasse no lugar dele, despedindo-se dos fãs, uma coisa pós-morte, meio espirita. No texto, ele fala da vida até a hora do acidente, no momento em que parte do mundo". O poema ficou assim:

Um dia, como outro qualquer
Eu pensava nas coisas que fiz
No que não fiz
E em tudo aquilo que eu podia fazer
Uma infância difícil
Sem o carinho dos meus pais
Que nem cheguei a conhecer
Uma juventude cheia de necessidades
Cheia de surpresas
Cheguei a viver um ano
Em uma simples noite
Transformei o difícil em fácil
Lágrimas em sorriso
Tristezas em alegrias
Foi longa a minha caminhada
E comigo sempre esteve presente a solidão
Perdido nos braços dos meus sonhos
Caindo aqui, levantando ali
Mas nunca deixando de sonhar
O panorama era o de sempre
Tudo igual

Até parecia que eu havia vivido várias vezes aquele momento
O carro deslizava sobre a pista negra de uma estrada
Para mim, bastante familiar
Pois foram muitas as vezes que por ali passei
Entre uma curva e outra, eu dava os meus cochilos
Me assustando, às vezes, com a ironia da velocidade
O sol começava a nascer
Meu corpo estava cansado
Muito cansado
Não consegui resistir e fechei os olhos
Fechei os olhos para nunca mais acordar
Pois naquele momento iam morrer todos os meus sonhos
Numa curva, numa curva como outra qualquer
Um desastre, um grande silêncio
De repente
Tudo escureceu
Para mim
A vida disse adeus
Terminava ali a guerra que um dia
Eu sem saber por que havia começado
Não sei se ganhei
Não sei se perdi
Mas para mim
Está tudo terminado
Eu sinto que tenha sido tudo tão inesperado
Pois eu tinha tantos amigos para abraçar
Tantos sonhos para sonhar
Antes do adeus
Mas tenho certeza de que nem tudo perdeu
Pois tudo foi feito com muito amor
Eu amei vocês
Eu amei vocês
Amei com todo meu amor
Eu amei vocês com o maior amor do mundo
Eu ainda amo vocês

O álbum póstumo chegou às lojas no começo de outubro. Entre as conhecidas, quatro foram tiradas do primeiro disco: *Eu Desta*

Vez Vou Te Esquecer, Meu Delicado Drama, Porque Razão e *A Cruz Que Carrego*. Duas faziam parte do segundo: *Noite Cheia de Estrelas* e *Eu Não Sou Lixo*. E duas vieram de um compacto: *Por Uma Vez Mais* (Nenéo) e *Eu Ainda Amo Vocês* (Haylton Ferreira e Ana Maria). As novas eram *Eu Me Arrependo* (Evaldo Braga e Carmem Lúcia), *Por Incrível Que Pareça* (Evaldo Braga e Isaias Souza), *Quisera Eu* (Evaldo Braga/Tuneca) e *Minha Decisão* (Clayton). A faixa *A Triste Queda* apareceu citada na imprensa como nunca lançada antes, mas se tratava, na verdade, de *Hoje Nada Tens Para Dar*, que saiu no LP de 1971. Tudo não passou de uma confusão de troca do título.

Um detalhe curioso foi que, na contracapa, a gravadora publicou um texto em homenagem ao artista morto, em forma de carta, escrito por quem mais conhecia Evaldo na empresa: Assad de Almeida, chefe de divulgação da Phonogram. Ele era amigo e confidente do jovem cantor. Sobre sua biografia, trazia informações erradas ou desencontradas:

Evaldo:

Com seu sorriso largo, sua música e sua vontade de vencer, você esteve pouco tempo entre nós. E ficou para sempre.

Aliados e testemunhas de sua luta para dar o melhor de si e conquistar a admiração e o respeito das multidões, nós sempre encontramos dentro do "ídolo negro" dos auditórios, o homem comum e humilde, a criança pobre, o artista disciplinado e o amigo sincero que você foi sempre. No desespero do início, no aceso da luta e na alegria da vitória.

A sua música povoou de emoção milhares de corações e, cantando suas dores e alegrias, você a fez um pouco de cada um que a ouviu e sentiu.

Para as multidões você será sempre o "Ídolo Negro". Mas para cada coração, para cada rosto anônimo que o amou de longe, sua voz ficará como a do amigo que dividiu a imensa tristeza e as poucas alegrias de uma vida de lutas e sofrimentos com cada um que ouviu seu canto.

O canto de Evaldo Braga ficará para sempre. Porque ficam para sempre as dores de amor, a solidão, o desespero e a alegria pura e simples de um homem puro e simples, de um grande artista.

Evaldo Braga nasceu no dia 28 de setembro de 1947, em Campos, Estado do Rio, e nunca conheceu seus pais: foi abandonado na rua e encontrado por uma senhora do Juizado de Menores que o encaminhou ao SAM (Serviço de Assistência ao Menor), hoje FUNABEM, onde viveu seus primeiros vinte anos.

Evaldo trabalhou numa empresa funerária e numa companhia de aviação e, quando se viu sem possibilidades de conseguir outro emprego, foi engraxar sapatos na porta da Rádio Mayrink Veiga, conhecendo então vários artistas. E foi Isaac Zaltman, que apresentava o programa "Hoje é Dia de Rock", quem lhe deu a primeira oportunidade. Pouco depois, a rádio fechou e Evaldo não tinha sequer onde morar.

Ele dormia nos estúdios da Rádio Metropolitana quando o disc-jóquei Roberto Muniz conseguiu para Evaldo ajudar na divulgação de Lindomar Castilho (na verdade, era Nilton César). *Mas foi na Rádio Globo que encontrou Osmar Navarro* (o correto era Rádio Metropolitana), *que lhe conseguiu a primeira gravação. O disco não chegou a fazer sucesso.*

Foi na Polydor que Evaldo conseguiu seu primeiro grande sucesso, o compacto "Só Quero" que, comandou as paradas do país inteiro e vendeu mais de 150 mil cópias. Seguiram-se, sempre com sucesso, o LP "O Ídolo Negro" volumes 1 e 2.

Aos 25 anos, no dia 31 de janeiro de 1973, num acidente automobilístico na estrada Rio-Belo Horizonte, morria Evaldo Braga, encerrando-se tragicamente uma carreira curta, mas vitoriosa.

Cia. Brasileira de Discos Phonogram.

Chamava a atenção nos títulos das canções escolhidas o tom de despedida, em mais uma das muitas trágicas coincidências na vida do cantor: *Eu Me Arrependo, A Triste Queda* e *Eu Ainda Amo Vocês*. A primeira foi mais uma generosa oferta de Evaldo a Carmem Lúcia. Talvez seja a música menos conhecida do cantor. Levada em ritmo de balada, lembrava as canções dos primeiros discos de Agnaldo Timóteo. O arranjo pareceu confuso, em que a orquestração se sobrepunha quase completamente sobre a voz do cantor. Os sopros e a guitarra apareciam alguns momentos, apenas. Evaldo escreveu:

Quem é?
Que a toda hora
Lembra sempre de você meu grande amor

Quem é?
Que te implora
Volte agora, volte agora, por favor
Não sei
Se queres me ver
Morrendo só, morrendo só, por seu amor
A vida
Sem você querida
Pra mim não tem, pra mim não tem, nenhum valor
(Refrão)
Eu me arrependo amor
Pois quem errou fui eu
Bem que eu queria entregar
A minha vida
Só pra você
Somente agora querida
Eu te peço perdão
(Refrão2)
A você eu prometo
Entregar meu coração
(Solo)
Entenda
Que a minha alegria
Desapareceu, depois que você partiu
Meu
Coração morreu
Só em saber, só em saber, que te perdeu
Lágrimas
Muitas lágrimas
Já derramei, já derramei, por você
Eu amo
Sempre amarei
Até o fim, até o fim, da minha vida
(Refrão) (Refrão2) (Bis)

Um dos clássicos de Evaldo nos anos seguintes à sua morte, *Por Incrível Que Pareça* era mais um dos legítimos e genuínos rocks gravados por ele. A composição nasceu de mais uma parceria sua com Isaias Souza.

É a única gravação sua em que era usado órgão eletrônico, daqueles tão comuns nas canções de Roberto Carlos dos primeiros discos, como *Quero Que Vá Tudo Para o Inferno*. A letra era recorrente da temática dominante em seu repertório, com um tom mais melodramático:

> *Caminhei*
> *Muitas milhas, querida*
> *Em pranto vagando*
> *Teu nome gritando*
> *O mundo de mim esqueceu*
> *Eu caí*
> *Pois não resisti*
> *A dor deste peito meu*
> *Eu tenho esperança*
> *Esse amor que é nosso*
> *Não morreu*
> *(Refrão)*
> *Por incrível que pareça*
> *Meu destino vou seguindo*
> *Felicidade fingindo*
> *Mas não posso te perder*
> *Eu chorei*
> *Já cansei de sofrer*
> *Pois minha agonia*
> *Ninguém mais ouvia*
> *Eu sei que vais me esquecer*
> *Caminhando*
> *Vou sem saber*
> *Aonde vou te encontrar*
> *Eu tenho esperança*
> *A meus braços*
> *Sei que voltarás*
> *(Refrão)4x*

O perdão é tema central de *Quisera Eu*, um rock melódico, com orquestração e cheio de sopros. A música foi composta por Evaldo Braga e Tuneca. Poderia ter feito sucesso, por ser uma de suas melhores letras, mas acabou esquecida:

Quisera eu
Saber por onde
Você andará
Quisera eu
Saber com quem você agora está
Agora sei que o nosso amor
Foi uma ilusão
Você não teve nem a compaixão
Sempre querendo me deixar na mão
Eu não concordo, amor
Com tudo que você andou de mim falando
Mas mesmo assim
Ainda estou te esperando
Não sei se vai acreditar
Que estou chorando
(Refrão)
Quisera eu
Saber se tenho ou não o seu perdão
Quisera eu
Te entregar todo meu coração
A noite eu rezo
Para você poder voltar pra mim
Gostaria de saber
Se você vai entender
Pois preciso ser feliz com você
(Solo)
"Quisera eu lhe entregar meu coração"
"Quisera eu saber se tenho ou não o seu perdão"
"Quisera eu saber que o nosso amor não foi só uma ilusão"
(Refrão)

    Escrita e composta por Clayton, sugerida a Evaldo por Léo Borges, Minha Decisão estava no nível de todas as melhores canções gravadas para o segundo LP. Melodicamente, foi uma das melhores de todo o seu repertório, com variações diversas em que os sopros e a orquestra fizeram a diferença, sem dúvida. A interpretação é de um Evaldo mais maduro, distante de todas as influências ou semelhanças de um passado recente, como Timóteo. Mas não fez sucesso:

Pedi pra você ficar
Eu não posso meu amor
Gosto muito de você
Mas a minha decisão não vou mudar
Você vai até pensar
Que no fundo eu não presto, amor
Mas foi você quem decidiu
De não ficar mais junto a mim
Eu não sei porque você
Decidiu agir assim
Se amor tão puro eu te dei
E amor é o que existe em mim
Tanta coisa eu pensei
Em fazer para você ficar
Mas o orgulho não deixou
E então eu resolvi calar
Você sabe que te amo
Assim mesmo quer partir
Sei que por dentro te chamo
Mas eu não posso te impedir
(Refrão)
Você hoje vai embora
Muito triste eu vou ficar
E deste amor que faço agora?
Se não tenho a quem a dar
Meu orgulho foi mais forte querida
Superou o meu amor
Vou viver sempre a te esperar
Não importa o tempo que passou
(Solo)
"*Pedir para você ficar*"
"*Eu não posso meu amor*"
"*Gosto muito de você*"
"*Mas a minha decisão não vou mudar*"
(Refrão)

FENÔMENO

E a vida continuou sem Evaldo. Em agosto de 1973, o novo hit tirado do *Volume 2*, o rock acelerado *Mentira*, entrou na coletânea *Super Parada Tupi*, lançada em LP e fita K7 – para toca-fitas de carro, o novo modismo da época. A impressionante comoção por sua trágica e precoce morte fez explodirem as vendas de seus discos. Tanto que, no dia 8 de julho de 1973, o *Diário de Notícias*, ao falar das férias escolares de julho no litoral, começou assim: "Drops, misto, chiclete de hortelã, chocolate, livros de Agatha Christie, sacolas plásticas e LPs de Roberto Carlos, Evaldo Braga e Cláudia formam a maioria das bagagens dos que embarcam na (rodoviária) Novo Rio para o interior".

Morrer tão jovem, no começo do sucesso, depois de uma infância sofrida, podia render um bom filme. No dia 6 de fevereiro de 1975, o *Diário de Notícias* publicou uma nota em que informava a visita de uma equipe de cinema a Três Rios, na semana anterior, para fazer pesquisa de campo e escolher de locais de locação, que seriam usados na cinebiografia de Evaldo. Não foi informado o nome do diretor ou do ator que o interpretaria o cantor nas telas. O projeto do longa-metragem, ao que se sabe, jamais foi adiante.

Evaldo foi tema da coluna do jornalista Artur da Távola, publicada em *Amiga*, de 30 de abril de 1975, pouco mais de dois anos depois da morte de Evaldo, a partir da curiosidade que moveu o cronista: a idolatria que se formava em torno do cantor. O texto começava assim: "Um dos fenômenos de comunicação mais atuantes no rádio e no disco brasileiros é o de Evaldo Braga". Prosseguiu ele: "Morto há uns dois anos, sua popularidade continua crescente, idem a venda de discos, o que está causando, no momento, grande polêmica sobre a quem cabe a herança de seus direitos autorais, cada vez maiores e mais volumosos".

Rádios, programadores, disc-jóqueis, produtores etc., "vêm se ocupando do assunto, além de tocar seus discos em larga intensidade; igualmente o público não o esquece, particularmente aquela faixa mais pobre da população". Távola perguntava com quem deveriam ficar seus direitos autorais: com uma tia que se identificou como tal? Com a Funabem, onde ele, órfão e pobre, estudara? Ou com a Casa dos Artistas? Havia, nesse sentido, outra abordagem a ser tratada. "O que move meus dedos para este artigo é o estranho fenômeno de uma aceitação e de um sentimento poderosíssimo pelo jovem cantor, mesmo depois de sua morte, elevando-o a uma categoria de idolatria popular poucas vezes acontecida no Brasil". Em primeiro lugar, estava o que chamou de "identificação" do público com a imagem do artista morto.

E explicou: "Tendo sido menino órfão e pobre, muito pobre, a ponto de vir a ser educado na Funabem, o sucesso de Evaldo funciona como um grande símbolo tanto de ascensão social possível como de esperança para milhões de pessoas". Havia outro ponto interessante, segundo o jornalista, cujas observações revelavam aspectos da intimidade do artista que os fãs não sabiam, pois não chegavam à mídia – imprensa, rádio e TV.

Távola contou que "ao começar a subir, a aparecer e a fazer sucesso, Evaldo não deu aquela esnobada típica dos ascendentes, ou seja, arrotar para os demais a sua riqueza". Ele era visto semanalmente na Funabem, onde procurava por uma professora que foi fundamental em sua vida, Noêmia Braga – a mesma que lhe dera seu sobrenome. "Ele estava sempre tentando ajudar e entender pessoas que eram como ele tinha sido. Todo camarada que supera a sua condição inicial, mas dela não se envergonha, e é para ela que se volta uma vez na lama, ganha, por parte do povo, uma simpatia muito grande".

O comum não era isso, opinou ele. "O ascendente, ou seja, aquele cara que luta por sair de sua condição de pobreza, é uma pessoa que precisa tanto da vitória e quer tão rapidamente esquecer a condição anterior para ser como os de cima, que tão logo o consegue (ou ameaça conseguir), trata de apagar os vestígios das relações anteriores, pois sabe que elas não lhe darão cachê, respeitabilidade, aceitação. Em suma, no novo meio que galgou". Ao se tornar exceção, Evaldo revelava muito do seu caráter. Távora observou que suas breves tentativas superficiais de análise, porém, não eram suficientes para explicar o mistério e a permanência da popularidade do jovem cantor.

Afirmou que sua avaliação tinha um caráter *sui generis*. "E vou explicar qual é: normalmente tornam-se ídolos após a morte cantores que já chegaram ao máximo de suas carreiras e conseguiram comover multidões". Com Evaldo Braga tal situação não se passou, não aconteceu, pois morreu jovem demais. "Ele já conseguira um sucesso horizontal e muito rápido, mas estava apenas no começo de uma subida que é muito longa e, quantas vezes, sofrida. Se fosse um cantor no auge, vá lá. Mas de um cantor que, embora popular e vendedor de discos, apenas começava a ganhar sedimentação no coração do público, ele é o primeiro caso que vejo de idolatria após a morte".

E isso aconteceu pouco tempo depois do seu desaparecimento.

"Sim, cantava bem e deixava notar uma estranha tristeza, tanto em seu rosto simpático de menino pobre e compreensivo, mas ainda não era um cantor naquela fase máxima de sua carreira, quando amadurece e sublima os seus conflitos e consegue sua melhor dimensão". Estava aí, prosseguiu o jornalista, outro mistério a ser resolvido pelos especialistas em comunicação. "Feitas todas estas considerações, resta uma que talvez explique algo dessa crescente popularidade *post-mortem*: (Evaldo) era jovem e alçava o voo de sua existência tanto pessoal quanto artístico. É o mistério das interrupções bruscas, do fruto arrancado antes de amadurecer, da flor colhida em botão".

Era um bom tema a ser estudado na academia, sem dúvida. O colunista perguntou e ele mesmo respondeu: "Sabem o que penso disto? Não está nos livros de comunicação, nem sobre o particular, os teóricos escrevem: é que cada vez que o Mistério, o grande Mistério da existência e da morte se manifesta, o homem se defronta (e, portanto, vive ao nível de seu consciente ou do seu inconsciente) com algo maior, responsável tanto pelo Universo como por uma folha de capim. Este encontro com o Mistério da Transcendência – "que cada fé ou cada religião interpreta de uma maneira, mas todas no mesmo sentido –, explica as voltas que a vida dá".

Ou seja, "para pegar um menino pobre, quase sem chance de sobrevivência e conduzi-lo pelos caminhos menos convencionais possíveis até o levar para uma relação simbólica de rara empatia junto a seu povo e para uma resposta de amor e compreensão que perdura exatamente por causa de uma morte que o colheu no começo do voo, mas que só por isso tornou clara e perceptível a citada relação simbólica". Concluiu o jornalista: "Sim, meus amigos, não está nos manuais, mas posso afirmar: o Mistério, o grande Mistério da existência, exatamente por tocar nas cordas mais profundas e sensíveis do homem, também é fator de comunicação".

As observações do cronista não perderiam o sentido com correr dos anos e das quatro décadas que vieram depois. A popularidade de Evaldo se tornou um marco perene na indústria da música, acompanhada de tributos e coletâneas de sucesso. Em 1982, Evaldo recebeu homenagem do cantor Carlos Alexandre, famoso pelo hit *Feiticeira*, no disco *Revelação de um Sonho*, da RGE, que trouxe doze músicas que fizeram sucesso na voz do Ídolo Negro. Por uma trágica coincidência, Alexandre morreria no mesmo dia que Evaldo, 16 anos depois, também num acidente de carro.

Em 1987, com o LP *Eu ainda amo vocês*, a Polydor pegou gravações originais de Evaldo e acrescentou novos arranjos e vozes de artistas convidados, o que resultou em "duetos" póstumos – uma prática comum na época, graças à tecnologia. Participaram Carlos Alberto, Matogrosso e Mathias, Jerry Adriani, Adilson Ramos, Diana, Ismael Carlos, Coro Infantil da Funabem, Carlos Alexandre, Waldick Soriano, Os Canarinhos de Petrópolis e Sol. Evaldo não merecia tributo tão ruim, com arranjos inacreditáveis, que incluíram sintetizadores daqueles usados em shows de churrascaria de beira de estrada, como se ouve na "dobradinha" com Matogrosso e Mathias. Um disco para ser esquecido.

Nas décadas de 1970 e 1980, os dois álbuns de Evaldo tiveram inúmeras reedições, sempre com as mesmas características originais das capas e contracapas – mas jamais seriam remasterizados oficialmente em CD. Em 1993, a Polydor lançou em formato digital a coletânea *O Melhor do Ídolo Negro*, com os principais sucessos. Entre antologias oficiais e piratas em CD, nos anos e 1990 a 2016, saíram mais de 30 títulos diferentes. Em sites de vendas como Mercado Livre, estavam à venda em 2016 os dois LPs originais em CDs supostamente prensados no Panamá, porém com capas impressas em resolução de má qualidade e caseiras. Em 2011, Evaldo foi lembrado em mais uma coletânea, desta vez pela gravadora Som Livre. O CD *Evaldo Braga Sempre* resgatou alguns de seus maiores clássicos.

HERDEIROS

Uma nova história começou na trajetória musical de Evaldo após a sua morte: a busca desenfreada por sua herança e pelos direitos autorais de execução e composição de suas músicas. Uma corrida que se estenderia até 2016, sem data aproximada para ter fim. Na cobertura do enterro de Evaldo, como foi visto, a imprensa se dividiu entre dar ouvidos àqueles que se diziam parentes do cantor e citar seus nomes, e ignorá-los, além de fazer referências apenas como oportunistas que queriam tirar proveito, diante da informação de que ele "morreu sozinho" e "sem parentes no mundo". Em duas entrevistas, Evaldo fez referências breves a um irmão chamado Antônio Carlos, cujo apelido era Pelé, sem citar o sobrenome.

No dia 2 de fevereiro de 1973, 48 horas após a morte do cantor, o *Jornal do Brasil* publicou uma nota sobre o interesse daqueles que se fizeram passar por pessoas da sua família. "Como não existem parentes de Evaldo – a despeito das mocinhas que se apresentaram como suas amantes e mães de hipotéticos filhos, tias, primos e outros –, será o Estado quem tomará conta dos bens deixados pelo cantor, que estava no início de uma carreira de sucesso". No entanto, continuou o jornal, segundo Assad de Almeida, chefe de imprensa da Philips, "para a qual ele gravou seus últimos discos, a empresa sugerirá que os Cr$ 54 mil que totalizam seus direitos autorais (e sobraram após a compra do carro) sejam doados à Funabem, para a qual ele já contribuía em vida, assim como o Lar Daniel, que também recebia suas doações".

Um importante levantamento sobre a história de Evaldo foi feito em 1997 e traria informações sobre parentes seus: o documentário *O Ídolo Negro ou Eu Não Sou Lixo*, resultado do projeto experimental de um grupo de alunos do Curso de Jornalismo da Universidade Federal de Belo Horizonte. Com direção coletiva de Armando Mendz, Cristiano Abud, Fred Jamaica e Rodolfo Buai, realizado pela Natora Produções Grotz. Entre outras supostas preciosidades, trazia o depoimento de um homem que se identificava como irmão do cantor, o cabelereiro Antônio Carlos Braga, morador da capital mineira. Em seu depoimento, ele desmentia a história de que Evaldo teria sido jogado em uma lata de lixo. E afirmou que chegou a viver com ele, o pai (Antônio Braga) e a madrasta – cujo nome não disse. Esses detalhes passaram a ser usados em diversos textos de internet como uma fonte confiável de informação.

Em dezembro de 2016, porém, o autor deste livro conseguiu localizar o anunciado irmão de Evaldo na mesma cidade, após uma exaustiva averiguação de uma ex-moradora de Belo Horizonte, Dorotéia Reis, que conhecia bem a região central onde Antônio

Braga tinha, na década de 1990, um salão de beleza. Este, por celular, um tanto desconfiado, negou-se a dar qualquer tipo de informação sobre Evaldo. Até mesmo as mais simples, como o nome de sua mãe – e madrasta do cantor –, que teria forçado sua expulsão de casa e ida para o orfanato. E recomendou que procurasse seu advogado, de prenome Gilberto, porque havia um processo sobre a relação de parentesco entre ele e Evaldo correndo em segredo de justiça, em uma Vara Familiar de Belo Horizonte.

Contatado também por celular, o advogado confirmou que existia a ação, mas ainda estava no começo e esperava uma decisão do juiz para que se fizessem as provas necessárias. Só então o cabelereiro poderia falar sobre o caso. Gilberto não explicou quais eram as provas que pretendia "produzir" e se entre as mesmas incluía a exumação do corpo de Evaldo para exame de DNA, por exemplo. Disse ainda que seu cliente não era o mesmo Antônio Carlos, o Pelé, que se passou por irmão de Evaldo no enterro. "Sabemos que uma ex-namorada tentou esquentar provas para comprovar união estável, numa época em que havia bastante corrupção nos cartórios do Rio", disse ele, que pareceu ter convicção do parentesco de seu cliente.

Nessa época, prosseguiu o advogado, surgiram uma grávida e uma tia de Evaldo. "Nenhuma delas conseguiu provar o que diziam, mas causaram rebuliço na imprensa. Havia uma situação degradante nos cartórios do Rio de Janeiro naquela época, o que facilitava esse tipo de golpe".

CONSPIRAÇÃO

Uma biografia deve trazer toda informação que o autor considera relevante sobre a vida ou a história do personagem retratado, embora algumas pareçam exageradas, absurdas, despropositadas ou meras alucinações ou delírios. Como o fato do fanatismo pelo cantor ter levado, nas décadas seguintes, a especulações como a de que Roberto Carlos, astro da CBS em 1973, teria planejado a morte de Evaldo Braga. Em uma das páginas dedicadas ao cantor na extinta rede social Orkut, um fã que não quis se identificar, adepto da teoria da conspiração, escreveu que Evaldo "fez um sucesso tremendo e estava até engolindo o sucesso do Roberto Carlos". E acrescentou: "A mídia, naquela época, era supercontroladora e manipuladora (até hoje é) e ele estava fazendo mais sucesso que Roberto Carlos".

O mesmo contador da história acrescentou: "Tem até uma história que Evaldo estava bebendo em um bar e começou a tocar Roberto Carlos. Dizem que ele saiu do bar imediatamente e disse que não gostava de Roberto e que este também não gostava dele, porque todos sabem que se Evaldo Braga estivesse vivo até hoje seria o verdadeiro rei. Então, Roberto Carlos preparou esse 'acidente" para Evaldo, arrumou uma carreta para ele e ele foi assassinado. E não sou só eu quem diz isso. Meu pai, que é fã de Evaldo e viveu essa época, diz a mesma coisa e outras pessoas também. Até Dadá Maravilha já disse isso para um jornalista em *off*."

Tudo bobagem. Não era verdade que Evaldo ao menos chegasse perto das vendas espetaculares de Roberto Carlos. Em dezembro de 1972, aliás, como foi dito, ele lançou um de seus melhores e mais vendidos discos de todos os tempos. Se esse suposto plano diabólico tivesse sentido, talvez o alvo mais recomendado fosse Odair José, o maior vendedor de compactos de 1971.

Após dezenas de anos de sua morte, até a segunda década do século XXI, o túmulo onde seu corpo está, no cemitério São João Batista, no Rio, continuava a ser um dos mais visitados no Dia de Finados, em 2 de novembro. Milhares de admiradores rendiam homenagens, levavam flores e cantavam suas canções mais conhecidas. Em levantamento feito no site dicionariompb.com.br chegou-se à conclusão que seu nome era o mais pesquisado entre todos os quase sete mil verbetes catalogados. Tudo isso com apenas dois LP e 25 anos de vida, porém, vividos intensamente. No caso de Evaldo, não foi somente a tragédia que criou o mito, mas seu incontestável talento como cantor, compositor e homem de negócios.

O automóvel do cantor como foi engolido pelo enorme caminhão

TL bate em caminhão e mata Evaldo Braga

O cantor e compositor Evaldo Braga morreu, na manhã de ontem, em conseqüência de um violento acidente automobilístico, entre o seu TL, placa GB-EJ-58-23, e o caminhão da firma Dupelr, chapa .... MG-HA-05-53, ocorrido na Rodovia Rio-Belo Horizonte, altura do km 103, no local denominado "Trevo da Morte", no Distrito de Alberto Torres, em Três Rios, quando o artista, em companhia de seu motorista, Arlei Lins de Medeiros, também falecido, e o empresário Paulo César Santoro, regressavam ao Rio, depois de fazer um "show" em Juiz de Fora.

As três vítimas foram retiradas das ferragens do veículo por Antônio Machado e Raimundo Afonso, que as removeram juntamente com o motorista do caminhão, Juraci Alves de Paula, para o Hospital Nossa Senhora da Conceição, em Três Rios, onde o cantor Evaldo Braga já deu entrada morto. Grande multidão compareceu à capela local, onde ficou o corpo do jovem cantor, à espera da remoção para o Cemitério São João Batista, para o sepultamento marcado para à tarde de hoje. Várias lojas da cidade, tocaram várias vezes seguidas os sucessos de Evaldo Braga, como "Só Quero" e "Sorria, Sorria", que o tornaram famoso, ao ponto de conseguir vender mais de 400 mil discos.

CANTOR E COMPOSITOR

O orgulho de Evaldo Braga, que residia na Rua Marques de Pombal, 171, apartamento 909, o "Idolo Negro" era uma medalha de ouro recebida da Philips, sua gravadora, quando conseguiu vender 250 mil discos, logo no início de sua carreira, há dois anos. Atualmente, já tinha gravado mais de 400 mil discos e seus sucessos continuavam sendo as músicas "Só Quero" e "Sorria, Sorria".

— "Evaldo sempre lutou muito na vida, tudo fazendo para conseguir o lugar de destaque que ocupava em nossa música popular. — disse Assad de Almeida, Chefe de Divulgação da Philips no Brasil e descobridor do artista, um dos primeiros a chegar ao local do acidente na esperança de vê-lo ainda com vida.

— "Ele começou cantando em programas de calouros" — continua Assad — apresentando-se nos programas de Haroldo de Andrade e Chacrinha. Mas quem primeiro deu chance para Evaldo foi o disc-jóquei Roberto Muniz, que, lamentavelmente, morreu sem ver o sucesso que ele teve. E seu sucesso era grande, ao ponto dele, o terceiro colocado, em termos de vendagens de discos na Companhia, ficando atrás apenas de Odair Jose, Chico Buarque de Holanda e Caetano Veloso.

UM HOMEM SÓ

Apesar de todo o sucesso que Evaldo fazia, principalmente nas cidades do interior e no Norte e Nordeste, seu grande desgosto era ser um homem só no mundo, sem parentes. Ele não chegou a conhecer a sua mãe Benedita Braga, e dizia sempre aos amigos que sua maior vontade era encontrá-la e vê-la pelo menos uma vez na vida.

Vários programas de televisão chegaram a fazer uma grande campanha para localizar a mãe de Evaldo, principalmente em Campos, onde ele nasceu. Não sendo possível, entretanto, o que aumentou mais a sua frustração e a grande amargura que tinha na vida, sendo compensada, apenas, pelo sonho dourado de conseguir êxito na carreira artística. Muitos achavam que ele era um monstro para trabalhar, chegando, em muitos casos, a passar noites seguidas cantando em vários programas de televisão e boates para divulgar seus discos.

Planos para o futuro ele tinha muitos. Como a viagem ao México onde seus discos estavam sendo lançados, com sucesso, e vários países da América Latina. Senho este acalentado desde o tempo que ele, menino órfão, era o cantor preferido dos internos no SAM e durante o tempo que se dedicava à divulgação de artistas, como Lindomar Castilho e Nilton César, atrás de uma chance de poder cantar em algum programa de calouro.

Evaldo Braga

Ariel, o chofer

A frente da carreta também ficou bastante avariada.

O choque reduziu a sucata o automóvel do artista (fotos de Ultima Hora).

O destaque dado por jornais e revistas à trágica morte de Evaldo mostrava o quanto o cantor tinha prestígio popular. Na época, a imprensa era menos comedida em publicar imagens que poderiam chocar os leitores, mas que funcionavam como complemento à informação para mostrar a violência do acidente.

EVALDO BRAGA
(MISSA DE 7º DIA)

Os Diretores e Funcionários da
CIA. BRASILEIRA DE DISCOS PHONOGRAN
convidam os amigos e fãs de
EVALDO BRAGA
para assistirem à missa que mandam celebrar em intenção de sua alma, AMANHÃ, DIA 8, ÀS 10,30 HORAS, no ALTAR MOR da IGREJA DE SÃO JORGE — PRAÇA DA REPÚBLICA. Antecipadamente agradecemos o comparecimento de todos.

ATOS RELIGIOSOS
EVALDO BRAGA
MISSA DE 7.º DIA

Os Diretores e Funcionários da
CIA. BRASILEIRA DE DISCOS PHONOGRAM
convidam os amigos e fãs de
EVALDO BRAGA
para assistirem à Missa que mandam celebrar em intenção de sua alma, amanhã, dia 8, às 10,30 horas, no altar mor da IGREJA SÃO JORGE — Praça da República.
Antecipadamente agradecemos o comparecimento de todos.

Na página oposta, no alto, missa pelo sétimo dia da morte de Evaldo, em Belo Horizonte, cidade onde fez seu último show. Abaixo, Edna Maria Fernandes, que garantiu ser mãe de uma filha do cantor. E anúncios publicados pela Phonogram chamando para a missa, no Rio. Acima, nesta página, fãs acompanham enterro do ídolo no Cemitério São João Batista.

AGRADECIMENTOS

~ • ~

Este livro nasceu da minha curiosidade pelo personagem musical que foi Evaldo Braga, o impacto que ele causou com sua voz singular e letras atormentadas e o fim trágico de sua vida, aos 25 anos. Quando isso aconteceu, eu tinha cinco anos de idade e me lembro que, uma semana antes, eu o tinha visto no programa *Discoteca do Chacrinha*. Isso ficou gravado na memória porque eu adorava a música *Sorria, Sorria*, e a cantarolava o tempo todo em casa. A morte de Evaldo teve o impacto de me despertar para algo fundamental da vida: a morte. Meus pais tiveram de tentar me explicar o que aquilo significava.

Desde que comecei a fazer jornalismo, sua imagem me acompanhou sempre que alguma rádio tocava *Sorria, Sorria* e passei a ver nele um ótimo personagem para biografar. Mas foi somente em 2011, após entregar à editora a trajetória da vida do compositor Assis Valente (*Quem Samba Tem Alegria*), decidi contar sua história. Ao longo de cinco anos, entre paradas e retomadas, procurei pessoas que conviveram com Evaldo Braga e consegui depoimentos preciosos. Como do produtor Jairo Pires, dos cantores Odair José, Nilton César, Agnaldo Timóteo, Lindomar Castilho e Edson Wander, do jogador Dario Maravilha e seu irmão Mário, além do compositor Sebastião Ferreira da Silva.

Por outro lado, em um segundo momento, quando retomei o projeto no começo de 2016, dessa vez para concluí-lo, conversei com pessoas importantes da gravadora Phonogram (Philips e Polydor) na época, como André Midani, Maggy Tocantins, Aldo Luiz Fonseca e Roberto Silva. Entre as outras pessoas que falaram comigo e que se tornaram importantes, mesmo com apenas um número reduzido de informações, porém preciosas, destaco: Flávio Cavalcanti Junior, Adelina Macedo e Estevam Pereira Valões Filho – os dois últimos, fãs ardorosos de Paulo Sérgio. Estevam foi fundamental para o resultado deste livro.

Não medi esforços para localizar possíveis irmãos de criação e pessoas que tenham convivido com ele, como namoradas. Cheguei ao extremo de ser entrevistado por um popular programa de rádio matinal em Campos, em que o gentil apresentador me deixou fazer um apelo para que alguém que soubesse de Evaldo entrasse em contato. O silêncio foi total, infelizmente. Uma pena que acabei não localizando o nome desse radialista para agradecê-lo aqui. Também guardo a frustração de não ter encontrado a namorada com quem teria vivido juntos por mais de um ano.

Agradeço a todas as pessoas que, gentilmente, ajudaram de alguma forma na caça por informações: Briba Castro, Léa Penteado, Maria Dorotéia Reis, Ana Luisa Lage, Luti Nobre, René Ferri, Adriana Bueno, Carlos Gabus, Sérgio Martorelli, Antônio Pastori, Neide Nobre e Samuel Machado Filho.

A todos, minha gratidão.

Gonçalo Junior

Antonieta Santos

O carro de Evaldo ficou abandonado na Delegacia de Três Rios. Esqueceram o Ídolo Negro

Carro de Evaldo apodrece

O Delegado de Três Rios, cidade fluminense onde o cantor Evaldo Braga morreu em acidente automobilístico, faz apelo aos diretores da Philips e aos produtores de programas de televisão: não deixem que o carro do cantor apodreça no pátio próximo à delegacia, onde está até agora esperando que alguém mande removê-lo

O carro, segundo o delegado, José Venâncio, foi totalmente "depenado" por populares, que arrancaram tudo que foi possível: rádio, calotas, acessórios, peças do motor. Tudo que podia ser retirado, já foi. Até mesmo dois pneus foram levados. O que resta ainda pode ser recuperado e revertido em dinheiro. Por que então não se libera esse carro para a companheira de Evaldo, que a essas horas deve estar passando necessidade? Ou então não se consegue do juiz uma autorização para leiloá-lo em benefício de alguma obra de caridade? O delegado José Venâncio estranha a atitude da Philips no caso. Afinal de contas, Evaldo não tinha parentes e seu procurador era mesmo a sua gravadora

A solidão de Evaldo: sem comprovação de que tivesse um único parente, herança do cantor seria disputada nos mais de 40 anos seguintes à sua morte. Em maio de 1973, o jornal Correio da Manhã noticiou o abandono dos destroços do carro do cantor no pátio do estacionamento da delegacia de Três Rios.

BIBLIO

GRAFIA

LIVROS:

ALEXANDRE, Ricardo. *Nem Vem Que Não Tem – A Vida e o Veneno de Wilson Simonal*. São Paulo, Globo Livros, 2009.

ARAÚJO, Paulo César de. *Eu Não Sou Cachorro Não*. Rio de Janeiro, Editora Record, 2002.

CABRERA, Antônio Carlos. *Almanaque da Música Brega*. São Paulo, Editora Matriz, 2007.

ECHEVERRIA, Regina. *Jair Rodrigues – Deixe que digam, que pensem, que falem*. São Paulo, Imprensa Oficial, 2012.

GAVIN, Charles. *300 Discos Importantes da Música Brasileira*. São Paulo, Editora Paz & Terra, 2008.

JAGUARIBE, Hélio Jaguaribe. Organizador. *O Som do Pasquim*. Rio de Janeiro, Editora Codecri, 1976.

MACHADO, Lúcio Flávio. *Dario Maravilha*. São Paulo, Editora Delrey, 1999.

MAZZOLA, Marco. *Ouvindo Estrelas* (Autobiografia). São Paulo, Editora Planeta, 2007.

MIDANI, André. *Música, ídolos e poder – Do Vinil ao Download*. Rio de Janeiro, Editora Nova Fronteira, 2008. MONTEIRO, Denilson; NASSIFE, Eduardo. *Chacrinha – a Biografia*. Rio de Janeiro, Editora Casa da Palavra, 2014.

MONTEIRO, Denilson. *Dez, Nota Dez! – Eu Sou Carlos Imperial*. São Paulo, Editora Planeta, 2015.

PENTEADO, Léa. *Um Instante, Maestro!.* Rio de Janeiro, Editora Record, 1993.

PUGLIALLI, Ricardo. *No Embalo da Jovem Guarda*. Rio de Janeiro, Ampersand Editora, 1999.

TIMÓTEO, Agnaldo. *Alô, Mamãe... O Garoto de Caratinga*. Belo Horizonte, Editora Dom Quixote, 1983.

JORNAIS E REVISTAS:

Paulo Sérgio no Banco do Réus, *SP na TV*, janeiro de 1970.
Evaldo Braga, o exemplo. Melodias, janeiro de 1970.
Romântico Reginaldo. *Cartaz*. 23/11/72
Evaldo Braga: O talismã mudou toda a minha vida. *Cartaz*. 23/11/72
Chacrinha continua à procura de machão. *Amiga*, 14/11/72.
Não fique por fora. *Amiga*, 14/11/72.
Cantor mascarado vale milhões, *Cartaz*, 03/08/1972
O grande prêmio de Evaldo, *Amiga*, 18/06/1972
Amiga é uma parada, *Amiga*, 01/05/1973
Chacrinha Todo dia, *O Dia*, 07/02/1973
Sucessos, *Cartaz*, 21/03/1973
Haroldo de Andrade, *Cartaz*, 27/02/1973
Parada musical, *Amiga*, 27/02/1973
Povo rezou por Evaldo Braga, *O Dia*, 09/02/1973
Gostava de ser confundido com Pelé, *O Dia*, 04/02/1973
Atingiu a glória aos 25 anos, *O Dia*, 03/02/1973
Multidão e desmaios, *O Dia*, 03/02/1973
Pressa fatal, *O Dia*, 01/02/1973
Só lágrimas no adeus ao cantor que pedia para sorrir. *Amiga*, 20/2/1973.
José Ribeiro: Uma oração de amor à dor de cotovelo. *Amiga*, 20/2/1973.
TL bate em caminhão e mata Evaldo Braga. Diário de Notícias, 1º/2/73.
Waldick Soriano não agrada na Guanabara, Correio da Manhã. 19/6/73
Quem disse que o rádio já era? Cartaz, 14/2/1973.
Timóteo o dono do time, 14/2/1973
Que música você quer ouvir? Cartaz, 7/2/73.-
O Mistério de Evaldo Braga. *Amiga*, 30 de abril de 1975.

SITES:

dicionariompb.com.br/evaldo-braga
dicionariompb.com.br/isaias-souza/dados-artisticos
espn.uol.com.br/noticia/474590_
youtube.com/watch?v=COFooFfx6Us
pt.wikipedia.org/wiki/Evaldo_Braga
ouvirmusica.com.br/evaldo-braga/
evaldobraga.com/no-choque-de-veiculos/
mortenahistoria.blogspot.com.br/2012/03/morte-de-evaldo-braga.html
facebook.com/dicionariocravoalbinmpb/posts/786013718124455
trabalhosujo.com.br/odair-jose-e-eu/

MILO MANARA

GONÇALO JÚNIOR

CONHEÇA TAMBÉM DA
EDITORA NOIR

Um perfil com impressões, análises e relatos do maior gênio do erotismo dos quadrinhos mundiais. Manara fala sobre censura moral e religiosa, choques, encantamentos e pioneirismo.

Noir

EDITORANOIR.COM.BR

Este livro foi impresso em papel alta-alvura 90g, usando as fontes Garamond e Didot.